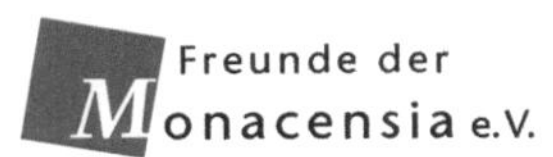
Freunde der
Monacensia e.V.

AF571558

Freunde der Monacensia e.V.

Jahrbuch 2013

Herausgegeben von Waldemar Fromm, Wolfram Göbel und Kristina Kargl

Allitera Verlag

Weitere Informationen über den Förderverein *Freunde der Monacensia e. V.* unter www.monacensia.net

BILDQUELLEN:
Postkarten und Briefe Ludwig Thomas: Privatbesitz;
alle anderen Bilder: Monacensia – Bibliothek und Literaturarchiv, München.

Oktober 2013
Allitera Verlag
Ein Verlag der Buch&media GmbH, München

Umschlaggestaltung: Kay Fretwurst, Freienbrink
ISSN 1868-4955
Printed in Europe · ISBN 978-3-86906-587-8

Inhalt

Literatur in Bayern

Zu diesem Jahrbuch

2012 war das letzte Jahr, in dem die Monacensia Veranstaltungen und Ausstellungen im eigenen Haus durchführen konnte. Anfang 2013 wurde bei Probebohrungen für den geplanten Umzug Asbest gefunden und die Monacensia musste Ende Januar vorzeitig geschlossen werden, auch die gut besuchte Ausstellung *Lena Christ – die Glückssucherin* musste abrupt abgebrochen werden.

Im fünften Jahrbuch, das wir hier vorlegen können, gibt es also zum letzten Mal die gewohnte Ausstellungsübersicht. Zur Lena Christ-Ausstellung hat Thomas Grasberger eine Rundfunksendung verfasst, zu der er ausführliche Recherchen in verschiedenen Münchner Archiven vorgenommen hat. Die Sendung wurde nach einem Pre-Hearing am 23. Oktober 2012 in der Monacensia am 3. und 4. November in Bayern2 ausgestrahlt. Wir geben die schriftliche Fassung in unserem Jahrbuch wieder.

Silvia Schütz dokumentiert die zahlreichen Veranstaltungen des Jahres 2012, die meist in der Monacensia stattgefunden haben. In den nächsten Jahren werden die Veranstaltungen an verschiedenen Orten stattfinden. Auch sie werden in den kommenden Jahrbüchern wie gewohnt verzeichnet und dokumentiert.

Frank Schmitter berichtet über die Neuzugänge des Literaturarchivs. Im Jahr 2012 konnten die Tagebücher von Klaus Mann ins Netz gestellt werden und das Literaturportal Bayern ging online. Hannelore Kolbe stellt den Nachlass von Horst Lange vor.

2012 hatten wir den Tod von Herbert Rosendorfer zu betrauern, der am 20. September in Bozen gestorben ist. Rosendorfer war seit 2011 Mitglied unseres Kuratoriums. Er hat die Arbeit des Freundeskreises der Monacensia engagiert begleitet. So ließ er es sich nicht nehmen, an der konstituierenden Kuratoriumssitzung im Kaminzimmer der Monacensia im Juni 2011 eigens aus seinem Wohnort St. Michael-Eppan bei Bozen anzureisen. Wir haben Rosendorfer in dieser Sitzung als einen kompetenten, die Interessen der Monacensia kundig vertretenden Ratgeber erlebt. Rosendorfer war der Monacensia schon seit langem eng verbunden. Das Kulturreferat der Landeshauptstadt München und die Monacensia würdigten seinen 75. Geburtstag mit einem festlichen Abend am 27. Februar 2009 mit geladenen Gästen aus dem Freundeskreis des Schriftstellers sowie mit Vertretern des Münchner Kulturlebens. In diesem Jahr hat Rosendorfer auch seinen künstlerischen Vorlass, der nun zum Nachlass geworden ist, der Monacensia zur Archivierung übergeben. Sein erfolgreiches schriftstellerisches und musikalisches Werk wird von der Monacensia über den aktuellen Tageserfolg hinaus bewahrt und gepflegt.

Gerd Holzheimer hat für unser Jahrbuch einen Nachruf auf Herbert Rosendorfer verfasst. Außerdem gedenken wir in unserem Jahrbuch mit *Einer kleinen Geschichte des Kurt Wolff Verlags* des Verlegers Kurt Wolff, dessen Todestag sich am 21. Oktober 2013 zum 50. Mal jährt.

Bernhard Gajek berichtet über neu entdeckte Briefe und Postkarten zu Ludwig Thomas Ehe und Scheidung von Marion Thoma. Gabriele und Erik Giersberg, die 2012 einen Briefband mit dem Briefwechsel von Hermann und Christobel Sinsheimer veröffentlicht haben, berichten über die Münchener Zeit des Intendanten der Münchner Kammerspiele und *Simplicissimus*-Herausgebers und decken zahlreiche unautorisierte Streichungen in der posthumen Erstausgabe seiner Autobiografie *Gelebt im Paradies* von 1953 auf. Christine Haug widmet ihren Beitrag dem Münchner Buchhändler Georg Carl Steinicke, dessen Buchhandlungen, seine Leihbücherei und das Graphische Kabinett, insbesondere aber sein Vortragssaal und sein späteres Klubheim in der Adalbertstraße 15 in den Jahren der Weimarer Republik eine feste literarische Bezugsgröße Münchens waren. Und Martin Lau schließlich schreibt über den heute fast vergessenen Hanns von Gumppenberg, den Mitbegründer der *Elf Scharfrichter*, den Theaterkritiker, Übersetzer, Lektor und überaus erfolgreichen Autor – sein *Teutsches Dichterroß* war ein Bestseller seiner Zeit.

Wir freuen uns, auch in diesem Jahr arrivierte Forscher und junge Nachwuchswissenschaftler gemeinsam in einem Band vereinigen zu können. Das zeigt die ungebrochene Attraktivität des Literaturarchivs an.

Allen Autorinnen und Autoren, die an diesem Jahrbuch mitgewirkt haben, sei herzlich gedankt!

Die Herausgeber

Die Ausstellung der Monacensia 2012

Zusammengestellt von Sylvia Schütz

Lena Christ – Die Glückssucherin

Die bayerische Schriftstellerin Lena Christ 1881–1920

Eine Ausstellung der Monacensia
4. Juli 2012 bis 28. Januar 2013
Ausstellungseröffnung: Dienstag, 3. Juli 2013, 19 Uhr

Stadtrat Dr. Reinhard Bauer eröffnete am 3. Juli 2013 in Vertretung des Oberbürgermeisters die Ausstellung *Lena Christ – Die Glückssucherin*. Die Ausstellung wurde von der Autorin und Publizistin Gunna Wendt kuratiert, die künstlerische Gestaltung lag in bewährter Weise in den Händen von Katharina Kuhlmann. Die Ausstellung zeichnete anhand von literarischen Texten und Originaldokumenten aus dem Literaturarchiv der Monacensia die verschiedenen Fluchtlinien im Leben von Lena Christ nach: die Großstadt, das Kloster, die Ehe, das Schreiben und schließlich das Ende, ihr Freitod auf dem Münchner Waldfriedhof. Im Zentrum der Ausstellung stand eine umfangreiche Schenkung der Nachkommen von Lena Christ an die Monacensia. Zu dem Konvolut gehören Manuskripte, Briefe, biografische Dokumente und zahlreiche persönliche Gegenstände, die in der Ausstellung erstmals der Öffentlichkeit präsentiert wurden. »Es ist diese Authentizität, die Präsenz originaler Hinterlassenschaften, welche die Ausstellung in der Monacensia so eindrucksvoll macht. […] Und man darf es der Monacensia-Chefin Elisabeth Tworek als großes Verdienst anrechnen, dass sie im Einvernehmen mit der Familie diese Schätze für das Münchner Literaturarchiv sichern konnte«, schrieb Wolfgang Görl am 3. Juli 2012 in der Süddeutschen Zeitung.

Glei frisch drauf los und mitten eine ins Glück!
Lena Christ, *Die Rumplhanni* (1916)

Die 1881 in Glonn geborene Lena Christ debütierte 1912 erfolgreich mit ihrem Roman *Erinnerungen einer Überflüssigen*, in dem sie ihre eigenen Erlebnisse als ungewolltes uneheliches Kind literarisch verarbeitet. Das Buch endet, bevor der eigentliche Selbstschöpfungsprozess begonnen hat: die Geburt der Schriftstellerin.

Lena Christ hat ihre Überflüssigkeit klar erkannt und einer Verwandlung unterzogen. Das Stigma wurde für sie zur Chance, sich selbst zu erfinden: Wer zu nichts nutze ist, der ist auch zu nichts verpflichtet, dem wird auch kein fester Platz zugewiesen. Damit entsteht ein Freiraum. Wohl kaum eine andere hat diesen so genutzt wie Lena Christ. Sie begann, das Glück zu suchen: »Glei frisch drauf los und mitten eine ins Glück!«, heißt es in ihrem Roman *Die Rumplhanni.*

Lena Christ suchte es überall: in der Stadt, auf dem Land, in der Familie, bei den Männern, im Schreiben, im Ruhm, im Luxus. Ihre Fluchtlinien finden sich in ihren Romanen wieder: In *Mathias Bichler* ist es der Weg zur Kunst, in der *Rumplhanni* und in *Madam Bäurin* der Weg zu einem selbst bestimmten Leben als Frau – in der Stadt und auf dem Land. Lena Christ war genauso flexibel wie ihre Protagonistinnen. Immer bereit zu einem Neuanfang war sie nicht einmal auf einen speziellen Ort festgelegt: »Jetzt probier i´s amal z'Münka, und is's z'Münka nix, nachha geh i auf Berlin«, lässt sie ihre Protagonistin Rumplhanni sagen, doch auch Berlin bedeutet keine Endstation: »Wenn's da aa nix is, nachher roas' i ganz furt. In's Amerika.« Radikal wie ihr Leben war auch ihr Tod: Lena Christ hat sich selbst erfunden und wieder ausgelöscht.

Die Ausstellung zeichnet anhand von literarischen Texten und Originaldokumenten aus dem Literaturarchiv der Monacensia die verschiedenen Fluchtlinien von Lena Christ nach: die Großstadt, das Kloster, die Ehe, das Schreiben und schließlich das Ende 1920, inszeniert als Freitod einer großen Tragödin auf dem Münchner Waldfriedhof.

Lena Christ – Die Glückssucherin
Die bayerische Schriftstellerin Lena Christ 1881–1920

Verantwortlich und Projektleitung:
Dr. Elisabeth Tworek, Leiterin der Monacensia
Kuratorin: Gunna Wendt
Mitarbeit, Presse- und Öffentlichkeit: Sylvia Schütz, Monacensia
Ausstellungsgestaltung: Katharina Kuhlmann, Durchschrift
Veranstalter: Monacensia.Literaturarchiv und Bibliothek
Publikation: Zeitgleich zur Ausstellung erschien im Langen*Müller* Verlag, München, das Buch von Gunna Wendt *Lena Christ – Die Glücksucherin.*

Zitate aus der Ausstellung

Bei meinen Großeltern ist es furchtbar schön gewesen.

Lena Christ, *Lausdirndlgeschichten*

Meine Mutter hat mir oft gesagt, dass sie das für das beste hält: Dreimal im Tag Prügel und einmal was zu Essen.

Lena Christ, *Lausdirndlgeschichten*

Ich lief mit dem Sturm über die Wiesen und suchte ihn zu überschreien.

Lena Christ, *Erinnerungen eine Überflüssigen*

Doch das Leben hielt mich fest und suchte mir zu zeigen, dass ich nicht das sei, wofür ich mich oft gehalten, eine Überflüssige.

Lena Christ, *Erinnerungen eine Überflüssigen*

Zum Glück fiel mir die Stelle eines Romans ein, an der so etwas vorkam, und ich machte es wie die Heldin des Buches.

Lena Christ, *Erinnerungen eine Überflüssigen*

Am End aber siegte doch die Schneid.

Lena Christ, *Erinnerungen eine Überflüssigen*

Und mit einem Male trat ein Wunsch auf meine Lippen, an den ich noch nie zuvor gedacht: Ich möchte ein solcher Meister werden, wie der dieses Bildes einer gewesen.

Lena Christ, *Mathias Bichler*

Glei frisch drauf los und mitten eine ins Glück!

Lena Christ, *Die Rumplhanni*

Jetzt probier i´s amal z´Münka, und is´s z´Münka nix, nachha geh i auf Berlin«, kündigt sie an, doch auch Berlin bedeutet keine Endstation: »wenn´s da aa nix is, nacher roas i ganz fort. In´s Amerika.

Lena Christ, *Die Rumplhanni*

Man hetzt mich zu Tod

Abschiedsbrief von Lena Christ

»Eine fein inszenierte Ausstellung in der Monacensia lässt das Leben der Lena Christ Revue passieren.

[...] Es ist diese Authentizität, die Präsenz originaler Hinterlassenschaften, welche die Ausstellung in der Monacensia so eindrucksvoll macht. Man darf es als glückliche Fügung nehmen, dass Erika Schneider, die im Oktober 2009 gestorbene Enkelin Lena Christs, die Erbstücke ihrer Großmutter zusammengehalten hat. Und man darf es der Monacensia-Chefin Elisabeth Tworek als großes Verdienst anrechnen, dass sie im Einvernehmen mit der Familie diese Schätze für das Münchner Literaturarchiv sichern konnte.«

[...] Wer die Ausstellung betrachtet, wird sich der Faszination dieser gewiss schwierigen Frau nicht entziehen können.«

Wolfgang Görl, *Süddeutsche Zeitung* am 3. Juli 2012

»Die Münchner Monacensia verneigt sich vor Lena Christ als Glückssucherin [...] Die Ausstellung, die von Gestalterin Katharina Kuhlmann wieder wunderbar betrachterfreundlich und optisch elegant, aber auch bodenständig in die schwierigen Räume gezaubert wurde, folgt dem Lebenslauf. Die farbigen Zitat-Girlanden an den Wänden lassen vor allem Christ-Texte zu Wort kommen und ziehen einen sogleich in ihre Sprache – machen Lust darauf weiterzulesen.«

Simone Dattenberger, *Münchner Merkur*, 3. Juli 2012

»*Glückssucherin* – so heißt die neue Ausstellung der Monacensia und die dazu gehörige Biografie über Lena Christ. Monacensia-Leiterin Elisabeth Tworek, Gestalterin Katharina Kuhlmann und Autorin Gunna Wendt haben sich zusammengetan, um ein möglichst ›rundes Bild‹ von der Schriftstellerin zu zeichnen: lesbar, sichtbar, fühlbar.«

Galina Gostrer, *Hallo – Ihre lokale Wochenzeitung,* 19. Juli 2012

»Katharina Kuhlmann hat die bislang umfassendste Auseinandersetzung mit Lena Christ in der Monacensia sehr anschaulich gestaltet und auch die ›Künikammer‹ aufgebaut, in der die Christ-Schätze jetzt erstmals zu bestaunen sind.«

Charlotte Erdl, *Altbayerische Heimatpost*, 30. Juli 2012

»Glück für München: Dank der Übergabe des Nachlasses von Lena Christ durch ihre Erben an die Münchner Monacensia kann in der Ausstellung ›Lena Christ. Die Glückssucherin‹ erstmals Leben und Werk der Dichterin (1881 bis 1920) in ungewöhnlicher Intensität dargestellt werden.«

Barbara Reitter-Welter, *Welt am Sonntag*, 5. August 2012

Exponate aus der Ausstellung

Im Literaturarchiv der Monacensia befinden sich Autografen, Manuskripte, Briefe, Fotos und auch zahlreiche persönliche Gegenstände aus dem Nachlass der Schriftstellerin Lena Christ. Dazu zählen viele Objekte, die ihre enge Verbundenheit mit der Welt ihrer Großeltern, ihrem Kindheitsparadies im ländlichen Glonn, belegen: Rosenkranz und Kruzifixe, Schmuckstücke, Gläser, Porzellangeschirr, Ziergegenstände und Kleinodien. Lena Christ hatte ihr Leben lang ein Faible für schöne Dinge. Sobald sie etwas Geld übrig hatte, leistete sie sich auf der Auer Dult, auf dem Trödel oder bei Antiquitätenhändlern Gegenstände und Preziosen, mit denen sie sich gerne umgab. Einige der Gegenstände gehören zum festen Repertoire der Dingwelt in Lena Christs Romanen und Erzählungen.

Der Rosenkranz

»Währenddem beteten wir laut den schmerzhaften Rosenkranz, auf dass der, der für uns Blut geschwitzt hat und für uns gegeißelt ist worden, unser Herz vor jedem sinnlichen Gedanken bewahre.«

Lena Christ: *Erinnerungen einer Überflüssigen* (1912)

»Eine tiefe Stille war hier trotz der großen Zahl der Betenden, und man hörte nichts, als das Fallen der Rosenkranzperlen und das Knistern seidener Schürzen und Kopftücher.«

Lena Christ: *Mathias Bichler* (1914)

»[...] und wir zogen unter dem Geläute der Glocken durch die Orte, und es kam mir vor, als trabte eine große Schafherde vor mir her, der ich als ein junges Hündlein oder wie ein krummgehend Lamm folgte. Doch zog auch ich meinen Rosenkranz aus dem Sack und schrie mit voller Kraft mein ›Gegrüßt seist du, Maria‹ hinter den Betern, so dass sich endlich die letzten umsahen und mir ganz freundlich und ermunternd zunickten.«

Lena Christ: *Mathias Bichler* (1914)

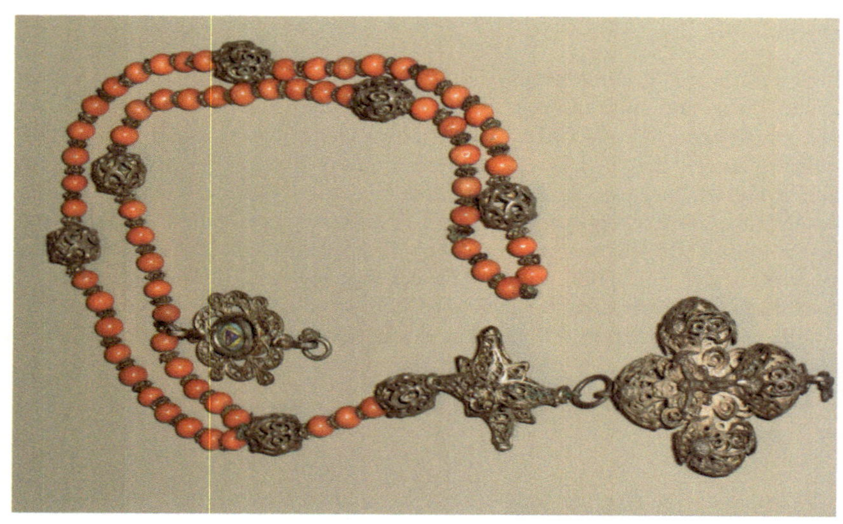

Lena Christs Rosenkranz

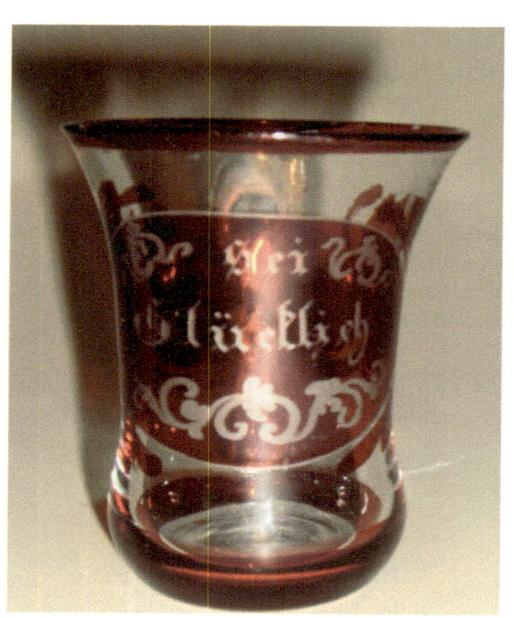

Das Teeglas

»Auf dem sauber gedeckten Tisch standen zierliche Tassen und Kannen, deren eine jede in einem bunt gemalten Kranz die goldene Inschrift trug: Lebe glücklich!«

Lena Christ: *Erinnerungen einer Überflüssigen* (1912)

Elisabeth Tworek

Begrüßung zur Ausstellungseröffnung »Lena Christ. Die Glückssucherin«

Die Jagd nach dem Glück war das große Lebensthema von Lena Christ. In ihrem Roman *Rumplhanni* heißt es: »Jetzt probier I's amal z'Münka, und is 's z' Münka nix, nacha geh i auf Berlin, und wenn's da aa nix is, nachher roas' i ganz furt. Ins Amerika«. Geblieben ist sie dann doch in München und gilt heute als die große bairische Schriftstellerin, die ähnlich Oskar Maria Graf und Ludwig Thoma das bäuerliche Leben in Bayern um 1900 in ihren Romanen festgehalten hat. Inzwischen haben sich die Höfe der Kleinhäusler in schicke Einfamilienhäuser verwandelt und die stattlichen Bauernhöfe mutierten größtenteils zu Wochenenddomizilen, Frühstückspensionen und Gästehäusern. Nach gut hundert Jahren ist nicht mehr viel übrig vom Leben auf dem Land, von dem Lena Christ erzählt.

Doch in Wachsmodeln, Ohrringen, Goldriegelhauben, Fotographien und Manuskripten lebt diese Welt weiter. Diese Welt zu erhalten, dafür sind Literaturarchive da. Die Ausstellung, die wir heute eröffnen, zeigt erstmals Manuskripte und Briefe, kombiniert mit persönlichen Gegenständen aus dem Besitz von Lena Christ, die sich 1920 auf dem Waldfriedhof vergiftet hat. Die Preziosen stammen aus einer Schenkung, die vor zwei Jahren die Erben von Lena Christ der Monacensia übergeben haben. Fast 100 Jahre wurden sie von den Nachfahren von Lena Christ von Generation zu Generation weiter vererbt. Dieser Familienbesitz prägte die Identität der Familie und die Erinnerungen an Lena Christ. Magdalena Dietz, die älteste Tochter von Lena Christ, vererbte ihn ihrer Tochter Erika Schneider. Diese Schenkung ist eine ideale Ergänzung des literarischen Nachlasses von Lena Christ und des literarischen Archives ihres Ehemanns Peter Benedix, die beide seit vielen Jahren im Besitz der Monacensia sind. Ich bedanke mich ganz herzlich bei den Nachkommen von Lena Christ für die wunderbare Schenkung.

Wie aber erfuhr ich von den Preziosen aus dem Besitz von Lena Christ? Oder anders gefragt: Wie wurde ich darauf aufmerksam, dass noch Gegenstände von Lena Christ bei ihren Nachfahren in Burghausen aufbewahrt und gehütet wurden? Der Erwerb von literarischen Nachlässen setzt gute Kontakte und viel Vertrauen in das städtische Literaturarchiv Monacensia voraus. So war es auch beim literarischen Nachlass von Lena Christ. Die Sache nahm ihren Anfang 1998, als ich Stoff für die Ausstellung *Der Traum vom Schreiben* suchte, die Münchner Schriftstellerinnen gewidmet war. Ich schrieb mehrere Briefe an die Tochter von Lena Christ. Schließlich rief ich dort beherzt an und trug mein Anliegen vor. Der Kontakt war von Anfang an freundschaftlich und offen. Lena Christs Enkelin lud mich nach Burghausen ein und zeigte mir die Schätze, die sie von ihrer Großmutter geerbt hatte: Geschirr, Besteck, silberne Zahnstocher, eine Madame de Pompadour-Figur, eine Goldriegelhaube. Mir war sofort klar, dass diese Gegenstände den bisherigen Blick auf die Schriftstellerin Lena Christ verändern werden. Ihr erster Roman *Erinnerungen einer Überflüssigen* hatte ihr den Stempel, eine Getretene, Geschundene und Gestrandete zu sein, verpasst, doch der letzte Satz des Romans verspricht eben Hoffnung. Er lautet: »Doch das Leben hielt mich fest und suchte mir zu zeigen, dass ich nicht das sei, wofür ich mich so oft gehalten, eine Überflüssige.« Die Enkelin Erika Schneider war bereit, uns diese Preziosen für die Ausstellung *Der Traum vom Schreiben* als Leihgabe zu überlassen. Also kam ich ein zweites Mal. Dieses Mal mit Gunna Wendt, die die Austellung *Der Traum vom Schreiben* kuratiert hat.

Ich fuhr aber noch ein drittes und viertes Mal nach Burghausen zur Erbin des Nachlasses von Lena Christ. Dieses Mal mit der Schriftstellerin Asta Scheib. Es freut mich sehr, dass ich Dich, liebe Asta Scheib, heute ebenfalls in der Monacensia begrüßen darf. Gerne erinnere ich mich an unsere gemeinsamen Fahrten nach Burghausen und an die vielen Fragen an Erika Schneider. Bei einem dieser Besuche gab uns Frau Schneider – quasi als Vorhut – die literarischen Hinterlassenschaften von Peter Benedix, dem zweiten Ehemann von Lena Christ, mit. Asta Scheib konnte als erste dieses Material hier in der Monacensia auswerten. Daraus entstanden ist vor zehn Jahren die Romanbiografie *In den Gärten des Herzens*, mit der erstmals ein zeitgemässer Blick auf Lena Christ geworfen wurde, und Du hast neue Standards in der Auseinandersetzung mit Leben und Werk von Lena Christ gesetzt. In diesem Buch schreibst Du: »Lena Christ gehört zu den stärksten und schärfsten Beobachtern ihrer Epoche. Sie war wie eine Art Teleskop, durch das man in die Vergangenheit Altbayerns blicken konnte und kann.«

Bei der Präsentation der Romanbiografie von Asta Scheib in der Monacensia verabredeten Erika Schneider und ich, dass sie mich informieren wird, wenn sie den richtigen Zeitpunkt für gekommen hält, die Preziosen ihrer Großmutter in den Besitz der Monacensia zu geben.

Dann erreichte die Monacensia die traurige Nachricht: Die Enkelin von Lena Christ ist gestorben. Doch ihr letzter Wunsch war es eben gewesen, dass diese Sammlungsgegenstände, die zwei Generationen im Familienbesitz waren, der öffentlichen Hand zur weiteren wissenschaftlichen Erforschung übereignet werden. Es war ein regnerischer Tag, als mein Mitarbeiter Frank Schmitter und ich in einem städtischen Dienstwagen die Gegenstände in Burghausen abholten.

Für die Forschung ist die Schenkung ein Glücksfall. Ich bezog Gunna Wendt, eine ausgewiesene Expertin im Schreiben von Biografien, in meine Überlegungen mit ein, diesem bedeutenden Zuwachs der Monacensia eine eigene Ausstellung zu widmen. Die Ausstellung, die wir heute eröffnen, erleichterte es dem Verlag, das verlegerische Risiko für eine Biografie einzugehen. Vielen Dank der Verlegerin Frau Fleißner-Mikorey vom Langen*Müller* Verlag München.

Die *edition monacensia* im Allitera-Verlag München trug auch etwas dazu bei, dass die Schriftstellerin Lena Christ dem Vergessen entrissen wird. Wir haben begleitend zu unserer Ausstellung in der *edition monacensia* vier Werke von Lena Christ wieder aufgelegt. Das sind die Romane *Mathias Bichler* und *Madame Bäurin*, die Erzählungen *Liebesgeschichten* und die von Ludwig Thoma inspirierten *Lausdirndlgeschichten*. Dem Verleger des Allitera Verlages, Herrn Alexander Strathern, gebührt dafür ein ganz herzlicher Dank.

Und so feiern wir heute nicht nur die Ausstellung, die Neuauflagen ihrer Bücher und eine neue Biografie über Lena Christ, sondern vor allem auch die Schenkung, die die Basis für Ausstellung und Buch ist. Diese Schenkung macht das literarische Gedächtnis Münchens und der Region um so viel reicher. Ich bedanke mich bei Ihnen allen, die Sie zum Gelingen dieses Lena Christ-Projektes beigetragen haben und beende meine Rede mit meinem Lieblingssatz dieser großen bairischen Schriftstellerin, die mir in ihrer Geradlinigkeit stets Vorbild war. In ihrem Roman *Rumplhanni* schreibt sie: »Bis i auf Minka kimm, werd d' Sunn scho wieder scheina! Und 's Glück aa.«

Die Schriften sind dieses Mal direkt auf die Wand aufgetragen. Das konnten wir machen, weil die Lena Christ-Ausstellung die letzte Ausstellung der Monacensia ist, bevor sie gründlich saniert wird und dann in neuem Glanze Ende 2015 wiedereröffnet ist. Das und vieles mehr ist wahrlich ein Grund zum Feiern. Dafür danken wir den Freunden der Monacensia e.V, die diesen Abend finanziell unterstützen. Wenn auch Sie die Arbeit der Monacensia unterstützen wollen, laden wir Sie gerne dazu ein, Mitglied der *Freunde der Monacensia e.V.* zu werden.

Es freut mich sehr, dass die Buchhandlung Lentner bereit war, den Büchertisch zu gestalten, so dass Sie die Biografie von Gunna Wendt bereits heute Abend zur Nachtlektüre wählen können.

Feiern Sie mit uns gemeinsam die Ausstellung und die Neukonzeption der Monacensia. Sie sind alle herzlich eingeladen.

Thomas Grasberger

»A Haus und a Kuah und a Millisupperl in der Fruah«

Lena Christ und die »kleinen Leute« in der »guten alten Zeit«

Staatsarchiv München

> Akten betreffend Nachlass Der Jerusalem Magdalena, Schriftstellerin, hier Testament:
> Alle sonst noch aus Novellen, Romanen, Theaterstücken, Übersetzungen in fremde Sprachen, Verfilmungen etwa erfolgenden Honorareingänge werden zur Hälfte als Deckung meiner bestehenden Schulden hergenommen. Die andere Hälfte teilt sich wieder in meinen Mann und meine zwei Töchter. [...]
> Geschrieben am 29. Juni 1920 zu München
> Gez. Magdalena Jerusalem
> (genannt Lena Christ)

Einen Tag, nachdem Lena Christ – geborene Pichler, geschiedene Leix und abermals verheiratete Jerusalem – ihr Testament gemacht hat, nimmt sie sich das Leben. Ihr materielles Erbe hat sie im Nachlass geregelt. Noch wichtiger ist für uns heute das literarische Erbe dieser bayerischen Schriftstellerin, die zeitlebens von schweren persönlichen und wirtschaftlichen Krisen heimgesucht wurde. Ihre autobiografisch gefärbten, gesellschaftskritischen Romane und Erzählungen berichten davon. Vor allem in den *Erinnerungen einer Überflüssigen* und im Roman *Die Rumplhanni* gewährt Lena Christ ihren Lesern tiefe Einblicke in das ärmliche Leben der Arbeiterklasse, der Dienstboten und der Landbevölkerung um 1900.

Wohnungsprobleme, häusliche Gewalt, Kinderarbeit, Kriminalität, Prostitution – mit Lena Christs Büchern in der einen und Materialien aus verschiedenen Münchner Archiven in der anderen Hand begeben wir uns auf eine Zeitreise in die Prinzregentenzeit und die Jahre danach, bis zu Lena Christs Tod 1920. Es ist eine besondere Zeit.

Als der bayerische Prinzregent Luitpold am 12. Dezember 1912 stirbt und bald darauf der Erste Weltkrieg beginnt, da setzt schon die große Verklärung ein: Die Prinzregentenjahre werden seither gern als Bayerns Goldenes Zeitalter bezeichnet. Dabei weisen sie nur allzu viele dunkle Seiten auf, wie Leben und Werk der Lena Christ recht anschaulich zeigen.

»Ich war nämlich nur ein lediges Kind, und mein Vater war, als ich kaum zwei Jahr alt, auf der Reise nach Amerika mit dem Dampfer Cimbria untergegangen«, schreibt Lena Christ in ihren *Erinnerungen einer Überflüssigen.* Darüber, wer tatsächlich der Vater der außerehelich geborenen Magdalena war und über sein Verschwinden ist später viel spekuliert worden. Tatsache ist, was die Vormundschaftsakten im Staatsarchiv München preisgeben:

Am 7. Dezember 1881 erscheinen in Ebersberg vor dem königlichen Amtsrichter Gruber folgende Personen: die ledige großjährige Maurerstochter Magdalena Pichler von Glonn; deren Vater, der verh. Maurer Mathias Pichler von da; der ledige großjährige Bediente Karl Christ von Mönchsrode, Bezirksamt Dinkelsbühl, z. Zt. bedienstet bei Rittmeister Hornig in München.

»Erstbenannte bittet vor allem den (sub) unter 2 benannten Mathias Pichler als Vormund zu verpflichten über [das] am 30. Oktober 1881 außerehelich geborene Kind Magdalena und bezeichnet dann auf Vorhalt als natürlichen Vater solchen Kindes den miterschienenen Karl Christ.« (Staatsarchiv München)

Ob Christ wirklich der Vater der kleinen Lena war? Gewiss ist, dass Lena später seinen Nachnamen als Künstlernamen annehmen wird. Und dass sie ihre ersten Lebensjahre beim Großvater auf dem Land verbringt.

> *Der Großvater [...] verstand sich auf alles, und wo man im Dorf eine Hilfe brauchte, da wurde er geholt. Er war Schreiner, Maurer, Maler, Zimmermann und Kuhdoktor, und manchmal hat er auch dem Totengräber ausgeholfen. Und weil er so überall zur Hand war, hieß man ihn den Handschuster, und der Name wurde der Hausname und ich war die Handschusterleni.*

Dass dort in Glonn, im oberbayerischen Kreis Ebersberg, immer schon arbeitsame Menschen lebten, berichtet Joseph Friedrich Lentner, der Mitte des 19. Jahrhunderts Bayern bereiste, um Land und Leute zu beschreiben. »Man arbeitet sehr fleißig und beginnt Sommers und Winters mit frühestem Morgen besonders an der Glon, wo der stärkere Feldbau die Dreschzeit oft von Michaeli bis Sebastiani ausdehnt.«

Wie früh dieser von Lentner erwähnte »früheste Morgen« beginnt, das verrät Lena Christ in ihrem Roman *Die Rumplhanni*: »Ja so. – Is's eppa scho halbe viere? – Dass d' scho aufstehst, Lenz?«, fragt die Hauserin ihren Mann, der vom Gockel des Nachbarn geweckt wird. Und so steht auch sie in Gotts Nam' schon früher auf, nämlich um drei Uhr früh.

> *Dann bindet sie das schwarze Kopftuch auf und besprengt sich mit dem Weichbrunn, worauf beide die Schlafkammer verlassen und ihr Tagwerk anheben; er mit dem Futtermähen, sie mit dem Kochen der Morgensuppe. Also nimmt der Alt die Sense von dem Aststumpf des Birnbaums hinter der Holzschupfe, wetzt sie und beginnt, auf dem Anger hinterm Haus das Gras des Obstgartens zu schneiden.*

Die Arbeit auf dem Land ist hart. Die Kost ist einfach. »Mehl und Milchspeisen mit ziemlichem Schmalzverbrauch bilden die Grundlage des Küchenzettels dieser Gegend. Gewöhnlich gibt es Montags, Dienstags und Donnerstags Knödel mit Kraut, an den andern Tagen Nudeln und Kücheln und als Zuspeise Gemüse und Obst«, berichtet Joseph Friedrich Lentner.

Und Lena Christ bestätigt 1912, also sechs Jahrzehnte später, diesen ländlichen Speiseplan. Alltagskost, das waren damals

> *[...] die Knödel; denn die durften keinen Tag fehlen. Auch am Sonntag kamen sie, freilich viel größer und schwärzer, als Leberknödel auf den Tisch. Das Wasser, in dem die Knödel, die neben ihrer Schmackhaftigkeit auch noch den Vorzug der Billigkeit hatten, gesotten wurden, wurde bei uns nie weggeschüttet, sondern in einer großen bemalten Schüssel aufgetragen. Dazu stellte die Großmutter ein Pfännlein mit heißem Schmalz und braunen Zwiebeln und im Sommer auch ein Schüsselchen voll Schnittlauch. Der Großvater langte dann den von der Mutter selbstgebackenen Brotlaib, der mittels unseres großen Hausschlüssels ringsum mit einem Kranz von ringförmigen Eindrücken verziert war, aus dem Wandschränklein und begann langsam und bedächtig Schnittlein um Schnittlein in die Brüh zu schneiden. Danach goss er die Schmelz darüber, würzte gut mit Salz und*

Pfeffer und rührte mit seinem Löffel etliche Male um. Alsdann sagte er: »So Muatta, jatz ko'st betn.«

Fleisch kam bei uns nur zu ganz besonderen Gelegenheiten auf den Tisch, und selbst am Sonntag genügten meinen Großeltern die Leberknödel mit dem Tauch, einem Gemüse von Dotschen, Rüben oder Kohlraben. Nur der Großvater erhielt als Feiertagsmahl ein Stück gesottenes Rindsfett, das er gesalzen und gepfeffert nur mit einem Stücklein Brote aß.

Das Essen war einfach. Kein Wunder, es waren oft viele Mäuler zu stopfen. So hatte Lena Christs Stiefgroßmutter neben ihrer täglichen Arbeit noch einige Pflegekinder zu versorgen. Sie zog sogenannte Kostkinder auf,

> [...] *welche die Gemeinde ihr wegen ihrer Gewissenhaftigkeit und Sauberkeit übergab. Es waren dies Kinder von Bauerndirnen, von ledigen Gemeindeangehörigen, die wer weiß wo weilten und ihre Kinder der Gemeinde aufbürdeten; aber auch Kinder von Gauklern, die diese einfach den Leuten vor die Tür legten. [...] Von den zwölf Kostkindern, die die Großmutter um diese Zeit aufzog, wuchsen zusammen mit mir die Urschl, der Balthasar, genannt Hausei, der Bapistei und die Zwillinge auf. Sie schliefen alle mit mir bei den Großeltern in der gemeinsamen großen Schlafkammer, die vier Fenster hatte. [...] In die Wiege kam das Kleinste, außer es war ein anderes krank, das dann hineingebettet wurde.*

Münchener Amtsblatt, 17. Mai 1908
Aufsicht über Kostkinder

Die Erfahrungen, welche die eingehendere Beaufsichtigung des Kostkinderwesens neuerdings gezeitigt hat, bieten Veranlassung, auf eine möglichst durchgreifende Fürsorge für die Kostkinder hinzuweisen. Für die vor Erteilung der Genehmigung zu pflegenden Erhebungen erscheint es notwendig, nicht nur den Gesundheitszustand des Kindes sondern auch etwaige ansteckende Krankheiten in der Pflegefamilie (besonders Tuberkulose) und die hygienische Beschaffenheit der Wohnung, soweit veranlasst, festzustellen; außerdem aber auch die Zahl der in Pflege befindlichen »verwandten« Kinder und der sogenannten »Tageskinder« in Betracht zu ziehen. [...]

Bezüglich des nötigen Luftinhaltes der Wohn- und Schlafräume wird auf die Bestimmung des §5 der oberpolizeilichen Vorschriften vom 19. Januar 1904, die Wohnungsaufsicht betreffend, hingewiesen. [...]

Danach ist als überfüllt ein Wohn- oder Schlafraum jedenfalls dann zu erachten, wenn auf eine erwachsene (also über 14 Jahre alte Person) nicht mindestens 10 cbm Luftraum und 3 qm Bodenfläche und auf eine nicht erwachsene Person nicht mindestens die Hälfte dieser Ausmaße trifft.

München, 10. Mai 1908
Königliches Bezirksamt München

Drei Quadratmeter für Jugendliche, eineinhalb für Kinder – so schreibt es damals das Gesetz vor. Die Wirklichkeit muss also noch viel schlimmer ausgesehen haben, sonst hätte es ja keiner Regelung bedurft. Auch mit der Bildung für Kinder ist es damals nicht allzu weit her, obwohl in Bayern seit 1802 eine sechsjährige gesetzliche Unterrichtspflicht besteht. Joseph Friedrich Lentner schreibt über die Menschen »an den Ufern der Glon« um 1850: »Das Volk ist körperlich so wenig schön, als es geistig schlecht begabt ist, sein ganzes Wesen ist roh und stumpf und der Schul-Unterricht hat bei seiner gewöhnlichen Mangelhaftigkeit kaum einen Einfluß.«

Offenbar hat sich bis zum Ende des 19. Jahrhunderts das Ansehen von Schulen in der Landbevölkerung noch nicht wesentlich gebessert, wie Lena Christs Erinnerungen vermuten lassen:

Mit dem Beginn des Frühjahrs musste ich zur Schule gehen, wovon die Großmutter nicht viel hielt, da sie nie in der Volksschule gewesen und Schreiben und Lesen nur nebenbei in der Frauenarbeitsschule gelernt hatte. Kam ich heim, so hatte sie immer etwas für mich gemacht; sei es einen Gugelhopf, Rohrnudeln oder einen fetten Schmarrn mit einem Zwetschgentauch und meinte: »Arms Lenei; so vui Hunga hast kriagt. Wenn nur dö verflixte Schul glei der Teifi holn tat. Was braucht insa Dirndei a Schul; mir ham aa koane braucht und san aa groß wordn und taugn unta d'Leut.«

Besonders prekär ist die Situation damals für die alten Menschen. Der Austrag wurde für manche schier unterträglich. In den *Erinnerungen einer Überflüssigen* heißt es:

> *Kaum ein halbes Jahr nach dem Tode meines Großvaters kam eines Tages meine Großmutter und beklagte sich bitter über die rohe Behandlung, die ihr bei der Nanni und deren Mann widerfahre.*
>
> *Laut weinend wünschte sie sich den Tod und wollte nicht mehr zurück, sondern zu dem neuen Besitzer ihres Hauses, um bei ihm im Austrag zu bleiben. [...] Als sie dann nach langem Leiden durch einen Schlaganfall gelähmt worden und ganz auf die Handreichungen ihrer Stieftochter angewiesen war, kamen harte Tage für sie. Hilflos lag sie in ihrem Bett, so erzählt man, und niemand kümmerte sich um sie; man ließ sie hungernd und starrend vor Schmutz im eigenen Kot liegen. Und als um diese Zeit ihr Schwiegersohn sein Haus verkaufte und ein neues Anwesen übernahm, wurde die kranke Frau, obwohl es Winter war, mit ihrem Bett zu oberst auf den mit Möbeln beladenen Leiterwagen gebunden und so den weiten Weg auf der holprigen Landstraße nach dem neuen Wohnort gefahren. Bald nach dieser Reise starb sie, und als sie tot war, wollte niemand das Begräbnis zahlen.*

Nicht nur Alte und Kinder hatten es schwer – auch für die Ehhalten, also die Dienstboten auf dem Land, war das Leben alles andere als einfach. Der Dienstbotenlohn war karg, weil der Ehhalt in den Augen der Bauern sowieso Kost und Unterkunft bekam. Er war aber schon vor hundert Jahren umso höher, je näher der Dienstplatz bei München lag,« heißt es in einer Ausstellung des Kulturhistorischen Vereins Feldmoching über *Das Leben auf dem Land einst und heute.*

«In Attenkirchen, Landkreis Freising, lag der Lohn um 1906 für den Knecht bei 250 bis 300 Mark, für den Mitterknecht 200–220 Mark, die Dirn erhielt 200 Mark und die Mitterdirn 150 Mark. Dazu die Manner 2 Paar Stiefel, 2 Hemden, 1 Schurz und 10–20 Mark Erntegeld. Die Menscher (also die Frauen) bekamen je 1–2 Paar Schuhe, Hemden und Schürzen.«

Nur allzuoft sind Dienstboten in der Wahrnehmung der Bauern nur »Dahergelaufene« und deshalb »Garneamds« – also »Garniemand«. Das wird in Lena Christs Erzählungen immer wieder recht deutlich. Johanna Rumpl, lediges Kind eines Pfannenflickers und Protagonistin des Romans *Die Rumplhanni*, hat ihr Dienstbotendasein gründlich satt. Ihr Traum vom Lebensglück ist bescheiden:

> *I brauch a Haus und a Kuah und a guats Millisupperl in der Fruah.*

Diesen Traum vom sozialen Aufstieg kann die Rumplhanni nur mit Hilfe einer guten Heirat wahr werden lassen. Dafür ist ihr fast jedes Mittel recht. Allerdings sollte es möglichst kein »oaschichtiger Metzgerbursch« sein, kein »Deanstbot!«.

> *A Deanstbot bin i ja selber! Also brauch i oan, der mi draus erlöst! Der mi zu ana Frau macht!*

Bis es soweit ist, muss sich die Rumpelhanni als Dienstbotin noch manch zorniges »Schreien und Schelten« der Bäuerin anhören:

> *Schaug sie net o! Sie flaggat no im Bett, wenn ander Leut scho lang bei der Arbat san! [...] Du hast aufz'steh, bal mir aufstehngan, dass d' es woaßt, du fäu's Trumm, du fäu's (faules)! [...] Balst moanst, dass ma di faulenzen laßt und herfuadert, bis d' foast bist, da brennst di!*

Johanna Rumpl freilich ist auch nicht auf den Mund gefallen. Sie wehrt sich und beklagt, dass man als Dienstbote »wia a Stuck Viech hergnomma werd!«. Vor allem als weiblicher Dienstbote. So betrachtet etwa der mißtrauische und argwöhnische Jung-Bauer Staudenschneider die Rumpelhanni, nachdem sie ihn als Hochzeiter verschmäht hat, fortan nurmehr als Dirn – soll heißen: Dienstmensch. Und für so ein Dienstmensch gelten damals eigene Regeln.

> *Beim Einstellen von Dienstboten geht's wie beim Viehkauf: Wenn man nicht angeschmiert sein will, schaut man gut und überlegt gut. Und wenn schon zuvor was fehlt, dann sagt man lieber gleich ein Nein; denn beim Vieh gilt nur der gesetzliche Fehler, während die andern den Handel nicht aufheben und doch den Stall verschandeln und den Geldbeutel unnütz leer machen. Will einer sagen, dass es beim Dienstvolk anders ist?*

Aber nicht nur auf dem Land werden Dienstboten manchmal wie Vieh behandelt. Auch in der Stadt erweisen sich die »Gnädige Frau« oder der »Gnädige Herr« gelegentlich als recht ungnädig. Um nicht zu sagen: gnadenlos. Das Arbeiter-Sekretariat München weiß zum Thema »Mißhandlung von Dienstboten" im Jahr 1898 jedenfalls Schlimmes zu berichten:

»Sehr zahlreich waren auch die Fälle, in welchen sich Dienstboten über Mißhandlungen und grobe Beleidigungen ihrer Herrschaften beschwerten. Von den Gerichten wird das geradezu brutale Vorgehen der Herrschaften gegen Dienstboten meist sehr milde beurtheilt.

Die Zahntechnikersehefrau Kreszenz F. hatte von ihrer Köchin 30 Mk. gepumpt und ihr dann kurze Zeit darauf den Laufpaß gegeben. Als das Mädchen ihr sauer Erspartes zurückforderte, bekam es statt Geld – Prügel. Das Schöffengericht verurtheilte die Dienstfrau unter Annahme mildernder Umstände zu sechs Mark Geldstrafe.«

Bürgerliches Gesetzbuch (Fassung vom 18. August 1896)
§ 1617

»Das Kind ist, solange es dem elterlichen Hausstand angehört und von den Eltern erzogen oder unterhalten wird, verpflichtet, in einer seinen Kräften und seiner Lebensstellung entsprechenden Weise den Eltern in ihrem Hauswesen und Geschäfte Dienste zu leisten.«

1888 heiratet Lena Christs Mutter den Metzgergesellen Josef Isaak. Die beiden eröffnen eine Gastwirtschaft in der Münchner Adalbertstraße. Und holen die siebenjährige Lena vom Land in die Stadt. Die schöne Zeit bei Großvater und Großmutter ist damit vorbei.

Auch lernte ich jetzt arbeiten. In der Wirtschaft musste ich kleine Dienste tun: Brot und Semmeln für die Gäste in kleine Körbchen zählen, den Schanktisch in Ordnung halten, Sachen einholen und manchmal auch den Kegelbuben ersetzen. […]

Kinderarbeit ist kein Einzelschicksal Ende des 19. Jahrhunderts. Das Archiv der Münchner Arbeiterbewegung e.V. vermerkt in seiner Ausstellung zum Thema *Kinderarbeit – damals und heute*:

»Es ist noch gar nicht so lange her, dass Kinder auch bei uns harte Lohnarbeit verrichtet haben. So waren bis 1880 in der bayerischen Spinnerei Kolbermoor von insgesamt 2377 Arbeiterinnen und Arbeitern 166 Kinder unter 13 Jahren. Das jüngste Kind zählte gerade einmal neun Jahre. Geschickte kleine Kinderhände konnte man auch in anderen Zweigen der Textilindustrie gut gebrauchen, etwa beim Nähen von Handschuhen und kunstgewerblichen Accessoires. Neben Ziegel schleppen und Körbe flechten arbeiteten Kinder oft in Gaststätten als Kegelbuben und Wassermädchen – als Lohn gab es meist nur etwas Trinkgeld und ein warmes Essen. Um 1900 waren etwa 10 Prozent aller Volksschüler im Deutschen Reich in der Landwirtschaft tätig, mehr als 200.000 Kinder wurden gewerblich beschäftigt. Die Dunkelziffer gerade bei der ›unsichtbaren‹ Haus- und Heimarbeit war hoch.«

Als Lena Christs Mutter wieder schwanger wird, kauft der Stiefvater 1890 ein Haus mit einer Altmetzgerei in der Münchner Corneliusstraße.

> *Ich war damals neun Jahre alt. In aller Frühe musste ich zuerst das Fleisch austragen, dann Feuer machen, Stiefel putzen, Stiegen wischen und der Mutter die Sachen einholen, die sie zum Kochen brauchte. Sie blieb jetzt immer am Morgen liegen, und so ging ich gewöhnlich nüchtern in die Schule.*

Als der Halbbruder Josef, den sie in den Erinnerungen Hansl nennt, im Februar 1891 geboren wird, beginnt für Lena eine noch härtere Zeit:

> *Nun hieß es um fünf Uhr aufstehen und zu den übrigen Arbeiten noch das Bad, Wäsche und Windeln für den kleinen Hansl herrichten. Kam ich mittags aus der Schule, wurde ich meistens mit Schlägen empfangen; denn ich hatte nachsitzen müssen, weil ich in der Früh zu spät gekommen war. Vor dem Essen musste ich noch den Laden und das Schlachthaus putzen und das Nötige einkaufen. Bei Tisch hatte ich dann laut das Tischgebet zu beten. Als ich einmal beim Vaterunser statt auf das Kruzifix zum Fenster hinaussah, schlug mich die Mutter ins Gesicht, dass mir das Blut zu Mund und Nase herauslief, auch bekam ich nichts zu essen und musste während der Mahlzeit am Boden knien.*

Daten aus der Geschichte des deutschen Kinderschutzes

1854 werden in Bayern Verordnungen zum Schutz schulpflichtiger Kinder erlassen: die Arbeitszeit für unter Zehnjährige darf täglich maximal 9 Stunden betragen.

1878 wird die Kontrolle der Kinderarbeit durch die Gewerbeaufsichtsämter eingeführt.

1900 tritt eine Gewerbeordnung in Kraft, die besagt, dass schulpflichtige Kinder bis auf wenige Ausnahmen nicht gewerblich beschäftigt werden dürfen.

Lena Christ kommt als junges Mädchen nicht mehr in den Genuss solcher Schutzmaßnahmen. Die Wirtsleni, wie sie genannt wird, kann sich gegen die brutale Mutter nicht wehren. Obwohl diese sich stets sehr religiös gibt, hat sie offenbar keine Probleme damit, das heranwachsende Mädchen schwer zu misshandeln und auszubeuten, wo es nur geht.

> *Bald war ich in der Küche das Spülmädchen oder die Köchin, bald in der Gaststube die Kellnerin; denn da die Mutter oft recht grob mit dem Dienstvolk war, lief bald die eine oder andere wieder weg. Am meisten zuwider war mir der Aufenthalt in der Gaststube; denn war ich bei den Gästen ernst und schweigsam, so schalt die Mutter, dass ich ihr die Leute vertreibe; war ich aber freundlich und heiter, so nützten das viele rohe und wüste Kerle aus und belästigten mich nicht nur mit allerhand Zoten und zweideutigen Fragen, sondern quälten mich manchmal in der unsaubersten Weise, indem sie mich an den Beinen faßten, Küsse verlangten oder sonstige aufdringliche Zärtlichkeiten versuchten. Kam ich dann also gehetzt zur Mutter und klagte ihr solche Dinge, so wurde sie sehr erbost und schalt mich heftig, dass ich mich nicht zu benehmen wisse: »Was muaßt di denn hi'stelln dafür? Scham di; bist fufzehn Jahr alt und no so dumm! Da sagt ma halt, i hab jatz koa Zeit und geht freundli weg!« Oft dachte ich über diese Worte nach und versuchte mich danach zu richten; doch waren alle meine Bemühungen, die Zudringlichkeiten solcher Burschen mit Liebenswürdigkeit abzuwehren, erfolglos, und ich fürchtete ständig, meine Unschuld zu verlieren.*

STADTARCHIV MÜNCHEN
Akt Nr. 181 Polizeidirektion

Übersicht über die Zahl verlaufener Kinder im Jahr 1900:
Zahl der Anmeldungen 1330
Zahl der Ermittlungen 1329

Lena Christ ist in jenen Jahren wohl auch in die Polizeistatistik eingegangen. Als die Mutter wieder einmal besonders grausam zu ihr ist, läuft das Mädchen von zuhause weg. In den *Erinnerungen einer Überflüssigen* schildert sie, wie sie eines Tages bei der Polizei vorstellig wird:

»Entschuldigen S', is bei Ihnen ein junges Mädchen angemeldet, dös wo verlorenganga is, oder vielmehr, dös wo davog'laafa is? Wissen S', i bin davo von dahoam, weil mi mei Muatter sunst derworfa hätt, weil i d'Waschschüssel derschlagn hab und Diphtherie hab.«

Lächelnd führte mich der Beamte in das Zimmer des Polizeiarztes und als ich dem meine ganze Geschichte erzählt hatte, untersuchte er mich und sagte darauf. »Herr Rat, ich bitte Sie, lassen Sie die Ärmste nach dem Krankenhaus schaffen. Benachrichtigen Sie jedoch die Angehörigen nicht davon. Recherchieren Sie vielmehr, ob solche Sachen bei dieser Frau öfter vorkommen; denn so etwas gehört exemplarisch bestraft.«

Hierauf musste ich mich ausziehen und ihnen die Beulen und Striemen an meinem Körper zeigen. Als der Arzt einen großen, grünlichen Fleck an meiner linken Brust bemerkte, rief er: »Unverantwortlich! Ein weibliches Wesen so zu misshandeln! Die Megäre denkt gar nicht, welche Folgen das haben kann!«

Danach wurde ich in das Krankenhaus an der Nußbaumstraße geschafft, wo ich alsbald in ein heftiges Fieber verfiel und an einer schweren Lungenentzündung erkrankte. Als es mir besser ging, wollten alle meine Geschichte hören; denn durch den Polizeiarzt war an unsern Arzt, Doktor Kerschensteiner, schon ein aufklärendes Schreiben gelangt, und der freundliche Herr hatte in seiner Entrüstung ganz laut im Saal geschrien: »Die Bestie! Das Schandweib! Und so was nennt sich Mutter!«

Stadtarchiv München

Aus der Statistik der Polizeidirektion im Jahr 1899:
Unterbringung und Heimschaffung hilfloser Personen: 44

Hilflose Personen sollte Lena Christ bald viele zu sehen bekommen. Im Dezember 1898 tritt sie als Novizin und Lehrkandidatin in das Kloster Ursberg in der Diözese Augsburg ein.

15 Monate bleibt sie dort, wo damals 500 Professschwestern und 200 Novizinnen ein Blindenheim, ein Taubstummeninstitut, eine Heimstätte für alte, schwächliche Personen und eine »Pflegeanstalt für Kretinen, Epileptische, Irre, Tobsüchtige und durch Ausschweifung Zerrüttete, sogenannte Besessene« betreuen. In ihren *Erinnerungen einer Überflüssigen* gibt Lena Christ Einblick in den Alltag dieser »Versorgungsanstalt« und ihrer Insassen:

> *[...] es waren unter ihnen viel bösartige und heimtückische Geschöpfe, zu deren Bändigung es oft strenger Mittel bedurfte, wie Zwangsjacken, Hungerkuren, finsterer oder vermauerter Zellen und dergleichen. Freilich geschah es mitunter auch, dass der eine oder die andere in einer solchen Zelle vergessen wurde. Da die Kerker sich alle unter dem Dach befanden, konnte man oft zwei, drei Tage lang ein entsetzliches Heulen und Wimmern hören; doch wussten nur wenige, woher es kam, und diese hüteten sich wohl, es uns Neulingen zu sagen. Dafür ging im Kloster seit langem das Gerücht, auf dem Dachboden seien Gespenster; man erzählte von sündhaften Mönchen, die für ihre geheimen Missetaten also gestraft worden seien, dass sie in Ewigkeit keine Ruhe fänden, sondern ihre Geister im Kloster umgehen müssten zum warnenden Beispiel für alle, die darin lebten. [...]*
>
> *So geschah es auch einmal, als ich mit einer andern Kandidatin auf den Speicher gegangen war, um dort unsere Garderobeschränke in Ordnung zu bringen, dass wir plötzlich ganz in unserer Nähe ein dumpfes Schlagen hörten, während vom Bretterboden dichter Staub aufwirbelte. Unter lautem Schreien liefen wir zitternd zur Schwester Cäcilia und berichteten ihr den Vorfall. Nachdenklich ging sie mit uns nochmals hinauf und wir suchten den ganzen Speicher ab. Da fanden wir, dass eine tobsüchtige Frau, von uns die Putzmarie genannt, weil sie den ganzen Tag mit einem Schaff Wasser und einer Putzbürste herumlief und scheuerte, seit vier Tagen hier eingeschlossen war und beständig auf den losen Bretterboden sprang, um gehört zu werden; denn sie war schon dem Verschmachten nahe. Schwester*

Cäcilia veranlasste sofort ihre Befreiung, und die Alte war ihr so dankbar dafür, dass sie alle Tage den Musiksaal putzen wollte.

Statistisches Jahrbuch

Gesamtzahl der Gast- und Schankwirtschaften in München:
im Jahr 1890: 1.164
im Jahr 1900: 1.862
Auf 1000 Einwohner treffen
im Jahr 1890: 3,5 Wirtschaften
im Jahr 1900: 3,8 Wirtschaften

Eine dieser Wirtschaften gehört Lena Christs Eltern. Im Kloster etwas leutscheu geworden, gewöhnt sich Lena bald wieder an die Arbeit und wird »das lustigste Mädel, das jeden anständigen Scherz mitmachte und ganze Tische voll Gäste unterhielt«.

Mittlerweile war es fast acht Uhr geworden, und ich richtete nun die Schenke, zählte die Bierzeichen für die Kellnerin und zapfte an. Währenddessen kam die Mutter aus der Wohnung und der Vater aus dem Schlachthaus und bald füllte sich das Lokal mit Gästen. Es waren fast lauter Arbeiter: Maurer, Steinmetzen, Schlosser, Schreiner, Drechsler und zuweilen auch Pflasterer oder Kanalarbeiter. In der Küche aber standen die, welche für die in der Nähe liegenden Fabriken die Brotzeit holten; denn zu unserer Kundschaft gehörte auch eine Bleistift-, eine Möbel-, eine Sarg-, eine Bettfedern- und eine Schuhfabrik. Nun hieß es flink die Lungen- und Voressenhaferln füllen, Kreuzerwürstl abzählen, Weißwürste brühen und Hausbrot schneiden; zuweilen auch die Schenkkellnerin machen, indes der Vater im Schlachthaus noch Milzwürste oder, wie man sie bei uns nannte, umgekehrte Bauernschwänze, sowie Leber- und Blutwürste, Leberkäs und Schwartenmagen machte.

Physikatsbericht der Stadt München vom 6.10.1862:

»Der Münchner ist kein Vielesser und Trinker, weil er ein genußsüchtiger verdummter Altbaier ist, wie man von seinen Feinden oft ihm nachsagen hört, auch der eingewanderte, ans Hungern gewöhnte Berliner führt gewöhnlich in Bälde hier eine andere derbere Küche als ehemals, weil es das Klima mit sich bringt, daher der bedeutende Genuß aller Fleischarten, die beträchtliche Consumtion des Bieres u[nd] s[o] f[ort].«

Dann kam die Kellnerin und fragte: »Was gibt's heut z'essn für d'Leut?« worauf die Mutter mit ihrer metallenen Stimme erwiderte: »An Nierenbra'n, Brustbra'n, Schlegl in da Rahmsoß, an Schweinsbra'n und a unterwachsens Ochsenfleisch mit Koirabi [Kohlrabi], an Kartoffisalat, an grean und rote Ruabn« [...]
Als die Kellnerin sich schon zum Gehen anschickte, rief die Mutter noch rasch: »A Biflamott [boeuf à la mode] mit Knödl ham mar aa!«

Statistisches Handbuch München

Fleischverbrauch im Jahr 1900:
auf den Kopf der Bevölkerung treffen

Ochsenfleisch	19,4 kg
Rind	14,9 kg
Kalb	19,3 kg
Schweine	21,8 kg
andere	2,5 kg
zusammen	77,9 kg

Im Münchner Biergarten, schreibt Lena Christ, herrscht Demokratie.

Da sitzt der Reiche bei dem Armen, der Hohe neben dem Niederen; und alle Standesunterschiede verschwinden bei der beschaulichen Ruhe, die über allem liegt und jeden überkommt, der da zufrieden seinen Rettich oder Käs verzehrt und dazu sein Häflein trinkt.

Aber bei aller Liebe zur Biergartenseligkeit: Standesunterschiede gab es sehr wohl in der Prinzregentenzeit. So reisten die feinen Leute mit der Kutsche in die Wirtschaft zur Floriansmühle, wo Lena Christ eine Zeitlang als zweite Köchin arbeitete.

Da kamen Herrschaften in ihren Equipagen, die sich mit Brathähndln, Eierspeisen, kalten Platten und dergleichen Lecker-

bissen aufwarten ließen, ferner Radfahrer, die in großer Eile ihren Kaffee tranken, und auch an Spaziergängern fehlte es nicht, die da ihren Käs mit Butter, ein Ripperl oder Regensburger verzehrten. Der Kaffee wurde in lauter kleinen Kännchen serviert, und eine alte Spülerin hatte den ganzen Mittag und Nachmittag vollauf zu tun, um all die Geschirrlein zu säubern und auf kleine Nickeltablett zu ordnen. In einem riesigen Waschkorb lagen an die hundert Krapfen, daneben standen Teller und Platten mit feinem Kaffeekuchen, was alles im Haus gebacken wurde. In der Schenke ging es zur Mittagszeit noch ziemlich ruhig her; doch war am Nachmittag auch hier ein großes Hinundher. Da wurde nicht nur Bier ausgeschenkt, sondern auch alle möglichen Limonaden, Sauerbrunnen, Schorlemorle, Radlermaßen und auch gar manche Flasche Wein.

Etwas rustikaler geht es da in den Gassenschänken der Stadt zu:

Da wurden innerhalb einer Stunde über zwei Hektoliter Bier ausgeschenkt, und die Leute standen mit ihren Krügen an, wie zu Ostern in der Kirche beim Beichten. Der Vater schenkte ein und ich kassierte.

Und manchmal kommt es im elterlichen Wirtshaus sogar zu Raufereien:

Der Bräubursch aber hatte den Bäcker mit solcher Macht zurückgeworfen, dass dieser rücklings in einen runden Tisch fiel und alle Krüge und Gläser umwarf. Die Frau des Laternanzünders Tiburtius Kiermeier hatte eben ein Kalbsgulasch vor sich stehen und wollte zu essen beginnen; da kam der Bäcker geflogen, und durch den großen Sturz geriet die Platte mit der Sauce ins Rutschen, und ehe die Frau Laternanzünder sich' versah, hatte sie das Gulasch samt der Brüh und den Kartoffeln im Schoß: »Jess' Maria! Mei guater Tuachrock!« kreischte sie laut auf und stieß gleich darauf ihren Mann heftig in die Seite; denn der hatte so eifrig mit einem am andern Tisch sitzenden Schuhmacher, genannt der Revolutionsschuster, über Anarchismus und Sozialdemokratie debattiert, dass er von dem Streit und auch von dem Unglück seiner Gattin nichts bemerkt hatte.

Nun aber sprang er auf, und als ihm diese kreischend und unter Tränen den Vorfall geschildert hatte, erhob er seinen Stuhl und schrie: »Nieder mit dem schwarzen Bäckerhund! Hauts'n nieder, den Zentrumshund! D' Sozialdemokratie soll lebn!« In diesem Augenblick aber fielen ihm etliche in den Arm, drückten ihn wieder auf seinen Sitz und riefen: »Sei do g'scheit, Tiburtl!« doch der war nun schon in der Hitze und schrie und schimpfte weiter. Die Streitenden aber waren inzwischen abermals aneinander geraten, und bald setzte es da und dort Hiebe ab. Nun sprangen etliche Rauflustige hinzu, und ehe man sich dessen versah, artete der Streit zu einer regelrechten Prügelei aus. [...]

Und als um vier Uhr morgens die letzten Gäste schwankend das Lokal verließen, versicherten sie einmütig mit stillvergnügtem Lächeln: »Schö war's, wunderschö!«

Alles andere als wunderschön ist das Leben der Lena Christ. Noch als 19Jährige wird sie von der Mutter geschlagen, unternimmt in ihrer Verzweiflung sogar einen Suizidversuch. 1901 flieht sie in die Ehe mit dem Buchhalter Anton Leix. Drei Kinder gehen aus der Beziehung hervor. Und doch ist es keine glückliche. Leix säuft, veruntreut Geld, kommt ins Gefängnis. 1909 trennt sich Lena Christ von ihrem Mann, zieht mit den beiden Töchtern in eine Haidhauser Wohnung, die sie »trockenwohnen« soll.

Ich band meine Habe samt den Kindern auf einen Karren und zog dahin. Ein alter, brotloser Mann, dem ich früher Gutes getan hatte, half mir dabei. Das Haus war noch ganz neu, und das Wasser lief an den Wänden herab; wir schliefen auf dem Boden und bedeckten uns mit alten Tüchern und krochen zusammen, damit wir nicht gar zu sehr froren.

STATISTISCHES HANDBUCH DER STADT MÜNCHEN
Gesamteinwohnerzahl:
im Jahr 1895: 407 Tausend
im Jahr 1900: 499 Tausend
im Jahr 1909: 588 Tausend

München wächst im 19. Jahrhundert rasant. 1852 wird die 100.000er Grenze überschritten. 30 Jahre später sind es schon 250.000 Einwohner. Eine Zahl, die sich innerhalb der nächsten 18 Jahre noch einmal verdoppeln wird. 1901 leben bereits 500.000 Menschen an der Isar! Damit ist München nach Berlin und Hamburg die drittgrößte Stadt im Deutschen Reich. Aber eine geteilte Stadt – denn in der Au, in Giesing und Haidhausen, den ehemaligen Vororten, die erst seit 1854 zu München gehören, entstehen sich richtige Slums. Bereits im *Physikatsbericht* von 1862 heißt es:

»In den genannten 3 Vorstädten, in welchen größtentheils Taglöhner, überhaupt Arbeiterbevölkerung wohnt, ist das Herbergswesen vorherrschend. [...] In diesen Herbergen ist die Bewohnung dichter, sind die Wohnungen überhaupt schlechter, den hygienischen Anforderungen nicht entsprechend, ja sie sind, [...] sogar im hohen Grade feucht in Folge ihrer tiefen Lage an dem Bergabhang und an den Canälen und dergleichen, sie sind finster, oft dumpf usw.«

> *Draußen bei der Kirche Maria Hilf in der Au sind die Herbergen vieler alter Bürger unserer Münchnerstadt. Und entlang dem Lilienberg lehnen noch allerhand Hütten und Häuslein, in denen schon die Urväter mancher noblen Palastbesitzer und Wagerlprotzen ihre ärmlichen Hosen zerrissen und die Wänd bekritzelt haben. Ein winziger Geißenstall, ein morscher Holzschupfen, ein alter Röhrlbrunnen oder eine mürbe Holzaltane und ein wilder Holunderstrauch in dem armseligen Wurzgärtlein weist noch dem Beschauer die Genügsamkeit der Bewohner dieser Herbergen mit ihren zwei, drei Kammern und dem Küchenloch.*

So steht es bei Lena Christ im Roman *Die Rumplhanni*. Und der *Jahres-Bericht des Arbeiter-Sekretariats München* für das Geschäftsjahr 1898 ergänzt diese Beschreibung so:

»Der Mangel an kleinen Wohnungen zwingt die Leute in den meisten Fällen, Wohnungen zu nehmen, deren Miethpreis über die finanzielle Leistungsfähigkeit des kleinen Mannes hinausgeht; die Leute sind somit gezwungen, ihre Gelasse wieder abzuvermiethen. Da die Münchener Statistik einen Unterschied zwischen Schlafgänger und Zimmermiether nicht macht, so wird uns nur die Gesammtzahl der Aftermiether bekannt: 1890 waren es 27.850 männliche und 10.424 weibliche Personen, welche zusammen 11,8 % der Haushaltungsbevölkerung ausmachten. 1890 waren von den Wohnungen mit Schlafstellen 3918 überfüllt, d.h. auf je ein heizbares Zimmer kamen 4 Wohngenossen. Auch auf die Kindersterblichkeit macht sich die Wohnungskalamität und Wohn-Dichtigkeit der Bevölkerung geltend. Die Altstadt hat eine Kindersterblichkeit von 19,8 und die übervölkerte Peripherie eine solche von 39,5 pro Hundert der Lebendgeborenen [...]«

Lena Christs Erfahrungen im eigenen sozialen Abstieg machen ihre literarischen Schilderungen lebendig. Im Roman *Die Rumplhanni* kann die außereheliche Pfannenflickerstochter Hanni ihren Traum von »Haus und Kuah und a Millisupperl in der Fruah« auf dem Land nicht verwirklichen. Sie geht – wie so viele damals – in die Stadt, nach München. Dort lernt sie jedoch erst einmal das Elend der Wohnquartiere in der Münchner Au kennen.

> *Da liegt auf einem elendigen Lager ein bleicher Mann mit eingefallenen Wangen und fiebernden Augen, der flüstert heiser etwas Unverständliches und winkt mit matter Hand seiner Franzi, wobei ihn ein dürrer Husten peinigt. Neben diesem Siechenbett steht ein alter Waschkorb; und darin kriechts und wurlts, und es winselt ein Häuflein junger Hunde und krabbelt und sucht an der knurrenden Alten herum. Drunten am Fußende der Bettstatt aber ist ein Haufen Laubstreu aufgeschüttet, und darauf liegt, an den Bettfuß gebunden, meckernd eine grobbeinige Geiß, die sogleich aufspringt und nach ihrem Futter schaut.*

Im Roman *Die Rumplhanni* wohnt zum Beispiel die Weinzierlfranzi samt Mann und Kind und Kegel in den Elendsquartieren rechts der Isar. Das heißt, wenn sie nicht gerade wieder einmal einsitzen muss, wegen Hausierens. Das passiert freilich fast jeden Winter – die Weinzierlfranzi aus der Au muss dann ihre »*sechs, acht Wocha macha. Weil i d' Straf net zahln konn. Weil i a arma Teife bin. Und 's Gschäft geht halt amal in dene Straßen am besten, wos Hausieren verboten is.*« Mit dem Zugriff der Polizei ist dort jedoch stets zu rechnen.

Stadtarchiv München
Übersicht über die polizeilichen Razzien im Jahre 1899

2. Januar: von den 62 Vorgeführten waren 46 männlich, 16 weiblich, 11 aus München, 43 aus Bayern, einer aus dem übrigen Deutschland, 7 Ausländer

3. Januar: von den 55 Vorgeführten waren 47 männlich, 8 weiblich, 16 aus München, 30 aus Bayern, 5 aus dem übrigen Deutschland, 4 Ausländer

9. Januar: von den 77 Vorgeführten waren 74 männlich [...]
Gesamtzahl der im Jahr 1899 bei Razzien Vorgeführten: 2713.

Besonders schwierig ist die Situation in der Prinzregentenzeit nicht zuletzt für Frauen, denn ihnen bieten sich wenig Gelegenheiten, regulär Geld zu verdienen. Lena Christ hält sich in den Jahren 1909/10 mit »Schreibarbeiten« über Wasser. Und mit Gelegenheitsprostitution. Ihre Polizeiakte enthält Vorstrafen wegen Kuppelei und Gewerbsunzucht. Damals keine Seltenheit. Um 1910 schätzt man die Zahl der heimlichen Prostituierten auf 2000. Offiziell gemeldet sind Ende 1909 eigentlich nur 140. Für die Königliche Polizeidirektion München ein altbekanntes Problem.

In einem Bericht an die Königliche Regierung von Oberbayern heißt es:

»München, den 16ten Februar 1900 [...] Der Stand der polizeilich überwachten Prostituierten ist von 271 im Jahre 1898 auf 233 zurückgegangen. Irgendwelche moralstatistische Bedeutung kommt diesem Umstande nicht zu; die Schwankungen in der Zahl der inskribierten Prostituierten beruhen lediglich auf Zufall und lassen keinen Schluss auf den Umfang der hier betriebenen Gewerbsunzucht zu, solange nicht die zwangsweise Stellung der wegen Gewerbsunzucht abgestraften Weibspersonen – einschließlich der Minderjährigen – eingeführt wird.«

Oft sind es Dienstmädchen, Fabrikarbeiterinnen oder Kellnerinnen, die als nicht registrierte Prostituierte ein paar Mark dazu verdienen und dann wegen gewerbsmäßiger Unzucht im Gefängnis landen. Lena Christ beschreibt in der *Rumplhanni*, wie fließend der Übergang von Straßenhandel zur Prostitution mitunter sein kann.

Und gegen Abend, da die Straßen und die Läden, die Gaststätten und die Wohnungen hell erleuchtet werden, da hat sie alle ihre Veilchen und die Schneeglöcklein verkauft, und auch von ihren Nelken und Anemonen sind nur noch wenig Büschel übrig. Da kommt ein alter Herr des Wegs, im Pelzrock und Zylinderhut. Der hat kaum die Hanni erblickt, als er sogleich zu ihr in die Toreinfahrt tritt, auf den Rest in ihrem Korb deutet und fragt: »Was kosten sie?« Und dabei gleitet sein Blick über ihre schwarzen Zöpfe, ihren Körper, und bleibt betrachtend stillstehen in ihrem von der kalten Luft geröteten Gesicht und in den Augen, indes sie leise sagt: »Drei Mark, Herr.« Er zieht die Börse und fragt, während er darin herum sucht: »Wie heißt du denn? Bist du Münchnerin? Bist du schon Frau?« Die Hanni bindet mit unsicherer Hand den Strauß zusammen. Was der alles wissen möcht! Das wär wieder so einer! Aber ein feiner, ein vornehmer Herr ist er doch! Und sicher reich – sehr reich! Seine Börse ist gefüllt mit Silbergeld und Scheinen, und sein Anzug, sein Benehmen sagt ihr, dass er etwas andres ist als alle, die ihr bisher in die Augen sahen, – so begehrlich ... »I bin koa Münchnerin, naa, Herr. I bin aa net d' Frau selber. I bin bloß d' Hanni.« – »Die Hanni. Hast du zu Haus noch Blumen?« – »Naa, Herr. Aber i kann Eahna leicht morgn no oa bsorgn, so viel S' mögn!« Der Herr besinnt sich ein wenig. Dann reicht er ihr eine Banknote hin. »Hier. Laß nur gut sein. Und bring mir morgn noch so einen Strauß. Wart, hier hast du meine Adresse. Um zwei Uhr bin ich zu Haus.« Er gibt ihr eine feine Visitenkarte in die Hand. »Auf Wiedersehen, Fräulein Hanni!«

KÖNIGLICHE POLIZEIDIREKTION MÜNCHEN
Statistik des Jahres 1900

wegen Kuppelei gab es 385 Einschreitungen und 154 Bestrafungen;
wegen Gewerbsunzucht 706 Einschreitungen und 631 Bestrafungen.

Auch die Rumpelhanni macht Bekanntschaft mit dem Gefängnis; weil sie sich auf der Straße nicht ausweisen kann und renitent wird.

Die Hanni hockt stumpf auf ihrem Bänklein; wie ein harter Traum kommt ihr das Ganze vor. Aber wieder und wieder schreckt sie das Geklirr der Schlüssel, das Schlagen der Riegel und Türen auf; und da plötzlich eine Klappe in ihrer Tür laut schallend geöffnet wird, springt sie mit einem dumpfen Schrei in die Höhe und fährt sich an den Hals. Doch ist's bloß abermals eine Aufseherin und zwei Gefangene, die das Essen verteilen, eine dicke Erbsenbrüh mit einem schwarzen Brotknödel. Die Hanni berührt es kaum. [...] »Aha! Koan Appetit hat s' net! Da kann man abhelfen: heut nachmittag tun S' Böden abreiben, dann wird's Ihnen morgen schon besser schmecken!« Ratsch. Die Klappe ist zu.

Die Prinzregentenzeit ist nicht für alle eine schöne Zeit. Zu viele »Garneamds« (»Garniemands«) sind damals in Bayern unterwegs, kommen als Dienstboten nach München und landen nicht selten bei der Fürsorge. Für die Kostkinder und die Alten auf dem Land wie in der Stadt, für die Armen und Behinderten, die Mägde, Knechte und Hausierer, die Schlafgänger in den Elendsquartieren und die Gelegenheitsprostituierten auf den Straßen der Residenzstadt bleibt der soziale Aufstieg meist nur ein Traum. Der Abstieg hingegen konnte schnell und unverhofft kommen, und traf auch die Menschen aus der Mittelschicht.

Lena Christs Biografie, die einer Achterbahn gleicht, ist ein eindrucksvoller Beleg dafür. Als die Schriftstellerin im Jahr 1920 wieder einmal in finanzielle Not gerät, fälscht sie die Unterschriften von Künstlern, um Gemälde teuer verkaufen zu können. Die *Münchner Neuesten Nachrichten* melden am 24. Juni 1920 unter der Rubrik »Die Romanschriftstellerin als Bilderfälscherin«:

»Die neue Bilderfälschungsaffäre, über die wir vor einigen Tagen berichtet haben, hebt sich durch den Wert der gefälschten Bilder, durch die Keckheit und durch die Person der Fälscherin aus der ziemlich beträchtlichen Zahl der Münchener Bilderfälschungen heraus. Es ist nicht lange rücksichtsvolles Geheimnis geblieben, wer jene ›bekannte, im Norden der Stadt wohnende Schriftstellerin‹ ist, und die Art, wie Frau Lena Christ (ihren eigentlichen Namen kann man ruhig verschweigen) vorgegangen ist, besonders aber ihr Erpressungsversuch an der Witwe eines unglücklichen Mannes verdient auch keinerlei Rücksichtnahme.«

STAATSARCHIV MÜNCHEN
Selbstmordverzeichnis des Jahres 1920

Insgesamt 161 Einträge, Eintrag Nummer 70:

Jerusalem Magdalena
geboren am 30.10.1881 in Glonn, Landkreis Ebersberg/
Religion katholisch/
Stand: Schriftstellerin/ Sittlicher und religiöser Charakter gut/
Körperlicher Zustand: günstig
Familienverhältnisse verh./ Erwerbs und Vermögensverhältnisse ungünstig/
Art, Ort und Zeit der Selbstentleibung: 30.6.1920 Waldfriedhof vergiftet/
Nächste Veranlassung: Furcht vor Strafe

Lena Christ hat sich am 30. Juni 1920, noch vor Beginn des Gerichtsverfahrens, das Leben genommen. Auf dem Münchner Waldfriedhof schluckte sie Zyankali. Besorgt hat es ihr ihr Mann Peter Jerusalem, von dem sie zu jener Zeit getrennt lebte. »Selbstmord durch Einnehmen flüssiger und fester Gifte« – das Statistische Handbuch der Stadt München registriert im Jahr 1920 sechzehn Fälle. Es sind ausschließlich Frauen. Lena Christ »entleibt sich« aus »Furcht vor Strafe«; so heißt es im Selbstmordverzeichnis der Münchner Polizei. Aus dem Testament der Schriftstellerin könnte man freilich auch »Reue und Scham« als Motive heraus lesen.

> *Ich habe mich entschlossen, den Makel, welchen ich auf meinen guten Künstlernamen gebracht, und das Unglück, welche[s] ich dadurch meiner Familie zugefügt habe, mit dem Opfer meines Lebens freiwillig zu tilgen und gutzumachen.*

Der vorliegende Beitrag ist die schriftliche Fassung einer Rundfunksendung, die am 3. und 4. November 2012 in *Bayern2* ausgestrahlt wurde.

Die Lena Christ-Zitate (alle kursiv) wurden entnommen den Werken *Erinnerungen einer Überflüssigen, Madam Bäuerin, Die Rumplhanni, Mathias Bichler, Bauern – Bayerische Geschichten* und *Lausdirndlgschichten.*

Benutzte Archive:

Staatsarchiv München: Polizeidirektion München 7845: *Selbstmordverzeichnis 1920* · Staatanwaltschaft München I 1816: *Strafsache gegen Jerusalem Christ Magdalena, Schriftstellerin aus Glonn, Wegen Ehrenbeleidigung* · München –1920/1846: *Akten betreffend Nachlass.*

Pfarrarchiv St. Peter München: *Münchener Amtsblatt* 1906, Seite 315: *Übersicht über die für die Gemeinden des Amtsbezirks festgesetzten ortsüblichen Tageslöhne* · *Münchener Amtsblatt*, Nr. 38, Sonntag, 17. Mai 1908: *Aufsicht über Kostkinder.*

Amtsgericht Ebersberg: (Vormundschaftsakten) VV 1881/228: *Protokoll.*

Stadtarchiv München: Polizeidirektion Nr. 181 · *Statistisches Handbuch der Stadt München.* Hg. vom stat. Amt der Stadt München, München 1928 · *Münchner Neueste Nachrichten* vom 17. Juni 1920 · *Münchner Neueste Nachrichten* vom 24. Juni 1920.

Die Veranstaltungen der Monacensia 2012

Zusammengestellt von Sylvia Schütz

Dienstag, 7. Februar 2012
19 Uhr, Monacensia

radioKultur in der Monacensia

Lieber ein Spatz in der Freiheit als ein Pfau im Zoo.

Jörg Hube. Ein Künstlerleben

Pre-Hearing und Werkstattgespräch mit der Autorin Eva Demmelhuber

Jörg Hube war unangepasst und unkonventionell, beizeiten ein Anarchist und Dickschädel, ein Zweifler und Moralist, hoch empfindsam, zurückhaltend und polternd zugleich, »Herzkasperl« mit Herzblut. Aus dem Nachlass des Schauspielers, Kabarettisten, Regisseurs und Schauspiel-Lehrers – aus Zetteln, Briefen, Manuskripten, Notizen über Auseinandersetzungen mit der »Obrigkeit« – und Erinnerungen von künstlerischen Wegbegleitern und Freunden entsteht ein buntes »Bayerisches Feuilleton«.

Veranstalter: Monacensia und Bayern2

Begleitprogramm zur Ausstellung »Mein Kopf ist eine Bombe. Jörg Hube. Ein Künstlerleben«

Donnerstag, 16. Februar 2012
19 Uhr, Monacensia

Szenische Lesung mit Musik

Die Zaubergeige von Franz Graf Pocci

Szenische Lesung mit dem Schauspieler Robert Joseph Bartl

Musik: Angelika Lichtenstern, Violine, und Markus Elsner, E-Piano
Einführung: Eva Demmelhuber

Die Grethe liebt den Kasperl, der Kasperl liebt eigentlich auch die Grethe, wenn da nicht der ewige Heißhunger auf »... a paar Maß Bier und zwölf Paar Bratwürste« wäre und der Hunger nach Macht! Einmal selbst der große Zampano sein und sich von keinem Dienstherrn oder Großbauern sagen lassen müssen, was zu tun und was zu lassen ist! Mit seiner Zaubergeige verhilft der berühmte Münchner Dichter Franz von Pocci dem Kasperl Larifari zu Macht, Ansehen und schönen Frauen.

Veranstalter: Monacensia

Dienstag, 28. Februar 2012
19 Uhr, Monacensia

Gedenkabend zu Elisabeth Mann Borgese
Mit Elisabeth in Indien

Der Schweizer Schriftsteller und Fernsehjournalist Peter K. Wehrli stellt seinen Reisebericht »Mit Elisabeth in Indien« vor und plaudert anhand von Dokumenten von seinen Begegnungen mit Elisabeth Mann Borgese.
Elisabeth Mann Borgese und Peter K. Wehrli unternahmen 1964 eine abenteuerliche Reise auf dem Landweg nach Indien bis Madras. Mit einem Landrover starteten sie am 10. Januar in Italien, die Fahrt führte über Jugoslawien, Bulgarien, die Türkei, Syrien, Jordanien, den Irak, Persien, Pakistan und Afghanistan nach Indien. Wehrli dokumentierte die Reise bereits in seinem 1969 erschienenen Buch »Auskünfte«, arbeitete jetzt aber für den Gedenkabend seine Erinnerungen aus, die die jüngste Tochter von Thomas und Katia Mann in ihrer unmittelbaren und intelligenten Wachheit zeigen. Elisabeth Mann Borgese starb am 8. Februar 2002 in St. Moritz/ Schweiz.

Peter K. Wehrli (Jg. 1939) ist Autor weiterer Reiseberichte aus Afrika und Lateinamerika. Seine Textsammlung »Katalog von Allem« erscheint seit 1975 fortlaufend in losen Folgen (Buchfassungen 1999 und 2008) und in mehreren Sprachen und wurde wegen der Genauigkeit der Beobachtung sowie der ungewöhnlichen Optik hoch gelobt.
Wehrli ist der Autor des Filmes »Die Schweiz der Familie Mann« (2004), in dem Frido Mann zu den Schweizer Schauplätzen des Familienlebens führt. Die beiden waren schon 1955 Klassenkameraden im Gymnasium. Zusammen mit Frido Mann hat Wehrli 1994 nach einem gemeinsamen Brasilien-Aufenthalt den Verein »Casa Mann« gegründet, der das Kulturzentrum Julia Mann im Elternhaus von Thomas Manns Mutter im brasilianischen Paraty plant.

Veranstalter: Monacensia und Thomas-Mann-Förderkreis München e.V.

Samstag, 3. März 2012
10–17 Uhr

Tag der Archive

Erinnern und Entdecken

Archive sind das »Gedächtnis« einer Gesellschaft. Ihre Aufgabe ist es, originale und einmalige Zeugnisse menschlichen Lebens aufzubewahren, zu erschließen, im Rahmen der rechtlichen Möglichkeiten zur Benutzung bereitzustellen, auszuwerten und so vor dem Vergessen zu sichern.
Als kulturelle und wirtschaftliche Metropole beherbergt die Landeshauptstadt München eine Vielzahl von Archiven. 29 Münchner Archive bieten am Samstag, den 3. März 2012 Einblick in ihre spannenden Bestände.

Das Programm der Monacensia:
Führung zur Geschichte des Hildebrandhauses

Um 10 Uhr und um 13 Uhr führt Dr. Elisabeth Tworek, die Leiterin der Monacensia, durch das Hildebrandhaus und gibt einen Einblick in die wechselvolle Geschichte des Hauses.
Seit dreißig Jahren ist die Monacensia im Hildebrandhaus beheimatet, im ehemaligen Wohnsitz des Künstlerfürsten und Bildhauers Adolf von Hildebrand (1847–1921), der hier im Kreise seiner Familie lebte und arbeitete. Noch heute zeugen große Brunnenanlagen wie der Wittelsbacher Brunnen am Maximiliansplatz von der Bedeutung, die Adolf von Hildebrand während der Prinzregentenzeit in der »Kunststadt München« genoss. Zum Lebensstil des einstigen Hausherrn gehörte der gut besuchte, weltoffene Salon, ein Treffpunkt des kulturellen Lebens der Stadt, zu dessen Gästen die Schriftstellerin Annette Kolb ebenso gehörte wie etwa Kronprinz Rupprecht von Bayern.

Präsentation ausgewählter Dokumente aus dem Literaturarchiv

Mehr als Papier und Tinte: In den Nachlässen von Schriftstellern befinden sich in der Regel Manuskripte, Briefe, Fotos und persönliche Dokumente. Manchmal tritt aber auch Erstaunliches zu Tage. Frank Schmitter, verantwortlich für das Literaturarchiv der Monacensia, präsentiert um 11 Uhr und um 14 Uhr neben »klassischen« Archivalien, wie dem Originalmanuskript des berühmten Schlüsselromans »Mephisto« von Klaus Mann und einem Tagebuch der Schriftstellerin Karin Struck, auch ganz besondere Objekte, wie eine Richterrobe oder ein Gewehr.

Führung durch die Ausstellung »Mein Kopf ist eine Bombe. Jörg Hube. Ein Künstlerleben«

Jörg Hube – eine Anarchist und Dickschädel, stand sein Leben lang mit den Konventionen im Konflikt. Scheu und polternd zugleich, extrovertiert und sensibel, lässt er sich am besten in Gegensätzen beschreiben. Die Ausstellung basiert größtenteils auf Dokumenten aus dem künstlerischen Nachlass von Jörg Hube, den die Monacensia als Schenkung von den Erben des im Juni 2009 verstorbenen Künstlers erhalten hat. Sie öffnet einen Blick auf das große Werk und das Leben von Jörg Hube. Um 12 Uhr und um 15 Uhr führt Sylvia Schütz, zuständig für Presse- und Öffentlichkeitsarbeit, durch die aktuelle Ausstellung.

Der Tag der Archive ist eine vom *Vda* – Verband deutscher Archivarinnen und Archivare bundesweit durchgeführte Veranstaltung.

Mittwoch, 7. März 2012
19 Uhr, Monacensia

Buchpräsentation
Herzkasperls Biograffl

Eva Demmelhuber präsentiert ihre im Langen*Müller* Verlag, München, erschienene Biografie »Jörg Hube. Herzkasperls Biograffl. Ein Künstlerleben«. Es liest der Schauspieler Michael Tregor, Münchner Kammerspiele. Experimentelle Klänge: Ardhi Engl, Gitarre
Grußworte: Thomas Kraft, Programmleiter Langen*Müller* Verlag

Der Schauspieler und Kabarettist Jörg Hube war ein Revoluzzer und Dickschädel, der sein Leben lang mit den Konventionen im Konflikt stand. Aber er war auch ein sensibler Moralist, ein Einzelgänger, der Freiräume für anarchisches Denken forderte. Dadurch wurde er zum Außenseiter – und wollte doch nur dazugehören. Eva Demmelhubers Buch ist eine Kollage aus Selbstzeugnissen, Briefen und Dokumenten. Es öffnet den Blick auf das große Werk und Leben von Jörg Hube.

Veranstalter: Monacensia und Langen*Müller* Verlag, München

Begleitprogramm zur Ausstellung »Mein Kopf ist eine Bombe. Jörg Hube. Ein Künstlerleben«

Montag, 12. März 2012
19 Uhr, Monacensia

Buchpräsentation
München

Elisabeth Tworek liest aus ihrem soeben erschienenen München-Buch und unterhält sich mit Günter Berg, Geschäftsführer beim Verlag Hoffmann und Campe. Musik: Hasemanns Töchter

Vom Oktoberfest bis zur Fronleichnamsprozession, München ist eine Stadt barocker und katholischer Lustbarkeit; als Residenzstadt Ort früherer Prachtentfaltung und als Alpenmetropole Ort des schönen Scheins mit einer beeindruckenden Promidichte. Weltstädtisches vereint sich mit dörflichem Charakter, Traditionelles mit Neugier, Nobelviertel mit der Selbstbehauptung am Biertisch. Die promovierte Literaturwissenschaftlerin und Leiterin der Monacensia Elisabeth Tworek nähert sich in ihrem sinnenreichen und lebendigen Münchenbuch dem Lebensgefühl ihrer Stadt auf ganz verschiedenen Wegen. Ihre Einfallstore sind die Geschichte, die besonders vielfältige Stadtkultur und die Münchner Seele.

Veranstalter: Monacensia und Hoffmann und Campe Verlag, Hamburg

Dienstag, 20. März 2012
19 Uhr, Monacensia

Empfang
Die Monacensia stellt sich dem Münchner Verlegerkreis vor.
Eine Abendeinladung des Allitera Verlags München

Veranstalter: Monacensia und Allitera Verlag

Dienstag, 27. März 2012
19 Uhr, Monacensia

Szenischer Vortrag
Kasperl, Tod und Teufel. Jörg Hubes großes Welttheater
Ein szenischer Vortrag mit dem Dramaturgen Georg Holzer und dem Schauspieler Robert Joseph Bartl

Besonders in seinen Soloprogrammen, aber auch in vermeintlich ganz normalen Theateraufführungen hatten Jörg Hubes Auftritte einen Hang zur Anarchie, waren unberechenbar und dem Augenblick verpflichtet. Doch seine Improvisationskunst war bei aller Spontaneität nicht die Laune des Moments, sondern das Ergebnis eines Reflexionsprozesses: Immer wieder hat Jörg Hube sich selbst ebenso wie das Theater als Kunstform infrage gestellt und daraus Inspiration für seine Arbeit auf und an der Bühne gewonnen.
Der Vortrag stellt anhand von zahlreichen Beispielen Jörg Hubes Theater in eine Tradition, die sich in vieler Hinsicht weit mehr aus der Commedia dell'arte und dem barocken Welttheater speist, als aus den institutionalisierten Staats- und Stadttheatern unserer Tage.

Georg Holzer, geboren 1974 in München, ist Dramaturg und Übersetzer. Er arbeitete als Schauspieldramaturg von 2000 bis 2011 an den Münchner Kammerspielen und am Bayerischen Staatsschauspiel. Seit 2011 ist er Chefdramaturg der Oper Dortmund.

Robert Joseph Bartl wurde am Wiener Max-Reinhardt-Seminar, u. a. bei Klaus Maria Brandauer zum Schauspieler ausgebildet. Er tritt an vielen großen deutschsprachigen Bühnen auf und war zuletzt zehn Jahre lang festes Ensemblemitglied am Bayerischen Staatsschauspiel unter Dieter Dorn. Der mehrfach ausgezeichnete Schauspieler machte sich auch mit seinen Leseprogrammen einen Namen.

Veranstalter: Monacensia

Begleitprogramm zur Ausstellung »Mein Kopf ist eine Bombe. Jörg Hube. Ein Künstlerleben«

Mittwoch, 18. April 2012
19 Uhr, Monacensia

Lesung und Gespräch

»Wir wurden in ein Landerziehungsheim geschickt ...«

Klaus Mann und seine Geschwister in Internatsschulen

Der Autor Prof. Dr. Manfred Kappeler liest aus seinem 2012 im Nicolai Verlag erschienenen Buch und unterhält sich im Anschluss daran mit Dr. E7
lisabeth Tworek, Leiterin der Monacensia.

Als Erika und Klaus Mann zusammen mit anderen Jugendlichen aus dem Bogenhauser Herzogpark eine »Bande« bildeten und »schweren Unfug« verübten, sahen die Eltern Katia und Thomas Mann das gesellschaftliche Ansehen der Familie gefährdet. Es schien ihnen, so Klaus Mann, »eine drastische Lektion« geboten. Die beiden ältesten Mann-Kinder wurden in reformpädagogische Landerziehungsheime gegeben; bald darauf auch die Geschwister Golo und Monika.
Manfred Kappeler beleuchtet in seinem Buch die familiäre Situation im Haus der Manns, analysiert Überlegungen von Thomas Mann zur Erziehung, zur Psychoanalyse und Reformpädagogik und schildert ausführlich die Erfahrungen von Klaus Mann und seinen Geschwistern Erika, Golo und Monika in der Odenwaldschule, der Bergschule Hochwaldhausen und im Landerziehungsheim Schloss Salem. Damit liefert er auch einen wichtigen Beitrag zur aktuellen Debatte um die Reformpädagogik und die Erziehung in Internatsschulen.

Manfred Kappeler lehrte von 1989 bis 2005 als Professor für Erziehungswissenschaft/ Sozialpädagogik an der TU Berlin. Er war u.a. Mitglied der Expertenkommission zur sexuellen Gewalt in pädagogischen Einrichtungen und Sachverständiger im Petitionsausschuss des Deutschen Bundestages zur Aufklärung der Geschichte der Heimerziehung der 40er bis 70er Jahre in der Bundesrepublik. Anfang 2011 veröffentlichte er im Nicolai Verlag das Buch »Anvertraut und ausgeliefert. Sexuelle Gewalt in pädagogischen Einrichtungen«.

Veranstalter: Monacensia und Nicolai Verlag, Berlin

Mittwoch, 9. Mai 2012
19 Uhr, Monacensia

Präsentation

Die Zukunft der Monacensia

Vorstellung des Umbaus und der Neukonzeption der Monacensia

Im November 2011 hat der Stadtrat der Landeshauptstadt München Mittel für den Umbau und die Erweiterung des Hildebrandhauses bewilligt und damit eine Neukonzeption der Monacensia, des renommierten Instituts der Münchner Stadtbibliothek ermöglicht. Damit wird das Literaturarchiv der Stadt München als lebendiger Kulturort in München gestärkt. Die Baumaßnahmen beginnen ab Mitte 2013. Die ehemalige Künstlervilla des Bildhauers Adolf von Hildebrand wird in ihren historischen

Originalzustand zurückversetzt und mehr als bisher der Öffentlichkeit zugänglich gemacht. Nach der Wiedereröffnung im Herbst 2015 wartet die Monacensia mit zeitgemäß präsentierten Dauerausstellungen auf: zu Thomas Manns Zeit in München – von der Boheme bis zum Exil – sowie zur Geschichte des Hildebrandhauses.
Im Anschluss an die jährliche Mitgliederversammlung des Vereins Freunde der Monacensia e.V. präsentieren um 19 Uhr Vertreter des verantwortlichen Bauteams das Vorhaben.
Es sprechen: Johann Georg Sandmeier, Baureferat/ Hochbau, Lorenz Wallnöfer, Architekturbüro Wallnöfer, Dr. Elisabeth Tworek, Leiterin der Monacensia

Veranstalter: Monacensia

Mittwoch, 13. Juni 2012
18 Uhr, Monacensia

Buchpräsentation und Diskussion

100. Erscheinungsjubiläum des Erfolgsbuchs »Die Biene Maja und ihre Abenteuer«

Der Roman »Die Biene Maja und ihre Abenteuer«, der zwischen seinem Erscheinen 1912 und dem Ende der 1930er Jahre wohl erfolgreichste Kinderbuchtitel, feiert im August dieses Jahres seinen 100. Geburtstag. Anlass genug, der berühmten Biene und ihrem Erfinder Waldemar Bonsels (1880–1952), Münchner Bohemien, Kleinverleger und Schriftsteller, der bis weit in die Nachkriegsjahre ungebrochen Popularität genoss, kritische Aufmerksamkeit zu schenken, zumal sich am 31. Juli 2012 zum 60. Mal Bonsels Todestag jährt.

Prof. Dr. Christine Haug, Leiterin der Studiengänge Buchwissenschaft an der LMU, stellt zwei Neuerscheinungen aus der Reihe »Buchwissenschaftliche Beiträge« des Harrassowitz Verlags zu Person und Werk des Autors Waldemar Bonsels vor. Der von Prof. Dr. Sven Hanuschek, Germanistik/LMU München, herausgegebene Sammelband »Waldemar Bonsels. Karrierestrategien eines Erfolgsschriftstellers« ist aus einer interdisziplinären Tagung hervorgegangen, die im März 2011 im Literaturhaus München stattgefunden hat. Die Dissertation von Harald Weiß »Der Flug der Biene Maja durch die Welt der Medien. Buch, Film, Hörspiel und Zeichentrickserie« ist an der Eberhard Karls Universität in Tübingen entstanden.

Der Münchner Kulturpublizist Rainer Schmitz moderiert die anschließende Diskussion mit dem Publikum.

Veranstalter: Waldemar-Bonsels-Stiftung in Kooperation mit den Studiengängen Buchwissenschaft an der LMU München und der Monacensia. Literaturarchiv und Bibliothek

Dienstag, 19. Juni 2012
19 Uhr, Monacensia

Lesung und Gespräch

»Liebe ohne Reisepass«

Ein Abend mit der iranischen Autorin Mansoureh Shojaee

»Sprache-Heimat-Exil. Writers in Exile zu Gast in der Villa Waldberta« ist der Titel einer Veranstaltungsreihe, die das Kulturreferat der Landeshauptstadt München /Villa Waldberta und das P.E.N.-Zentrum Deutschland vom 19. Juni bis 20. Juli 2012 mit vielen Kooperationspartnern durchführt. Den Auftakt der Reihe bildet ein Abend mit der iranischen Autorin Mansoureh Shojaee im städtischen Literaturarchiv Monacensia.

Michael Krüger, Schriftsteller und Leiter des Hanser Verlags, stellt die iranische Autorin Mansoureh Shojaee vor. Die in München lebende Journalistin Shahrzad Hosseini berichtet über ihr Heimatland Iran, insbesondere über die Situation der dort lebenden Schriftstellerinnen und Schriftsteller. Sabine Kastius, Schauspielerin und Sprecherin, liest die deutsche Übersetzung der Texte »Liebe ohne Reisepass« und »Die Ziegenverkäuferin aus Minab« von Mansoureh Shojaee. Im Anschluss daran findet ein Gespräch mit Mansoureh Shojaee, Shahrzad Hosseini und Michael Krüger statt.

Seit über 30 Jahren gehört Mansoureh Shojaee zu den führenden Persönlichkeiten der iranischen Frauenbewegung. Sie ist Mitinitiatorin der Kampagne »Eine Million Unterschriften« (*www.signforchange.info*) für die Gleichberechtigung der Frauen im Iran. Auf der von ihr mitbegründeten Website »Feminist School« veröffentlichte sie Artikel über die rechtliche und soziale Lage von Frauen. Sie organisierte unter anderem in Zusammenarbeit mit der UNICEF Wanderbibliotheken für Frauen und Kinder und versuchte, basierend auf einer Idee von Shirin Ebadi, Rechtsanwältin und Friedensnobelpreisträgerin, ein Frauenmuseum einzurichten. Dieses Projekt wurde bereits in der Anfangsphase verboten.

22 Jahre lang arbeitete sie als Bibliothekarin an der Nationalbibliothek von Teheran, ist bekannt als Autorin und Übersetzerin aus dem Französischen. Am 27. Dezember 2009 wurde Mansoureh Shojaee zum dritten Mal binnen vier Jahren festgenommen und ohne Haftbefehl ins Teheraner Evin-Gefängnis gesteckt, kam nach einem Monat gegen Zahlung einer hohen Kaution wieder frei und konnte nach Beendigung eines bereits früher verhängten vierjährigen Ausreiseverbots den Iran verlassen. Seit 2010 lebt sie in Deutschland.

Veranstalter des Abends sind die Monacensia und die Münchner Volkshochschule.

Eine Veranstaltung im Rahmen der Reihe »Sprache-Heimat-Exil. Writers in Exile zu Gast in der Villa Waldberta«

Dienstag, 26. Juni 2012
19 Uhr, Monacensia

Buchpräsentation

Grant: Der Blues des Südens

Thomas Grasberger stellt sein aktuelles Buch vor
Musik: Zwirbldirn

Fünf Buchstaben, ein Lebensgefühl. Der Grant gehört zu den Wesensmerkmalen der Alpenanrainer. Vom Bodensee bis Wien, von München bis Klagenfurt. Jeder, auch im Norden, kennt die Symptome: Maulfaulheit, grimmiger Blick und eine gehörige Portion Weltschmerz. Aber Achtung! Grant ist mehr als schlechte Laune. Der Münchner Schriftsteller Thomas Grasberger spricht von der Philosophie der »Grantologie«. Für ihn ist Grant tiefer und komplexer. Ein Blues, traurig, bitter und voller Zärtlichkeit. Grant bedeutet Widerstand gegen den Gute-Laune-Terror der Berufsoptimisten und Dauerlächler. Grant ist eine Art von geistigem Separatismus. Kurzum: Grant ist gelebte Philosophie. Grant tut Not. Thomas Grasberger, Jahrgang 1964, studierte Politikwissenschaft, Philosophie und Geschichte. Der gebürtige Altöttinger lebt in München und arbeitet als freier Autor für den Bayerischen Rundfunk und diverse Printmedien.

Veranstalter: Monacensia und Diederichs Verlag, München

Dienstag, 3. Juli 2012
19 Uhr, Monacensia

Ausstellungseröffnung

Lena Christ – Die Glückssucherin

Die bayerische Schriftstellerin Lena Christ (1881–1920)
Eine Ausstellung der Monacensia

Die 1881 in Glonn geborene Lena Christ debütierte 1912 erfolgreich mit ihrem Roman *Erinnerungen einer Überflüssigen*, in dem sie ihre eigenen Erlebnisse als ungewolltes uneheliches Kind literarisch verarbeitet. Anhand von literarischen Texten und Originaldokumenten aus dem Literaturarchiv der Monacensia zeichnet die Ausstellung die verschiedenen Fluchtlinien von Lena Christ nach: die Großstadt, das Kloster, die Ehe, das Schreiben und schließlich das Ende 1920, inszeniert als Freitod einer großen Tragödin auf dem Münchner Waldfriedhof. Die Monacensia hat 2010 von Lena Christs Nachkommen eine umfangreiche Schenkung erhalten. Zu dem Konvolut gehören Manuskripte, Briefe, biografische Dokumente und zahlreiche persönliche Gegenstände, die in der Ausstellung erstmals der Öffentlichkeit präsentiert werden.

Eröffnung: Dr. Reinhard Bauer, Stadtrat der Landeshauptstadt München in Vertretung des Oberbürgermeisters, Dr. Elisabeth Tworek, Leiterin der Monacensia, Gunna Wendt, Schriftstellerin und Kuratorin der Ausstellung

Die Schauspielerin Julia Loibl liest aus Texten von Lena Christ. Die musikalische Begleitung übernimmt die Münchner Schule für Bairische Musik unter der Leitung von Moritz Demer. Zu hören sind auch Musikstücke aus der Heimat von Lena Christ.

Veranstalter: Monacensia mit freundlicher Unterstützung des Vereins Freunde der Monacensia

Samstag, 7. Juli 2012
11/13/14 Uhr, Monacensia

Kuratorenführungen

Lena Christ – Die Glückssucherin

Die bayerische Schriftstellerin Lena Christ (1881–1920), Kuratorenführungen mit Gunna Wendt im Rahmen der Kulturtage Bogenhausen

Veranstalter: Monacensia
Begleitprogramm zur Ausstellung »Lena Christ – Die Glückssucherin«

Dienstag, 10. Juli 2012
19 Uhr, Monacensia

Empfang

Treffen der Münchner Autorinnen und Autoren auf Einladung des Kulturreferenten der LH München

Mit Friedrich Ani, Christa von Bernuth, Monika Bittl, Barbara Bronnen, Amelie Fried, Gert Heidenrich, Gerd Holzheimer, Katja Huber, Harry Kämmerer, Michaela Karl, Jaromir Konecny, Armin Kratzert, Augusta Laar, Thomas Lang, Dagmar Leupold, Jörg Maurer, Christine Pitzke, Christoph Poschenrieder, Anatol Regnier, Michael Sailer, Asta Scheib, Frank Schmitter, Uwe Timm, Nicolai Vogel, Angie Westhoff, Christine Wunnike, Sabine Zaplin, Zé do Rock.

Veranstalter: Kulturreferat der LH München und Monacensia

Freitag, 13. Juli 2012
19–23 Uhr, Monacensia

Sommerfest

... und mitten eine ins Glück!

Das Sommerfest der Monacensia

Die Monacensia öffnet den Garten des Hildebrandhauses zum alljährlichen Sommerfest, das in diesem Jahr der bayerischen Schriftstellerin Lena Christ gewidmet ist. Als Wirtstochter liebte Lena Christ die Musik, den Tanz und das fröhliche Treiben in ländlichen und Münchner Wirtsstuben: »Glei frisch drauf los und mitten eine ins Glück!«, heißt es in ihrem Roman »Die Rumpelhanni«.
Um 19 Uhr eröffnet die Leiterin der Monacensia Dr. Elisabeth Tworek mit einer Begrüßung das Sommerfest. Direkt im Anschluss daran treten auf der Terrasse und im Garten die Schwuhplattler auf, die erste und einzige schwule Schuhplattlergruppe der Welt. Der Niederbayerische Musikantenstammtisch spielt junge, unkonventionelle Volksmusik, die einfach glücklich macht: Zwiefache, Landler, Dreher, Schottische.

Um 20 Uhr und und um 22 Uhr ist im Lesesaal der Film »Lena Christ. Heimat & Sehnsucht« zu sehen, ein Film von Evita Bauer, Bayerischer Rundfunk. Die Redakteurin Daniela Weiland hält eine kurze Einführung.

Veranstalter: Monacensia mit freundlicher Unterstützung des Bayerischen Fernsehens / Redaktion Literatur und Kunst

Dienstag, 17. Juli 2012
19 Uhr, Monacensia

Buchpräsentation

Lena Christ – Die Glückssucherin

Die Autorin und Kuratorin Gunna Wendt präsentiert ihre im Langen*Müller* Verlag erschienene Biografie über die bayerische Schriftstellerin Lena Christ.
Grußworte: Thomas Kraft, Programmleiter Langen*Müller* Verlag

Vor 100 Jahren debütierte Lena Christ erfolgreich als Schriftstellerin: Die »Erinnerungen einer Überflüssigen«, in denen sie ihre Erlebnisse als ungewolltes, uneheliches Kind literarisch verarbeitet, erschienen im September 1912 im Münchner Albert Langen Verlag. Das Buch endet, bevor der eigentliche Selbstschöpfungsprozess begonnen hat: die Geburt der Schriftstellerin. Gunna Wendt schildert ihren Lebensweg als Glückssuche. Lena Christ suchte es überall: in der Stadt, auf dem Land, in der Familie, bei den Männern, im Schreiben, im Ruhm, im Luxus. Davon erzählen auch ihre Romane, doch ihr letzter, »Kaspar Glück und seine Frauen«, blieb unvollendet.

Veranstalter: Monacensia und Langen*Müller* Verlag, München
Begleitprogramm zur Ausstellung »Lena Christ – Die Glückssucherin«

Samstag, 28. Juli 2012
11 Uhr, Glonn

Literarischer Spaziergang

Kindheit in Glonn

Ein literarischer Spaziergang in Glonn und Umgebung mit Gunna Wendt

Lena Christ hat ihre ersten Lebensjahre in Glonn verbracht. Die Zeit als »Lausdirndl« bei den Großeltern im Hansschusterhaus war die glück-

lichste ihres Lebens. Auch als Erwachsene kehrte Lena Christ gern in die Landschaft ihrer Kindheit zurück, in der die meisten ihrer Werke angesiedelt sind.
Der literarische Spaziergang führt in Lena Christs Kindheit und zu Schauplätzen ihrer Werke. Er wird ergänzt durch einen Besuch des Glonner Heimatmuseums.

Veranstalter: Monacensia
Begleitprogramm zur Ausstellung »Lena Christ – Die Glückssucherin«
Literarischer Spaziergang

Donnerstag, 20. September 2012
19 Uhr, Monacensia

Lesung

Autorinnen im Aufbruch – Dichterinnen lesen Münchner Dichterinnen

»Schamrock – Salon der Dichterinnen« zu Gast in der Monacensia

Fünf Dichterinnen aus München, Augsburg und Bamberg lesen eigene Lyrik und präsentieren poetische Texte von Dichterinnen, deren Nachlass sich in der Monacensia, dem Literaturarchiv der Stadt München befindet. Mit Lydia Daher, Nora Gomringer, Augusta Laar, Alma Larsen und Sarah Ines Struck sowie Kalle Laar mit Tonträgern aus dem Temporären Klangmuseum.

Neugierig auf das Werk ihrer Vorgängerinnen, besonders deren Spiegelung und Einschätzung inzwischen historischer Ereignisse, haben sich die Autorinnen teils bekannte, teils volkstümliche oder vergessene Texte ausgesucht, zu denen sie einen persönlichen Bezug entdeckt haben, z.B. von Regina Ullmann, Ruth Schaumann, Liesl Karlstadt, Erika Mann, Bally Prell und Karin Struck.
»Schamrock – Salon der Dichterinnen« ist ein regelmäßiges Forum für Lyrikerinnen. »Schamrock« arbeitet an einem Netzwerk für Dichterinnen, und trägt durch Präsentationen und Austausch zur Frauen- und Lyrikförderung bei. In Lesungen, Performances und Diskussionen gehen Autorinnen der Frage nach, welche Standpunkte Frauen einnehmen und wie sie Themen poetisch bearbeiten.

Infos unter *www.schamrock.org*

Veranstalter: Monacensia und »Schamrock – Salon der Dichterinnen«

Montag, 24. September 2012
19 Uhr, Monacensia

Wolfgang Bächler zu Ehren

Ich trage Erde in mir

Stefan Wilkening liest aus den Gesammelten Gedichten von Wolfgang Bächler (1925–2007), die 2012 im S. Fischer Verlag erschienen sind.

Durch den Abend führt: Katja Bächler
Einführung: Albert von Schirnding
Lesung: Stefan Wilkening
Komposition: Rudi Spring

Wolfgang Bächler, 1925 in Augsburg geboren, war bereits als Student jüngstes Gründungsmitglied der Gruppe 47 und zählte zur jungen literarischen Avantgarde der Nachkriegszeit. 1950 erschien sein Romandebüt »Der nächtliche Gast« sowie der Gedichtband »Die Zisterne«, der ihm viel Anerkennung seitens seiner Zeitgenossen eintrug. Darunter Gottfried Benn und Thomas Mann, der ihn einen Dichter mit »viel echter Lebensinbrunst« nannte. Große Aufmerksamkeit erregte Wolfgang Bächler 1972 mit seiner im Halbschlaf aufgezeichneten Traumprosa »Traumprotokolle. Ein Nachtbuch«, die er in Zeiten schwerer Depressionen aufzeichnete.
Von 1967 bis zu seinem Tod 2007 lebte Wolfgang Bächler in München. Im Jahr 1995 erwarb die Monacensia sein persönliches Archiv. Der Abend feiert sein lyrisches Oeuvre, das im Frühjahr 2012 beim S. Fischer Verlag, Frankfurt/M. gesammelt erschien, hg. von Katja Bächler und Jürgen Hosemann.
An die Lesung schließt Wolfgang Bächlers Liedzyklus »So nah in der Ferne« an, vertont von Rudi Spring und präsentiert von Monika Lichtenegger (Sopran), Stephanie Menacher (Querflöte), Charlotte Walterspiel (Viola), Klaus Kämper (Violoncello).
Veranstalter: Monacensia und Lyrik Kabinett

Samstag, 20. Oktober 2012
19–24 Uhr, Monacensia

Die lange Nacht der Münchner Museen

Lena Christ: Mathias Bichler

Lesung und Ausstellungsführungen

Zur Langen Nacht der Münchner Museen ist die Ausstellung »Lena Christ – Die Glücksucherin« von 19 bis 24 Uhr geöffnet. Die Kuratorin der Ausstellung Gunna Wendt führt um 19 Uhr und um 21 Uhr durch die Ausstellung. Der Schauspieler Peter Weiß liest um 20 Uhr und um 22 Uhr Auszüge aus Lena Christs Roman »Mathias Bichler«. Ende: 24 Uhr.

Dienstag, 23. Oktober 2012
19 Uhr, Monacensia

radioKultur in der Monacensia

»A Haus und a Kuah und a Millisupperl in der Fruah«

Lena Christ und die »kleinen Leute« in der »guten alten Zeit«
Pre-Hearing und Werkstattgespräch mit dem Autor Thomas Grasberger

Am 12. Dezember 1912 ging mit dem Tod von Prinzregent Luitpold eine Ära zu Ende, die gerne als Bayerns goldenes Zeitalter verklärt wird. Doch die Prinzregentenzeit war nicht für alle golden. In den autobiografisch gefärbten, gesellschaftskritischen Romanen von Lena Christ wird das elende Leben der Arbeiter, Dienstboten und Häusler in den Jahren um 1900 sehr anschaulich.
Thomas Grasberger erkundet in seinem »Bayerischen Feuilleton« die soziale Lage der einfachen Leute zu Beginn des 20. Jahrhunderts.

Veranstalter: Monacensia und Bayern2
Begleitprogramm zur Ausstellung »Lena Christ – Die Glückssucherin«
radioKultur in der Monacensia

Mittwoch, 7. November 2012
18 Uhr, Monacensia

Führung, Lesung, Vortrag, Musik

Lena Christ: eine Überflüssige?

Eine gesalzene Form bayerischer Frauenliteratur!

Vorgetragen und kommentiert von Gerd Holzheimer, Schriftsteller und Literaturwissenschaftler

Mit Musikanten der Münchner Schule für Bairische Musik – der Wastl-

Fanderl-Schule unter der Leitung von Moritz Demer – und Freunden aus dem Oberland

Eine Lena Christ, wenn bei ihm auf der Tuften zu Besuch ist, schreibt Ludwig Thoma, oder ein Queri, ein Kiem Pauli, dann ist »ein Stück Altbayern in der Stube«. Sie ist wahrlich keine »Überflüssige«, auch, wenn sie sich selbst so stilisiert hat. Sie traut sich was, ist kein »Woaserl« (Waisenkind), sie bricht aus der Rolle als Wirtstochter aus – und heraus kommt keine literarische »Wasserschnoizn« (verpantschte Suppe), sondern eine gesalzene Form bayerischer Frauenliteratur, mit der das Volk der Bayern sein Fett weg bekommt. »Wenn die richtigen Weiber anfangen, zu erzählen«, schreibt Hofmiller, »dann reichen sie an Tiefen, wo die Mannsbilder nicht mehr hinkommen«. Eine aus dem Mir-san-mir-Land ist die Lena Christ gleichwohl nicht, keine Auftrumpfende, eher eine »I bin's ned!«. Immer wieder Opfer, schreibt doch kraftvoll der ganze Mensch in ihr.

18 Uhr: Gerd Holzheimer führt durch die Lena Christ-Ausstellung
19 Uhr: Lesung und Vortrag von Gerd Holzheimer

Veranstalter: Monacensia
Begleitprogramm zur Ausstellung »Lena Christ – Die Glückssucherin«

Dienstag, 4. Dezember 2012
18 Uhr, Monacensia

Empfang

Einladung des Arbeitskreises der PressesprecherInnen der Verlage

Die Monacensia und der Allitera Verlag laden den Arbeitskreis der PressesprecherInnen der Verlage zu einem Besuch in der Monacensia ein.

Frau Dr. Elisabeth Tworek, Leiterin der Monacensia, spricht über die Aufgaben und Zielsetzungen des städtischen Literaturarchives in der Umbruchphase ins digitale Zeitalter. Dabei wird sie auch auf die bevorstehende Neukonzeption der Monacensia zu sprechen kommen und ihre Mitarbeit am Literaturportal Bayern vorstellen.

Alexander Strathern, Verlagsleiter des Allitera Verlags, berichtet über die Kooperation zwischen Monacensia und Allitera Verlag.

Mittwoch, 5. Dezember 2012
19 Uhr, Monacensia

Lesung und Gespräch

»In den Gärten des Herzens« – Die Leidenschaft der Lena Christ

Asta Scheib liest aus ihrer Romanbiografie »In den Gärten des Herzens« (2002) und unterhält sich anschließend mit Dr. Elisabeth Tworek über ihre Recherchen zu Lena Christ. Josef Brustmann setzt sich mit dem Leben und Werk von Lena Christ musikalisch auseinander.

Die Münchner Schriftstellerin Asta Scheib ist eine ausgezeichnete Kennerin des Lebens und Werks von Lena Christ. Für ihre Romanbiografie »In den Gärten des Herzens – Die Leidenschaft der Lena Christ« hat sie intensiv im Literaturarchiv der Monacensia an den Originalmaterialien von Lena Christ und ihrem Ehemann Peter Jerusalem recherchiert. Entstanden ist ein Roman, der auch als zeitgeschichtliche Reportage über das Leben im München der Jahrhundertwende gelesen werden kann. Im Nachwort des Buches schreibt Asta Scheib: »Lena Christ gehört zu den stärksten und schärfsten Beobachtern ihrer Epoche, sie war wie eine Art Teleskop, durch das man in die Vergangenheit Altbayerns blicken konnte und kann«.

Veranstalter: Monacensia
Begleitprogramm zur Ausstellung »Lena Christ – Die Glückssucherin«

Aus der Arbeit des Literaturarchivs

Neuzugänge im Literaturarchiv der Monacensia 2012

Zusammengestellt von Frank Schmitter

KLAUS MANN: Der Rowohlt Verlag in Reinbek b. Hamburg übergab im Mai 2012 der Monacensia als Schenkung über hundert Aktenordner, die im wesentlichen die sogenannte »Mephisto-Entscheidung« des Bundesverfassungsgerichts dokumentieren. 1966 wollte der Adoptivsohn von Gustaf Gründgens die Wiederveröffentlichung des Romans *Mephisto* von Klaus Mann in der Nymphenburger Verlagsanstalt verhindern, weil in seinen Augen dieser Schlüsselroman das Ansehen des bedeutenden Theaterregisseurs und Intendanten herabsetze. Der Streit endete nach mehreren Instanzen vor dem Bundesverfassungsgericht, das sich zum ersten Mal grundsätzlich mit dem Konflikt zwischen künstlerischer Meinungsfreiheit und (postmortalem) Persönlichkeitsrecht auseinandersetzte. 1971 untersagte das Gericht in letzter Instanz die Veröffentlichung. Zehn Jahre später publizierte der Rowohlt-Verlag dennoch den Roman, der damit endgültig zum Welterfolg wurde.

Die Aktenordner umfassen auch jenes Material, das Berthold Spangenberg, der Leiter der Nymphenburger Verlagsanstalt, zwischenzeitlich an Rowohlt übergeben hatte. Damit steht die komplette Dokumentation eines für Literaturwissenschaftler und Juristen gleichermaßen spektakulären Falles zur Verfügung.

MONIKA MANN: Der Nachlass von Monika Mann, der bis heute kaum wahrgenommenen, als Autorin unterschätzten, zweiten Tochter von Thomas Mann, wurde durch den Ankauf eines wissenschaftlich hochinteressanten Konvoluts bereichert. Es umfasst über 80 Briefe und Postkarten von Monika Mann an Antonio Spadaro, ihrem Lebensgefährten auf Capri, jener Insel, auf der sie zwischen 1954 und 1986 wohnte und fernab von ihrer Familie endlich zu sich selbst fand. Die aufschlussreiche Korrespondenz entstand auf den zahlreichen Reisen Monika Manns, unter anderem nach Kilchberg, dem letzten Wohnsitz ihres Vaters, und enthüllt, wie schwierig ihr Verhältnis zu ihren Eltern und Geschwistern zeitlebens blieb.

Hans und Elsa Rosenberg: Das Gästebuch des Mediziners und Publizisten Dr. Hans Rosenberg und seiner Frau Elsa umfasst die Jahre 1917 bis 1960. Von 1912 bis zu ihrer Flucht 1936 lebten das hoch gebildete Ehepaar in Schwabing. Viele bekannte Künstler und Wissenschaftler zählten zu ihrem Freundeskreis. Das repräsentative Buch, das die Monacensia von einer Erbin erwerben konnte, ergänzt den umfangreichen Bestand an Gästebüchern und Alben. Sie bilden für Literaturhistoriker eine erstrangige Quelle, lässt sich doch aus ihnen ablesen, wer in welchen Kreisen verkehrte, wer »dazugehörte«, und wer abseits blieb.

Wolfgang Johannes Bekh: Der Schriftsteller, Theater- und Rundfunkredakteur Wolfgang Johannes Bekh (1925–2010) ist ein Bewahrer bayerischer Literatur und Lebensart im besten Sinne. Bekh, ein gebürtiger Münchner, hat sich als Autor in über 30 vielgelesenen Werken, als Heimatpfleger und als Mitglied der Turmschreiber mit »seinem Land und seinen Leuten« beschäftigt und ihnen ein bleibendes literarisches Denkmal gesetzt. Der Nachlass kam als Schenkung der Witwe in die Monacensia.

Elfie Pertramer: Die Schauspielerin, Kabarettistin und Autorin Elfie Pertramer (1924–2011) gehört wie Bally Prell, Erni Singerl und Liesl Karlstadt zu den beliebten, unvergessenen Volkskünstlerinnen, deren Nachlässe in der Monacensia verwahrt werden. Sie verkörpern das unverfälscht Bayerische, in ihnen erklingt die Stimme des Volkes unmittelbar und lebensecht. Popularität und Beliebtheit erlangte die Schauspielerin durch die Kultserie *'SFensterl zum Hof* im Bayerischen Fernsehen. Der große Erfolg der Ausstellung über Bally Prell, Erni Singerl und Liesl Karlstadt in der Monacensia belegt, dass ein Literaturarchiv gut beraten ist, diese Facetten der Wortkunst – zu denen auch der Nachlass des Roider Jackl zählt – nicht zu vernachlässigen. Der Nachlass von Elfie Pertramer ist eine Schenkung ihres Sohnes, des Schauspielers Wolfgang (Wolfi) Fischer. Allein in seiner bunten Zusammenstellung (Fotos, Dias, Bühnengarderobe, Bücher, Texte, Filmrollen ...) zeichnet der Nachlass ein facettenreiches Porträt der vitalen Künstlerin.

Eberhard Horst: Der promovierte Germanist Eberhard Horst (1924–2012) arbeitete zunächst als Kritiker und Reiseschriftsteller, bis er mit akribisch recherchierten, exzellent geschriebenen Biografien (*Friedrich, der Staufer*, *Hildegard von Bingen*, *Heloisa und Abelaerd*) große Erfolge feierte. Neben seiner vielfältigen, mehrfach preisgekrönten schriftstellerischen Arbeit engagierte sich Eberhard Horst im P.E.N. und im Verband deutscher Schriftsteller (VS), zu dessen Gründungsvätern er zählte. Die einschlägige Korrespondenz erlaubt eine Innensicht auf die Bemühungen und Schwierigkeiten der Autorenvereinigungen. Der substanzielle Nachlass umfasst Tagebücher, Manuskripte, Theaterarbeiten und umfangreiche Briefwechsel mit zahlreichen Autoren. Mit Horst Lange und Oda Schäfer verband Eberhard Horst ein besonders enges Verhältnis. So finden sich auch Fotoalben und persönliche Dokumente des Schriftstellerehepaares unter den Materialien. Der Nachlass ist ein Geschenk des Sohnes Titus Horst.

Diverse Autographen: Zum Alltag eines Literaturarchivs gehören auch der Ankauf von Einzelautographen. Im vergangenen Jahr konnten Briefe und Manuskripte von Elisabeth Mann Borgese, Thomas Mann, Horst Lange, Oskar Maria Graf, Fritz Fuchs und Ruth Schaumann im Zugangsbuch dokumentiert werden.

Die Tagebücher von Klaus Mann im Internet

Ein wichtiger Schritt für die Monacensia beim Projekt »Monacensia digital«

Die Monacensia hat 2011 damit begonnen, die Nachlässe der Familie Mann schrittweise zu digitalisieren und im Internet zur Verfügung zu stellen. Die in den Nachlässen enthaltenen Manuskripte, Briefe, Tagebuchaufzeichnungen, Fotos und biografischen Dokumente stehen damit jedem Interessierten weltweit zu jedem Zeitpunkt unentgeltlich offen.

Den Auftakt des groß angelegten Projekts bildete der literarische Nachlass der Schriftstellerin und Journalistin Monika Mann (1910 bis 1992), der bereits seit Oktober 2011 digital im Internet zur Verfügung steht. Rund 500 Dokumente, darunter über 100 Briefe, 350 Zeitungsartikel, Prosamanuskripte, 17 Fotos und das erst kürzlich entdeckte New Yorker Tagebuch, sind im Maßstab 1:1 in einem hochauflösenden, einwandfrei lesbaren Format einsehbar.

Mit der Digitalisierung der Tagebücher von Klaus Mann (1906 bis 1949) hat die Monacensia 2012 einen weiteren wichtigen Schritt unternommen, ihre wertvollen Handschriftenbestände zur Familie Mann weltweit der Öffentlichkeit zur Verfügung zu stellen. Seit Mai 2012 sind unter *www.monacensia-digital.de* auch die handgeschriebenen Tagebücher von Klaus Mann im Vollbild im Internet abrufbar.

Insgesamt handelt es sich um 21 Bände seines Tagebuchs, das Klaus Mann vom 9. Oktober 1931 bis zu seinem Tod im Jahr 1949 führte. In Heften, Kladden und Taschenkalendern unterschiedlichsten Formats notierte Klaus Mann unmittelbar alles, was er erlebte, woran er arbeitete, wem er begegnete, welchen Leidenschaften und Obsessionen er erlag. Die Aufzeichnungen bieten einen radikal offenen Einblick in die komplexe Persönlichkeit von Klaus Mann und sind gleichzeitig ein bewegendes literarisches und zeithistorisches Dokument. Lange waren die rein privaten Notizen ein sorgfältig gehütetes Geheimnis. Im Jahr 1989 begann der Verleger Eberhard Spangenberg mit der Publikation einer Auswahl der Tagebücher, die später von Rowohlt Verlag übernommen wurde. Auf Wunsch der Familie Mann waren die Originaltagebücher bis zum Jahr 2010 für die Öffentlichkeit und auch für die Forschung weitgehend unzugänglich. Jetzt sind die vollständigen, 3479 Seiten umfassenden Tagebücher von Klaus Mann ohne Einschränkung einsehbar.

Mit den kompletten Nachlässen von Klaus und Erika Mann, über 800 Briefen und Manuskripten von Thomas Mann sowie zahlreichen Archivalien von Golo, Monika, Michael Mann und Elisabeth Mann Borgese ist die Monacensia eine international viel beachtete Forschungsstelle zur Familie Mann.

Bayern literarisch

Das Literaturportal Bayern ist online

Am 16. Juli 2012 ging das Literaturportal Bayern online. Es ist unter *www.literaturportal-bayern.de* abrufbar und gibt einen umfassenden Überblick über das Literaturland Bayern, Autorinnen und Autoren sowie literarische Ereignisse. Wer gerne liest, sich mit Literatur beschäftigt oder auch neugierig auf einen ganz besonderen Blick auf Bayern ist, wird im Literaturportal fündig.

Auf *www.literaturportal-bayern.de* findet man Informationen über Autorinnen und Autoren aus Bayerns Vergangenheit und Gegenwart, Orte und Veranstaltungen, Nachlässe, Förderungsmöglichkeiten und vieles mehr. Informationen zu literarischen Institutionen und zu Archivbeständen ermöglichen Zugänge für Recherchen. Eine Landkarte vermittelt Literaturgeschichte der Städte und Regionen. Verknüpfungen zwischen Orten und Themen geben weitere Impulse, das Literaturland Bayern zu entdecken. Der »Literaturblog Bayern«, Twitter-Nachrichten und eine Facebook-Seite ergänzen das Literaturportal.

Die Bayerische Staatsbibliothek hat – unterstützt vom Bayerischen Staatsministerium für Wissenschaft, Forschung und Kunst und in Kooperation mit der Monacensia, Literaturarchiv und Bibliothek der Stadt München – das Literaturportal Bayern entwickelt und mit Inhalten gefüllt. Es will einen zusätzlichen Zugang zur Literatur ermöglichen und dafür die Möglichkeiten des Internets nutzen. Zum Start des neuen Angebots sind Rubriken und redaktionelle Beiträge erarbeitet worden. Diese sollen durch Partnerschaften mit Institutionen, die sich für die Literatur in Bayern engagieren, ausgebaut werden.

Als Kooperationspartner hat die Monacensia eine eigene Redaktion »Literatur in München (LiM)« eingerichtet. Für das Autorenlexikon des Literaturportals verfasste die Redaktion Literatur in München2012 rund 110 Autorenporträts vorrangig von Münchner Autoren und Schriftstellern, deren Archive und Nachlässe sich im Literaturarchiv der Monacensia befinden. Die Zeitungs- und Zeitschriftenartikel-Sammlung zu Münchner Autorinnen und Autoren der Monacensia-Bibliothek ist für die Lexikoneinträge eine wichtige Grundlage. Mit der Ausarbeitung literarischer Themen platziert die Monacensia ihre Bestände und Ausstellungen nachhaltig im Internet und ermöglicht eine breite öffentliche Wahrnehmung. 2012 wurden folgende Themen für das Literaturportal Bayern erarbeitet: »Sommerfrische. Künstler und Schriftsteller im Alpenvorland«, »Teufelsrad und Toboggan. Literarischer Wiesnbummel«, »Ein schöner Rausch. Dichter und Literaten aus aller Welt in München« sowie »Die Glückssucherin. Die Schriftstellerin Lena Christ in Oberbayern«. Kontinuierlich werden von der Monacensia weitere Themen, literarische Spaziergänge und Autorenporträts für das Literaturportals erstellt.

Anlässlich der Pressekonferenz zum online-Gang in der Bayerischen Staatsbibliothek sprachen Dr. Wolfgang Heubisch, Bayerischer Staatsminister für Wissenschaft, Forschung und Kunst, Dr. Rolf Griebel, Generaldirektor der Bayerischen Staatsbibliothek und Dr. Hans-Georg Küppers, Kulturreferent der Landeshauptstadt München. »Unser städtisches Literaturarchiv, die Monacensia, hat aus seinen umfangreichen Beständen geschöpft und sein Fachwissen in das Literaturportal Bayern eingebracht. Dieses Engagement steht als ein Beispiel für die Mitwirkung bayerischer Städte«, hob Kulturreferent Hans-Georg Küppers in seiner Rede zum online-Gang hervor.

Das Literaturportal Bayern wird maßgeblich getragen vom Bayerischen Staatsministerium für Wissenschaft, Forschung und Kunst, unterstützt von der Landeshauptstadt München und gefördert von der Bayerischen Sparkassenstiftung.

Hannelore Kolbe

Horst Lange

Aufzeichnungen aus dem Nachlass

Horst Lange, geboren 1904 im niederschlesischen Liegnitz, dem heutigen Legnica in Polen, ist ein typisches Beispiel für einen jener Dichter des »Dritten Reiches«, die als Lebens- und Schreibform die sogenannte Innere Emigration wählten und deren Verhalten während der NS-Zeit nicht selten ambivalent war. Heute nahezu vergessen, war Lange in den 1930er Jahren ein beachteter und erfolgreicher Autor.

Ende der Zwanziger-, zu Beginn der Dreißigerjahre schreibt er Erzählungen und Aufsätze in der Literaturzeitschrift *Der weiße Rabe*, Hörspiele, journalistische Beiträge u. a. im *Berliner Tageblatt*, verfasst Natur-Lyrik im Kreis der *Kolonne*-Dichter und wird mit seinem Gedicht »Geh in die Nacht …« 1932 ausgezeichnet.

Er ist kein Parteimitglied der NSDAP. In einem Brief an den Journalisten und Jugendfreund Hermann Dollinger[1] erklärt er am 3. Juni 1932:

> […] mir ist nichts so widerlich, wie diese Kleinbürger- und Unteroffiziersweltanschauung, die von meinem kunsthistorischen Kollegen Goebbeles [sic!] und dem besessenen Oberkellner Alois-Stücklgruber-Hitler in Szene gesetzt wird. Außerdem verbietet es mir mein persönliches Ehrgefühl, den Vereinsfahnen nachzulaufen und politische Konfektionsmeinungen mir ›zu eigen‹ zu machen. Drittens hasse ich nichts so sehr wie Uniformen, Trara, Armeemärsche, Fahnen, Orden, Sturmriemen, Abzeichen, Schnürstiefel und Kommißgeruch. Dann schon lieber nach links, wo weniger Verlogenheit und weniger Großmannssucht ist, weniger ›Rechtschaffenheit‹, ›Rassenstolz‹, ›Treu und Glauben‹! Es ist zum Kotzen, wie sich auf einmal sämtliche Duckmäuser und Kleinmänner groß und einzig vorkommen, wenn sie in der Reihe marschieren, wie alle schlechten Instinkte der Masse groß gepäppelt und ausgenützt werden, – und wie die Dunkelmänner weiterhin schalten und walten und die Drahtzieher ruhig ihr Garn spinnen. […]

1 Briefwechsel Horst Lange/Hermann Dollinger. Monacensia München. Bibliothek und Archiv.

Trotzdem bewirbt er sich im August 1933 um die Aufnahme in die Reichsschrifttumskammer, um weiterhin veröffentlichen zu können. Der Versuchung sich des Regimes trotz moralischer Bedenken aus Eigennutz zu bedienen, kann er sich nicht immer entziehen. Mit seiner Frau Oda Schaefer, der Schriftstellerin und Lyrikerin, lebt er zu dieser Zeit in Berlin.

In stetem gedanklichen Austausch mit den Dichter-Freunden Peter Huchel, Elisabeth Langgässer, Günter Eich, Martin Raschke, Georg von der Vring entsteht sein Roman *Schwarze Weide* (1937). Dieses, sein Hauptwerk, findet das Lob von renommierten Schriftstellern wie Gottfried Benn, Günter Eich, Gerhart Hauptmann und Wolfgang Koeppen, der diesen Roman sogar als die »bedeutendste epische Aussage der Hitlerzeit, die mit der Zeit selbst nichts zu tun hatte«,[2] bezeichnet.

Das Geschehen umfasst den Zeitraum nach dem Ersten Weltkrieg im Umkreis eines schlesischen Dorfes, in dem Zwiespalt, Traditions- und Werteverlust die ländliche Gesellschaft prägen. Die Protagonisten unterliegen einer geheimnisvollen Wirkung, die aus der Landschaft, gestaltet von Wiesen, Wassergräben, Teichen und Sümpfen, auf sie einströmt. Als Chiffren für Mystisches und Unerklärliches, für menschliche Triebe, für Gutes und Böses bilden sie eine Form der Welterklärung. Das Geheimnisvolle im Text, das Ambivalente, besonders im Zusammenhang mit der Natur, zeigt die Nähe zum ›Magischen Realismus‹; Szenen werden aus dem Sinnzusammenhang, aus dem Fortgang der erzählten Geschichte genommen und in eine andere Gegenstandswelt geführt, die unheimlich bleibt, gleichzeitig rational und irrational ist.

Eine der wenigen negativen Kritiken schreibt Eberhard Ter-Nedden 1941 in der *Weltliteratur.* Er proklamiert eine verfälschte Darstellung des deutschen Ostens, eine Dekadenz bei der Schilderung von »Mensch, Natur und Gott«; es herrsche »Fäulnis, Unzucht, Habgier, Geilheit«.[3]

Im Juni 1939 wird Horst Lange zur Wehrmacht einberufen. Die von Hans Dieter Schäfer herausgegebenen *Tagebücher aus dem Zweiten Weltkrieg*[4] sowie einige Erzählungen zeugen von seinen Kriegserlebnis-

---

2 Wolfgang Koeppen: *Schlesische Kunde.* In: SZ Nr. 275, 27./28.11.1954.

3 Eberhard Ter-Nedden: *Zerrbilder aus Schlesien.* In: *Die Weltliteratur.* Heft 3, 1941, S. 80ff.

4 Horst Lange: *Tagebücher aus dem Zweiten Weltkrieg.* Hg. Hans Dieter Schäfer. Mainz 1979.

sen in Polen und Russland. Es gelingt ihm während des Krieges, wenn auch unter Schwierigkeiten,[5] die Romane *Ulanenpatrouille* (1940) und *Leuchtkugeln* (1944) zu publizieren, in denen er sich nicht zeitkritisch äußert, jedoch seine Sicht der Dinge ins Licht des Mythos taucht oder durch Natursymbolik verfremdet. Als Soldat an der Ostfront wird er 1941 während des Rückzugs durch Granatsplitter am Kopf verwundet und als frontuntauglich nach Berlin zurückversetzt. Elf Operationen, durchgeführt von dem Augenarzt Julius Gescher[6], können die Sehkraft seines linken Auges nicht erhalten. In Berlin erlebt er dann auch die Jahre der schweren Bombenangriffe auf die Stadt. Er kann diese traumatisierenden Erfahrungen allerdings erst viel später in seinem Buch *Verlöschende Feuer* (1956) in Worte fassen und veröffentlichen.

Kurz vor Kriegsende erfolgt seine Versetzung nach Mittenwald, da er dort in Ruhe ein Drehbuch aus seinem Roman *Die Leuchtkugeln* für die Ufa schreiben soll. Ein entsprechender Vertrag ist bereits vorhanden und Oda Schaefer kann als seine Sekretärin mitkommen. Hier erlebt das Ehepaar Lange/Schaefer das Kriegsende und wohnt dort bis 1950 in einfachsten Verhältnissen.

Zwei Dramen, die Lange während der letzten Kriegsmonate schreibt, werden 1946 uraufgeführt: *Der Traum von Wassilikowa* in München, *Die Frau, die sich Helena wähnte* in Wuppertal. Beide thematisieren den Krieg, finden jedoch keinen Anklang in der Nachkriegsgesellschaft und sind daher nicht erfolgreich für ihn.

Die folgenden Jahre gestalten sich schwierig, er erholt sich physisch und vor allem psychisch nicht mehr von den erlittenen Strapazen des Krieges. »Der Sog, den die Vergangenheit ausübt, ist manchmal so stark, dass die Gegenwart völlig aus den Fugen zu gehen droht«, notiert er im Tagebuch am 27. November 1945. Er bleibt ein Gezeichneter, wie Oda Schaefer über ihn berichtet. Von Differenzen und Missverständnissen ist die unkonventionell geführte Ehe geprägt. Der

[5] Nach einem Vorabdruck der *Ulanenpatrouille* in der *Frankfurter Zeitung* wird Lange vom Propagandaministerium »Defaitismus« und »Lächerlichmachung der Wehrmacht« vorgeworfen. Nur mit Hilfe des Freundes Jürgen Eggebrecht, der als Kreisverwaltungsrat für die Feldbücherei und die Papierzuteilung im OKW (Oberkommando der Wehrmacht) zuständig ist, kann die Zensur umgangen werden.

[6] Julius Gescher, Augenarzt und Homöopath, verkehrte seit den 1920er Jahren in Künstler- und Dichterkreisen. Er war mit ›Muschelkalk‹, der Witwe von Joachim Ringelnatz verheiratet.

zwischen beiden geführte Briefwechsel[7] sowie Langes Tagebucheintragungen lassen dies erkennen.

Im September 1950 übersiedeln Horst Lange und Oda Schaefer nach München-Ramersdorf. Hans Ludwig Held, der Leiter der Münchener Stadtbibliothek, ist ihnen bei der Vermittlung einer kleinen Wohnung behilflich.

Auch mit dem Roman *Ein Schwert zwischen uns* (1952), in dem die Protagonisten, eine orientierungslose Nachkriegsgesellschaft von Vertriebenen, Kriegsverbrechern, Schwarzhändlern und Kriminellen, auf der Suche nach Ordnung, Liebe und Heimat sind, kann er an seine früheren Erfolge nicht mehr anknüpfen. Seine ästhetischen Mittel – der mythologische Anspielungsreichtum, der emphatisch-pathetische Ton, in dem das Schicksal regiert – und seine thematischen Fixierungen von Krieg, Militarismus und Landschaftsbildern des Ostens lassen ihn den Anschluss an die zeitgenössische Literatur verlieren. Zweifel zerstören sein labiles Selbstbild, Depressionen hindern ihn am Schreiben. Mit Alkohol versucht er, sein Leid zu betäuben.

Lyrikbände[8], Erzählungen[9] und zahlreiche Beiträge in Zeitschriften und Zeitungen kann er trotz allem bis in die sechziger Jahre veröffentlichen. Ebenfalls bemerkenswert sind die vielen Rundfunk-Sendungen, die in den Jahren zwischen 1947 und 1960 im BR, NDR, SWR, SWF, HR über und von Horst Lange ausgestrahlt werden.[10] Nicht unerheblich und hilfreich dabei ist Oda Schaefers Talent, diesbezügliche Kontakte zu knüpfen und den alten Dichter-Freundeskreis zu pflegen.

Neben dem Lyrikpreis der *Kolonne* (1932) wird er mit weiteren Auszeichnungen geehrt: 1956 erhält er den Literaturpreis des Kulturpreises im Bundesverband der Deutschen Industrie, 1958 die Ehrengabe der Bayerischen Akademie der Schönen Künste, 1960 den Ostdeutschen Literaturpreis der Künstlergilde in Esslingen, 1963 den Literaturpreis der Bayerischen Akademie der Schönen Künste und 1965 den Tukan Preis der Stadt München.

---

7 Briefwechsel Lange/Schaefer und Schaefer/Lange. Monacensia München.

8 Horst Lange: *Gedichte aus zwanzig Jahren*. München 1948. Horst Lange: *Aus dumpfen Fluten kam Gesang*. Stuttgart 1958.

9 Horst Lange: *Windsbraut*. Hamburg 1947. Horst Lange: *Am kimmerischen Strand*. München 1948.

10 Vgl. Hannelore Kolbe: *Horst Lange. Leben und Werk. Ein Autor im Zwischenreich*. Bielefeld 2010.

Horst Lange stirbt am 6. Juli 1971 an Leberzirrhose. Jürgen Eggebrecht, der langjährige Schriftsteller-Freund, hält am Münchener Waldfriedhof die Grabrede: »Ein langsam zerstörter Mensch! Woran lag das?«

Einige Beispiele aus den Tagebüchern, die sich im Archiv der Monacensia Bibliothek befinden und die Zeit von 1945 bis 1956 umfassen, geben Aufschluss über seinen Gemütszustand, seine Ängste und Zweifel:

»Der Zustand meiner grossen Niedergeschlagenheit hält unvermindert an. Wochen um Wochen und immer das Gleiche. [...] Es ist so, als wäre ich dem Teufel des Nihilismus persönlich in die Klauen gefallen. Er wringt mich durch, kaut mich weich, speit mich von sich, um mich aus dem Dreck wieder aufzulesen und sein Spiel von neuem mit mir zu beginnen, so lange, bis ich auch den Rest jener Materien eingebüsst habe, durch die ich mich vom Kot unterscheide. Mein Selbstbewusstsein hat er schon erledigt. Es ist ein Kampf auf Leben und Tod. Irgendetwas wehrt sich noch in mir, obwohl ich schon manchmal weit über den Abhang hinausgehangen habe, an dessen Grund nichts mehr ist. –« (18. August 1948)

»Schlimme Wochen, die hinter mir liegen. Trostlose Abirrungen und Einöden. Ich bräuchte einen Freund, mit dem ich mich offen und rücksichtslos aussprechen könnte, oder eine Geliebte (diese Sehnsucht ist ganz kindisch und jungenhaft), die mich auch mit ihrem Körper begreift. Die Isolierung der letzten Jahre hat sich auch in München nicht gelockert. Diese Vorstadt-Existenz ist auf die Dauer schwer zu vertragen. Immer wieder diese Kneipen in denen man mit irgendwelchen Dummköpfen zusammenhockt und sich voll laufen lässt. Vertrödelte Tage, totgeschlagene Zeit (die ärgste aller Sünden!) und das Bewusstsein, dass die Quellen, aus denen die Produktion kommt, verschüttet worden sind. Entweder bin ich noch nicht alt genug, oder ich bin mir selbst gegenüber zu fahrlässig, – denn das Trinken schadet mir nur und macht mich auf Tage hinaus unfähig, mich zu konzentrieren.« (28. März 1951)

Die Aufzeichnungen der Tagebücher dokumentieren aber auch Begebenheiten des Alltags, kritisieren politische Situationen und schildern eine sich wieder langsam bildende literarische und kulturelle Landschaft:

»Die Fehler, die von den Besatzungsbehörden gemacht werden, sind groß. Man kann uns nicht so ›kolonisieren‹, als wären wir Einwohner von Haiti. Heidelberg und Landsberg sind geräumt worden, um Raum zu schaffen für die Angehörigen der Okkupations-Bürokratie und für ausländische Zwangsarbeiter und KZ-Häftlinge. Solche Maßnahmen häufen ein Maß von Verbitterung und Aufsässigkeit an, das zu schlimmen Folgen führen kann. Wenn man sich zudem überlegt, dass die Räumung von Landsberg nur deswegen erfolgte, weil gewisse Ressentiments sich gegen die Stadt richteten, in der Hitler seine Festungshaft verbracht hat, so entbehrt diese Tatsache nicht eines Beigeschmacks von Ironie. Politiker, die auf eine derartig infantile Weise der Demokratie in Deutschland den Boden bereiten wollen, sind entweder Kindsköpfe oder genau solche Stümper wie die, welche uns eben erst verlassen haben. [...] Morgen fahren wir nach München, um zu sehen, was unsere Freunde inzwischen dort mit ihren Kulturbestrebungen ausgerichtet haben.« (14. Oktober 1945)

»Fast eine Woche in München. Meine erste Reise in die Stadt seit der amerikanischen Besetzung. [...] Wir kamen in der Pension unter, in der Erich Kästner wohnt. Ein Wiedersehen nach dem anderen. Bewegte, von einem beinahe jugendlichen Schwung getragene Tage: Theater, Film, Redaktions-Besuche. Abende voller Diskussionen. Pläne für Zeitschriften, für Bücher, für neue Dinge, Richtungen, Auseinandersetzungen. [...]« (22. Oktober 1945)

Nachdem Horst Lange die Präsidentschaft der »Kultur-Liga«, einer freien demokratischen Vereinigung für kulturelle Erneuerung in München (Erich Kästner hatte die Präsidentschaft bereits abgelehnt), angeboten wird, schreibt er:

»Die letzten Wochen waren ein einziger Wirbel von Unruhe und von widerspruchsvollen Dingen, Ereignissen und Bewegungen, – kaum zu überblicken und in der Erinnerung ein einziger Trubel und ein wahnwitziges Durcheinander. [...] Groteske meiner Präsidenten-Wahl – Beginn meiner ‚Amtstätigkeit', die bisher einer Verschwörung gegen die Dilettanten gleicht und weiter in dieser Richtung laufen wird. [...]« (11. April 1946)

Bereits ein paar Wochen später heißt es: »Ich werde die Kultur-Liga, der ich meine Ruhe, meine Gesundheit und meine Konzentration geopfert habe, wieder aufgeben, um mich auf mich selbst und auf meine Arbeit zurückzuziehen. [...]« (23. Juli 1946)

Im Oktober zieht er sich dann erschöpft und enttäuscht von der »Kultur-Liga« zurück, diesem Gebilde einer »Chimäre ohne Fleisch und Knochen«, wie er sie einmal nennt.

Lange als Prototyp des Inneren Emigranten blickte von dieser Warte aus auf Exilanten wie Thomas Mann:

»Ich las heute in einer von der alliierten Militärbehörde für die deutsche Zivilbevölkerung herausgegebenen Zeitung eine der Rundfunk-Predigten des senilen und geschwätzigen Thomas Mann. Es ist einfach, fern vom Schuss, aus Californien, moralisch sich zu entrüsten und Rezepte dafür zu geben, wie es hätte besser gemacht werden können. Jemand, der nichts weiter erduldet hat, als seine Emigration und die unflätigen Beschimpfungen der journalistischen Sudler, hat nicht das Recht, uns Vorhaltungen oder gar Vorwürfe zu machen. Ein Beispiel für jenen Geltungsdrang, der oft noch alternde Männer packt, die der Realität ferngerückt sind. Der Katheder-Écrivain mit dem Bakel, der fremde Irrtümer aufzeigt und die eigenen nicht wahrhaben möchte. Er gehört mit zu jenen Leichtfertigen, die da glauben, die Welt wäre wieder in Ordnung, wenn man den Uhrzeiger so weit rückwärts zwingt, bis er auf die Zeit vor 1933 weist.« (18. Mai 1945)

Mit dieser Ansicht ist er nicht allein, da sich zu dieser Zeit in der literarischen und politischen Diskussion die Debatte um Schriftsteller der Inneren Emigration und der exilierten bzw. emigrierten Autoren entzündete. Bekanntlich fand der Streit seinen Höhepunkt in einem offenen Brief von Frank Thieß in der *Münchener Zeitung* vom 18. August 1945, in dem es in einer Passage heißt, dass Thieß dadurch, dass er in Deutschland blieb, derart viel für seine geistige und menschliche Entwicklung gewonnen habe, dass er reicher an Wissen und Erleben daraus hervorginge, als wenn er »aus den Logen und Parterreplätzen des Auslands der deutschen Tragödie zuschaute«.

Einige Jahre später – Goethes 200. Geburtsjahr wird in der Bundesrepublik gefeiert – notiert Lange süffisant:

»Das Goethe-Jahr scheint eigentlich nur zu dem Zweck veranstaltet worden zu sein, um den nach Deutschland zurückgekehrten Thomas Mann eine Tribüne unterzuschieben. Morgen werden wir den Alten in München sehen. Die ›Bayerische Akademie der Schönen Künste‹ hat uns die Ehre angedeihen lassen, uns zu einem Tee-Empfang im kleinsten Kreis einzuladen, der dem deutschen ›Mentor‹ gegeben wird. Wir nehmen unsere letzten 20 Mark und fahren!« (27. Juli 1949)

Das persönliche Gespräch mit Thomas Mann schmeichelt offenbar seiner Eitelkeit, denn nun enthält seine Aufzeichnung über den Empfang einen etwas anderen Tenor:

München: staubig und stickig wie ein Glut-Ofen, – der dégoutante Thomas-Mann-Rummel, all die zweit- und drittklassigen Literaten (die meine eigentlichen und eingeborenen Feinde sind!), der Zudrang derer, die den Ehrgeiz haben unbedingt dabei gewesen zu sein. Aber Th. M., der mir zunächst vorkam wie ein verlaufenes Kind, meisterte die heikelsten Situationen mit seiner weltmännischen Gelassenheit und seinem natürlichen Humor. Er wirkte inmitten der Zudringlichen und Aufgeregten (schreckliches Charakteristikum der Deutschen: keine Distanz halten zu können, – und dann das in der Zustimmung wie in der Ablehnung, die auf die wankelmütigste Art ineinander übergehen!) wie ein wahrer Grandseigneur, er posierte nicht und war gleichsam von sich selbst distanziert! Auf dieselbe Weise übrigens wie Gerhart Hauptmann (vielleicht ist das eben im allgemeinen ein Kennzeichen von Grösse!). Als Penzoldt mich zu ihm führte, war er eben vom Münchner Oberbürgermeister Wimmer, einem vierschrötigen SPD-Mann mit Lokalnachrichten in die Ecke gedrängt. [...] Dann hatten wir ein kurzes, durchaus humorvolles Gespräch, augurenhaft gegenüber dem Getümmel. Es ist gut, wenn man mit jemandem lächeln kann, der eigentlich keine Zeit dazu hat, und von dem die Leute verlangen, dass er eine ernsthafte Würde zur Schau trägt. –« (8. August 1949)

Dem Literaturbetrieb der Nachkriegszeit und der Gruppe 47 steht Lange fern, wie er sich in Aufsätzen und Briefen oftmals äußert. Gegen Wolfgang Koeppens Roman *Tauben im Gras* hat er »viele Einwände« und bemängelt vor allem

»den Stil! Das ist kein Deutsch mehr, sondern eine billige Kopie der Amerikaner, – das hat es alles schon einmal gegeben, angefangen bei Dos Passos, noch vor Hemingway und Faulkner! Es ermüdet mich maßlos, dieser Häckselmaschine ausgeliefert zu sein [...]. Das ist keine Sprachmusik mehr, sondern mechanisierter und standardisierter Jahrmarktslärm [...].« (Briefwechsel Lange / Schaefer 24.9.1951)

Auch die Werke von Elisabeth Langgässer, Günter Eich oder Ernst Kreuder werden mehr als kritisch betrachtet und als Günter Grass 1965 den Georg Büchner Preis erhält, tritt er kurzerhand aus der Darmstädter Akademie aus.

Horst Lange ist als konservativer Schriftsteller zu sehen, der die Menschheit im Zusammenhang mit dem unabdingbaren Kreislauf der Natur darstellt, wobei mehrfach sein Fatalismus, beziehungsweise die Ohnmacht gegenüber dem Schicksal und eine generelle Schuld des Menschen zum Ausdruck kommen. Seinem literarischen Anspruch kann er aufgrund der tragischen Entwicklung seiner Persönlichkeit nicht mehr gerecht werden. Und so wird er zu einem ›vergessenen Dichter‹, der jedoch mit seinen Texten einen literarischen wie auch historisch interessanten und wertvollen Beitrag zum Aufschluss einer Epoche leistet.

Das lyrische Ich in dem Gedicht *Blinder Spiegel* verdeutlicht gleich einer Selbstbespiegelung des Dichters Leiden am Leben:

Blinder Spiegel

... in mir gefangen. Nicht hinauszukönnen
Aus dem Gestrüpp von alter Schuld und Sünden,
Von Lüsternheit, die geil ist, wie die Hunde,
Von niederträchtigen Minuten feiler Wollust,
Von leicht gesagten Lügen, die der Liebe
Abträglich sind, – von dem und alledem;
Zu wissen und entgegen dem zu handeln,
Was man versprach und jedesmal gelobte,
Wenn Reue einen packte. Sich nicht ändern dürfen,
Und niemals mehr von Anbeginn beginnen ...[11]

Der Nachlass Horst Langes, der sich im Literaturarchiv der Monacensia befindet, sichert eine gründliche Recherche für literaturwissenschaftliches Arbeiten. Er enthält Autobiografisches, biografische Dokumente, Tagebücher, Fotos, Manuskripte und Entwürfe zu literaturhistorischen und gesellschaftlichen Themen und Erzählungen, Rede- und Rundfunkmanuskripte, Filmexposés, Buchbesprechungen, Zeichnungen, Aquarelle und Collagen.

Eine umfangreiche Korrespondenz u.a. mit Hermann Dollinger, Werner Bergengruen, Jürgen Eggebrecht, Günter Eich, Hermann Hesse, Peter Huchel, Erich Kästner, Ernst Kreuder, Marie Luise Kaschnitz, Wolfgang Koeppen, Annemarie Vogler, Eugen Claassen, Henry Goverts, Alfred Kubin, Elisabeth Langgässer, Luise Rinser, Carl Zuckmayer dokumentiert einen regen Gedankenaustausch mit Freunden und Zeitgenossen. Des Weiteren umfasst der Nachlass zahlreiche und sehr persönliche Briefe zwischen dem Ehepaar Horst Lange/Oda Schaefer.

Es handelt sich um einen Doppelnachlass Horst Lange/Oda Schaefer, der komplett seit 1988 in der Monacensia liegt. Mit Ausnahme der Fotos ist er bereits im Opac der Münchner Stadtbibliothek, Bereich Literaturarchiv, nachgewiesen und steht der Forschung zur Verfügung.

---

[11] Horst Lange: *Aus dumpfen Fluten kam Gesang*. Stuttgart 1958, S. 17.

Gedenktage

Gerd Holzheimer

»Auch der Surrealismus ist ein Realismus – und was für einer!«

Nachruf auf Herbert Rosendorfer (†20. September 2012)

In gut zwei Wochen wollten sich Herbert Rosendorfer und ich uns in seiner alten neuen Heimat Südtirol wieder treffen, seinem Vorschlag folgend: »... können wir gern wieder unsere Kathrin am Kreuzsteinhof besuchen ...«

Das Wiedersehen fand etwas früher statt, in der Stiftskirche von Gries bei Bozen. »Jeder Augenblick ist ewig / wenn du ihn zu nehmen weißt / Ist ein Vers, der unaufhörlich / Leben, Welt und Dasein preist«, so ist Konstantin Wecker auf dem Sterbebildchen zitiert, das am Portal einem Körbchen zu entnehmen ist. Herbert Rosendorfer hätte direkt in den berühmten »Himmel von Gries« schauen können, das Deckengewölbe der Kirche, aber das hat er schon nicht mehr nötig gehabt. Er schaut sich die ganze Sache jetzt von der anderen Seite her an. Wer da im Mittelgang des Kirchenschiffes in diesem schlichten Holzsarg aus Brescia der wirklich so schlicht ist wie die fast schon sprichwörtliche »Kiste«, wer da aufgebahrt liegt, ist nicht mehr »unser Herbert Rosendorfer«, ist nur mehr seine leibliche Hülle.

Doch auch für diesen Fall hatte er alles auf das Genaueste vorbereitet. Die Totenmesse, sie wurde auf Lateinisch zelebriert. Ein Streichquartett spielte Mozart, den Rosendorfer immer beneidete, weil seine Musik wirklich für die Ewigkeit besteht, spielte Schubert – und am Schluss einen Walzer. Aus dem Chorgestühl erhoben sich jene Melodien, mit deren Tonfolgen mehr als Trost gespendet wird: Heil und Heilung werden körperlich spürbar mit den gregorianischen Gesängen der Benediktiner des Stifts, da sind wir alle daheim. Und Pater Urban zitierte in seiner Totenrede einen Satz von Rosendorfer, den wohl jeder Besucher mit nach Hause nimmt: »Ich bitte dich, lieber Gott, dass es dich gibt!«

Wenn wir an diese Gemeinschaft der Lebenden und der Toten glauben wollen und können, dann löst sich dieses Gefühl, dass plötzlich einer fehlt, in der Frage auf: »Aber fehlt er wirklich?« Ja, er fehlt – uns, als Mensch, als Person, aber er fehlt nicht, weil er sich eingeschrieben hat in unser Gedächtnis.

Wie kaum ein anderer war – und ist! – Herbert Rosendorfer der Literatur in Bayern verbunden. Seit 1990 war er Honorarprofessor an dem 1985 gegründeten Institut für Bayerische Literaturgeschichte, seine Seminare und Vorlesungen waren beliebt und begehrt. Bei Prüfungen, die wir gemeinsam abnahmen, kam ich aus dem Staunen nicht mehr heraus, wie er zwischen jede Prüfung noch Telefongespräche einschieben konnte: hier mit einem Verlag, dort mit einem Stadttheater, einem Kulturreferenten usw. Nennt man diese Fähigkeit *multitasking*? Gibt es ein bairisches Wort dafür? So, dachte ich, und vielleicht nur so kann man bürgerliche Berufe mit der Berufung als Schriftsteller unter einen Hut bringen. Auf jeden Fall war er pünktlichst zur angegebenen Minute des mündlichen Prüfungstermins wieder vollkommen präsent, um einem Kandidaten zu akademischen Ehren zu verhelfen. Dabei war er als Lehrender wie als Richter ein unkonventioneller Mensch, wobei man sich fragen muss, ob Menschlichkeit und Gerechtigkeit manchmal vielleicht eher jenseits der Konvention zu finden sind.

Endzeitlich erlebt zumindest auch der Chinese Kao-tai die Stadt München in Rosendorfers *Briefen in die chinesische Vergangenheit*, der durch ein Zeitexperiment mit einem »Zeit-Reise-Kompaß« nicht in seiner Kaiserstadt K'ai-feng, sondern in ein aus seiner Sicht tausend Jahre späteres München gerät, für ihn »Min-chen« im Lande »Ba Yan«. Aus der poetischen Perspektive des Präfektes der kaiserlichen Dichtergilde »Neunundzwanzig moosbewachsene Feldwände« macht er seine für ihn so befremdlichen Beobachtungen. »Auch der Surrealismus«, meinte Rosendorf, »ist ein Realismus – und was für einer!«

Verschlossen bleibt Kao-tai das Geheimnis bayerischer Könige, so sehr sich auch sein persönlicher Guide, Herr Shi-shmi, bemüht. Zum Beispiel erzählt er seinem Gast, dass der dritte und letzte Wang »Luwing« so dick gewesen sei, dass man ihn hinter dem Palast mit einer Seilwinde auf das Pferd gehoben habe. »Einmal hätte sich, während der Wang an seinem Seil hängend in den Sattel herniederschwebte, das Pferd gedreht, so dass der Wang verkehrt herum auf das Pferd zu sitzen gekommen sei. Der Wang habe zwar gejammert, aber die verschlafenen (oder bösartigen) Diener hätten es nicht bemerkt, und so sei der Wang verkehrt herum im Sattel durch das Tor getrabt, und alle Welt hätte gelacht.« Ob das freilich der Grund für seine Absetzung gewesen sei, das bleibt Kao-tai unerklärlich.

Auch gefällt ihm die Stadt nicht: »Es geht kein Glanz von dieser Stadt aus.« Der Grund ist einfach: »Ich habe den Eindruck, dass die Leute hier ganz einfach den Überblick über ihre Städte-Stadt verloren haben, dass sie ihnen buchstäblich über den Kopf gewachsen ist.« Der »Stadt-Mandarin sitzt wahrscheinlich nur in seinem Harem oder züchtet Hunde.« Wie Anton L. in dem Roman *Großes Solo für Anton* (1976) logiert auch Kao-tai schließlich im »Hong-tel Von den vier Jahreszeiten«, das für ihn auch ein »Palast« des Kanzlers sein könnte. Von dort aus unternimmt er weitere Exkursionen in die Stadt, so auf die Wiesn, wo ihm weder die Musik »Wan-tswa-xu-fa« – er meint damit »Oans zwoa gsuffa« – gefällt noch die Unmengen von »Ma-'ßa«, welche die »besoffenen Großnasen« in sich hineingießen.

»Viele steigen dann in ihre A-tao-Wägen und fahren gegen Bäume, was die anderen besonders komisch finden.« Die Bekanntschaft mit Herrn Yü-len-tzu verschafft ihm dann noch Eintritt in ein Strip-Lokal, dessen Usancen ihnen entweder befremden oder erheitern, oder an den Stammtisch »eines der bekanntesten Poeten von Min-chen«, des Dichters »Si-gi«. Unschwer ist Sigi Sommer im Biergarten des *Augustiner* in der Arnulfstraße zu erkennen: »Seine Haut ist wie von Leder. Ich hätte ihn aufs erste Ansehen für einen Hirten gehalten.« Schnell kommen sie auf Konfuzius zu sprechen, der für den Poeten Si-gi »schon ein Hund« ist. Kao-tai muss schnell lernen, dass in der Sprache von Min-chen ein Hund gleichbedeutend für »allergrößte Wertschätzung sowie Bewunderung« ist. Kao-tai ist von der Begegnung mit Herrn Si-gi, »dem Meister, der nur im Sommer dichtet, außerordentlich« angetan. Nach einem halben Jahr sieht Kao-tai seine Mission für beendet an und verabschiedet sich aus Min-chen.

Von München hat sich Herbert Rosendorfer schon vor etlichen Jahren verabschiedet und ist zwar nicht »zu Fuß nach Bozen« zurück, wie es der Vision seiner Mutter entsprochen hätte, aber mit Umzugswagen schon. Mehr und mehr hörte man, wenn er redete, auch wieder die südtiroler Anhauchungen in den Konsonanten heraus. Von einem Fenster seiner Wohnung im Ansitz Massauerhof in St. Michael-Eppan ging der Blick über die Weinberge hinweg in eben dieses Bozen. Von hier aus verabschiedete sich Rosendorfer von dieser diesseitigen Welt.

Im Innenhof des Klosters der Benediktiner von Gries verabschiedete sich, um das Wort nun zum vierten Mal zu gebrauchen, Rosendorfer von jedem, der ihm die letzte Ehre erwiesen hatte, mit einem hauseigenen Lagrein. Auch das passt so sehr zu einem Menschen, der das Leben geliebt hat mit all seinen Sinnen. Insofern erfüllte sich auch seine zuletzt in einer Mail gesendete Bitte: »Hoffentlich kommen Sie bald wieder einmal zu Ihrem drauf wartenden H.R.«

Wolfram Göbel

Eine kleine Geschichte des Kurt Wolff Verlags

Zum 50. Todestag des Verlegers Kurt Wolff

Später Ruhm

1917, auf der Höhe seiner verlegerischen Laufbahn, schrieb der dreißigjährige Kurt Wolff an den Autor Rainer Maria Rilke: »Wir Verleger bleiben, haben wir überhaupt je gelebt, nur kurze Jahre lebendig.«[1] Im hohen Alter äußerte er, immer noch zweifelnd an dem Rang seiner Verlegerrolle, gegenüber dem Freund Curt von Faber du Faur: »Wer fragt noch übermorgen danach (und mit Recht), wer der Verleger von Kafka oder Trakl war.«[2]

Kurt Wolff war in Deutschland jahrzehntelang vergessen und sein Werk ebenso unbekannt wie das seiner Autoren. Erst mit der Renaissance des Expressionismus in den Fünfziger- und Sechzigerjahren des 20. Jahrhunderts wurde auch der Hauptverleger dieser literarischen Ära wiederentdeckt. Genau ein halbes Jahrhundert nach seinen verlegerischen Anfängen, am Sonntag Cantate des Jahres 1960, wurde Kurt Wolff mit der Ehrenmedaille des Deutschen Buchhandels für sein verlegerisches Werk ausgezeichnet. Seit 1996 gibt es einen Helen-und-Kurt-Wolff-Übersetzerpreis, seit November 2000 trägt eine Stiftung zur Förderung einer vielfältigen Verlags- und Literaturszene seinen Namen.

Kurt Wolff hat keine Memoiren und wenige Selbstzeugnisse hinterlassen. Ein publizierter Briefwechsel mit seinen Autoren und eine Handvoll Rundfunkaufsätze, erschienen unter dem Titel *Autoren/Bücher/Abenteuer* als erstes programmatisches »Quartheft« des Wagenbach-Verlags, gelten für viele junge Verleger als Lehrstück für

[1] Wolff an Rilke, Brief vom 10.12.1917, in: Bernhard Zeller u. Ellen Otten (Hg): *Kurt Wolff. Briefwechsel eines Verlegers 1911–1963*. Frankfurt am Main 1966.

[2] Wolff an Faber du Faur, Brief vom 11.5.1958, a.a.O., S. 482.

geglückte und souveräne Verleger-Autoren-Beziehungen: Kurt Wolff zählt heute zu den großen Verlegern des 20. Jahrhunderts wie Samuel Fischer, Anton Kippenberg, Georg Müller, Reinhard Piper, Peter Suhrkamp, Siegfried Unseld – oder Ernst Rowohlt, mit dem er sein erstes Abenteuer des Verlegens begann.

1910: Verlegerische Anfänge

Kurt Wolff stammte aus einer großbürgerlichen Musikerfamilie. Der Vater, Leonhard Wolff, war Professor und akademischer Musikdirektor in Bonn. Die früh verstorbene Mutter, Maria Wolff, geborene Marx, kam aus einer wohlhabenden jüdischen Familie in Bonn und hinterließ ihrem einzigen Sohn ein beträchtliches Vermögen. Nach dem Abitur in Marburg begann Wolff ein Germanistikstudium, unterbrach es aber im Herbst 1906, um in Darmstadt seinen Militärdienst zu leisten. Hier lernte er seine erste Frau, Elisabeth Merck, kennen. Die damals Siebzehnjährige stammte aus einer traditionsbewussten, reichen Familie, Besitzer der Chemiefabrik gleichen Namens. Im Sommer 1908 nahm Wolff in München sein Studium wieder auf und veröffentlichte seine ersten kleinen literarischen Aufsätze und Rezensionen, vorwiegend in der *Zeitschrift für Bücherfreunde*.

Im September 1909 heiratete der damals zweiundzwanzigjährige Student und unabhängige Rentier Kurt Wolff die achtzehnjährige Elisabeth Merck und siedelte nach Leipzig über. Seine Interessen galten zu dieser Zeit überwiegend literarhistorischen Themen. Mit 21 hatte er bereits eine Auswahl aus den Schriften Johann Heinrich Mercks im Insel Verlag herausgegeben, 1909 edierte er die Tagebücher von Adele Schopenhauer, die in seinem Besitz waren, für eine Buchausgabe im Insel Verlag.

Das junge Ehepaar Wolff, dem auch Mittel aus dem Vermögen Elisabeth Wolffs zur Verfügung standen, führte in Leipzig ein großbürgerliches Haus und verkehrte in den ersten Gesellschaftskreisen der Stadt. In den Selbstzeugnissen dieser Zeit erscheint Wolff als ein unpolitischer, ästhetisierender, aristokratisch wirkender Großbürger, er zeigt auch eine grundsätzliche Offenheit gegenüber Zeitströmungen und ein durch außerordentliche Belesenheit geschultes Qualitätsgefühl. Nichts sprach jedoch in dieser Zeit dafür, dass Kurt Wolff der Verleger einer neuen Generation von Schriftstellern werden würde.

Der spätere Verlagspartner Wolffs, Ernst Rowohlt, kam aus einer Bremer Patrizierfamilie. Er hatte während seiner Buchhandelslehre in München, Paris und Leipzig 1908 und 1909 seine ersten beiden Bücher verlegt und im Herbst 1909 bei der Offizin Drugulin eine Stelle als Geschäftsführer der dort betreuten *Zeitschrift für Bücherfreunde* übernommen. Wolff und Rowohlt lernten sich bei einem Treffen der Leipziger Bibliophilen im Winter 1909/1910 kennen, und Rowohlt, der einen Geldgeber für seine Verlagsgründung suchte, interessierte den wohlhabenden Studenten für seine Pläne. Wolff trat als stiller Teilhaber in die am 30. Juli 1910 handelsrechtlich eingetragene Firma Ernst Rowohlt Verlag, Leipzig, ein. Er übernahm als der literarhistorisch Geschulte der beiden Partner die editorische Betreuung der Reihe *Drugulin-Drucke*, die – in Anlehnung an die Editionen der Privatpressen und Hans von Webers *Hundertdrucke* – Weltliteratur in bibliophiler Ausstattung, aber zu niedrigen Preisen vereinigte. Die verlegerisch originelle Idee war erfolgreich und machte den Verlag bekannt. Wolff erwies sich hier als ganz in der Tradition der Bibliophilenbewegung stehend, das Vorbild des Insel Verlags ist offensichtlich.

Auch in seinem modernen Programm war der Rowohlt Verlag zunächst eher den auslaufenden literarischen neuromantischen Strömungen der Jahrhundertwende verpflichtet. Rowohlt übernahm einige ältere Werke Max Dauthendeys und das Gesamtwerk Herbert Eulenbergs, der, von Rowohlt und Wolff gleichermaßen verehrt, als Vorläufer der jungen Autorengeneration angesehen wurde. Auch Carl Hauptmann, von den Expressionisten ebenfalls als Vorläufer betrachtet und höher geschätzt als sein Bruder Gerhart, wurde von Rowohlt verpflichtet.

Abwerbungsversuche von prominenten Autoren wie Hermann Bahr, Jakob Wassermann, Frank Wedekind und Stefan Zweig, die dem Verlag rasch einen Namen machen sollten, scheiterten allerdings. Zukunftsweisend für den Rowohlt Verlag wurden vielmehr junge, unter Rowohlt erstmals gedruckte Autoren, von denen die meisten heute vergessen, aber einige als dem Frühexpressionismus nahestehend oder zugehörend in die Literaturgeschichte eingegangen sind: Georg Heym, Hugo Ball, der Prager Kreis um Max Brod und Franz Kafka. Den Ernst Rowohlt Verlag allzu eindeutig als »frühexpressionistischen Verlag« anzusehen, verkürzt das Verlagsprofil. Die überwiegende Mehrzahl der zwischen 1910 und 1912 verlegten Bücher und auch die Mehrzahl der zeitgenössischen Autoren hatten mit der neuen Literaturbewegung nichts gemeinsam, gehörten oft sogar dem Genre der zeitgenössischen Unterhaltungsliteratur an.

Da Ernst Rowohlt öffentlich als Verlagsinhaber auftrat und Kurt Wolff als stiller Teilhaber im Hintergrund blieb, wurde Rowohlt lange das Verdienst zugerechnet, der erste Verleger Kafkas und Georg Heyms gewesen zu sein. Die Verlagsakten, vor allem die Korrespondenz mit den Autoren, erweisen aber, dass in beiden Fällen Wolff die Initiative ergriffen hatte. Mit dem Werk Kafkas verband Wolff später eine über dessen Tod 1924 hinaus dauernde Verlagsbeziehung.

Wolff nahm ganz sicher nicht an der täglichen Verlagsarbeit teil, griff aber zunehmend in Autorenbesprechungen mit Rowohlt und in das Programm ein, zumal er als Geldgeber bei wichtigen Entscheidungen eingebunden werden musste. Die Programmentscheidungen dieser Jahre sind nicht im Detail zuzuordnen. Man kann davon ausgehen, dass beide Partner ihre Ideen einbrachten.

War Wolff noch 1911 intensiv mit seiner Dissertation über Albrecht von Haller beschäftigt, übernahm er schon in diesem Jahr während der Abwesenheit Rowohlts die Verlagskorrespondenz und verhandelte selbständig mit Autoren. Wurde Wolff von Rowohlt zunächst in Briefen als sein »literarischer Beirat« bezeichnet, so zeigt sich schon 1912 das Konfliktpotential zwischen den beiden gleichaltrigen eigenwilligen und gegensätzlichen Verlegerpersönlichkeiten. Der fünfundzwanzigjährige Wolff, der als wohlhabender Rentier keinen bürgerlichen Beruf im heutigen Sinne anstrebte und wohl kurzfristig eine Hochschullaufbahn erwogen hatte, fand zunehmend Gefallen an der Vermittlerfunktion für Literatur, am Fördern und Entdecken von Autoren. Er gab Studium und Rezensententätigkeit auf und trat im September 1912 auch juristisch als Kommanditist in die Firma ein.

Die menschlichen Gegensätze und sachliche Meinungsverschiedenheiten führten Ende Oktober 1912 zu offenem Streit, der am 1. November mit dem Ausscheiden Rowohlts aus dem Verlag endete. Rowohlt wurde mit 15.000 Mark abgefunden, und Wolff führte den Verlag allein weiter. Die literarischen Berater, die Freunde Walter Hasenclever und Kurt Pinthus – der schon ab Januar 1912 als offizieller Lektor amtiert hatte –, blieben dem Verlag treu. Franz Werfel wurde noch im November 1912 als Lektor von Prag nach Leipzig geholt und in den nächsten Jahren der entscheidende literarische Mentor Wolffs. Im gleichen Monat ließ Wolff die größten Teile seiner wertvollen Bibliothek mit deutschen Erstausgaben versteigern, um das Kapital für den

Ausbau seines eigenen Verlagsgeschäfts zu bekommen. Im Dezember stellte er für den ausgeschiedenen Rowohlt den Verlagsbuchhändler Arthur Seiffhart ein, der die kaufmännische Geschäftsführung des Verlags übernahm.

Mit einer immensen Arbeitsenergie gab Wolff dem Verlag in den nächsten Monaten ein ihm gemäßes Proifl, ohne dass ein Bruch in der Programmgestaltung erkennbar wurde, jedoch mit verstärkter Hinwendung zur literarischen Avantgarde. Bis zum 15. Februar 1913 wurden alle noch in Druck befindlichen Bücher unter dem Signet des Ernst Rowohlt Verlags ausgeliefert, dann nannte Wolff den Verlag in »Kurt Wolff Verlag« um. Mit diesem Entschluss, der dem großbürgerlichen Ehepaar Wolff nicht leichtfiel, hatte sich Wolff endgültig für den Verlegerberuf entschieden.

Herbert Eulenberg, mit 21 Büchern der Hauptautor des Ernst Rowohlt Verlags, gab den größten Teil seiner neuen Arbeiten bis 1918 an Kurt Wolff und wurde neben Werfel, Carl Hauptmann, Carl Sternheim und Max Brod zu einem der tragenden Autoren des neuen Kurt Wolff Verlags. Dass das Rowohlt-Programm bruchlos in den Kurt Wolff Verlag überging, aber die neuen Ansätze des jungen Expressionismus im Kurt Wolff Verlag gesammelt wurden, demonstriert schon der erste repräsentative Querschnitt der Verlagsproduktion in dem Almanach *Das Bunte Buch* (Herbst 1913). Dort zeigt sich erstmals die fast vollständige Übernahme, aber auch die Ausweitung der angeknüpften Autorenbeziehungen zu dem Prager Kreis mit Brod, Kafka und Werfel.

1913: Der Kurt Wolff Verlag tritt in die Öffentlichkeit

Der Verlag expandierte unter Wolffs alleiniger Führung rasch, die Zahl der Angestellten stieg bereits 1913 auf 15, zu Beginn des Jahres 1914 zog der Verlag in ein entsprechend großes neues Domizil um. Das Verlagsverzeichnis 1910–1913 in dem Almanach *Das Bunte Buch* enthält 153 Titel. Bereits 1910 waren durch zahlreiche Übernahmen von Titeln aus anderen Verlagen bis zum Jahresende 21 Titel verlegt worden. 1911 wurden 35 Titel vorgelegt, 1912 waren es 31. Und nach der vollständigen Übernahme des Ernst Rowohlt Verlags vergrößerte Wolff die Jahresproduktion 1913 auf 63 Titel. Bis zur Stagnation nach Kriegsausbruch erschienen 1914 immerhin noch 43 Titel. Damit entsprach der Verlag des nun gerade siebenundzwanzigjährigen Verlegers einer Größenordnung, wie sie heute mittlere Publikumsverlage vorweisen. Wenn man damit allerdings die Produktion der damals großen Verlage vergleicht wie z. B. die des S. Fischer Verlags (1912: 50 Titel, 1913: 54 Titel, 1914: 31 Titel), so lässt sich daran ermessen, dass der Kurt Wolff Verlag innerhalb von vier Jahren zu einer ernstzunehmenden Konkurrenz der etablierten literarischen Verlage geworden war.

Ein Verlag, der so kometenhaft aufstieg, ohne dass in seiner Produktion gewinnträchtige Bestseller auftauchten, musste wohl einen reichen Inhaber haben. Legenden bildeten sich schon damals. Soweit wir heute wissen, besaß Kurt Wolff aus dem Vermögen der früh verstorbenen Mutter 100.000 Goldmark, die zum Teil jedoch in Wertpapieren festgelegt waren. Der großbürgerliche Lebensstil des Ehepaares Wolff in Leipzig wurde vermutlich aus der Apanage Elisabeth Wolffs aus dem Vermögen ihres verstorbenen Vaters bestritten. In die Firma Ernst Rowohlt Verlag hatte Wolff 90.000 Goldmark investiert.

Der Verkauf seiner Bibliothek (etwa 20.000 Goldmark) mag dem Verlag eine weitere Finanzspritze gegeben haben. Es gehörte jedoch zu den Begabungen Wolffs, immer wieder Geldgeber zu finden, die sich an seinen Verlagsprojekten und Ideen beteiligen wollten. So gelang es ihm, den jungen Mäzen Erik-Ernst Schwabach mit einer Einlage von 300.000 Goldmark an den Kurt Wolff Verlag zu binden. Schwabach gehörte wie Alfred Walter Heymel und Otto Julius Bierbaum zu dem Typus der reichen jungen Leute, die Literatur als modischen Zeitvertreib pflegten. Als Gründer der von Franz Blei herausgegebenen *Weißen Blätter* suchte er für die technische und organisatorische Betreuung seiner Zeitschrift und seines Verlags ein bereits bestehendes Unternehmen, das er im Kurt Wolff Verlag fand. Wenn wir die Gesamteinlage Wolffs und die Einlage Schwabachs addieren, besaß der Kurt Wolff Verlag schon im Laufe des Jahres 1913 rund 400.000 Goldmark Stammkapital und bewegte sich damit auf fast gleicher Höhe mit dem Insel Verlag. Auch 1921, als der Verlag in eine Aktiengesellschaft umgewandelt wurde, fand Wolff noch einmal Geldgeber, die sich mit erheblichen Summen an seinem Unternehmen beteiligten.

Man muss diesen wirtschaftlichen Hintergrund sehen, um zu verstehen, warum es dem in den Vorkriegsjahren eher mäzenatisch agierenden Verlag gelang, wie ein Magnet auf die jungen expressionistischen Autoren zu wirken. Mit Franz Werfel und Walter Hasenclever hatte Wolff zwei junge expressionistische Autoren im Lektorat, die wiederum ihre literarischen Freunde anzogen. Der begeisterungsfähige Wolff verlegte diese neue Literatur ganz sicher nicht aus kommerziellem Kalkül, sondern aus verlegerischer Neugier. So wurde denn die überwiegend in einer neuen Reihe mit dem Titel *Der Jüngste Tag* gesammelte junge Dichtung zum Markenzeichen des Verlags, die Kurt Wolff den von ihm später nicht immer geschätzten, ja verhaßten Ruhm eintrug, der Verleger des Expressionismus gewesen zu sein.

Die stärksten Einheiten heutiger Dichtung: »Der Jüngste Tag«

Die im Frühjahr 1913 begonnene Buchreihe *Der Jüngste Tag* ist das berühmteste Verlagsprojekt Wolffs und gilt als geschlossenste, repräsentative Sammlung expressionistischer Dichtung. Sie spiegelt in 86 Bänden von 1913 bis 1921 kontinuierlich das Verhältnis des Verlags zum Expressionismus. Bis zum Frühjahr 1914 erschienen 17 Bände der Buchreihe, die nach Kriegsbeginn stagnierte, im Sommer 1915 aber wieder aufgenommen wurde. Nach Abschluss der Reihe hat sich auch das übrige Verlagswirken Wolffs immer mehr von dieser Bewegung abgewandt.

Der Jüngste Tag war nicht nur inhaltlich ein Novum, versammelte sich hier doch die Avantgarde, er war auch verlegerisch intelligent. Es gab bis 1913 keine einzige Buchreihe, die einen ausgesprochen avantgardistischen Charakter trug und überdies im damaligen Trend des »billigen Buches« mitzuhalten versuchte. Allenfalls könnte man die *Lyrischen Flugblätter* von Alfred Richard Meyer als Vorläufer sehen. S. Fischer hatte 1908 mit seiner *Bibliothek zeitgenössischer Romane* eine Billigreihe kreiert, der Insel Verlag bot seit 1912 die sensationell erfolgreichen Inselbändchen zum niedrigen Preis an. Aber in beiden Reihen erschienen bekannte Autoren, deren Erfolg vorauszusehen war, und keine unbekannten Debütanten.

Die von dem Lektor Walter Hasenclever verfaßte Ankündigung des *Jüngsten Tages* im »Börsenblatt« im Mai 1913 war gleichzeitig das Programmkonzept des neuen Kurt Wolff Verlags:

> »Es sollen die stärksten Einheiten heutiger Dichtungen in einem neuen Unternehmen vereinigt werden, das nicht mehr an der Gebundenheit von Zeitschriften leiden wird. Der ›jüngste Tag‹ soll mehr als ein Buch sein und weniger als eine Bücherei: er ist die Reihenfolge von Schöpfungen der jüngsten Dichter, hervorgebracht durch das gemeinsame Erlebnis u n s e r e r Zeit. [...] Der ›jüngste Tag‹ begrenzt sich mit keiner Clique, mit keiner Freundschaft

noch Feindschaft, mit keiner Stadt und mit keinem Land. Er wird deshalb, getreu dem Spiegel seines Wortes, versuchen, alles notwendige zu sammeln, das ihm, aus der Stärke des Zeitlichen heraus, ewiges Dasein verspricht.«[3]

Tatsächlich waren von den bis zum Frühjahr 1914 in den *Jüngsten Tag* aufgenommenen deutschen Autoren bisher entweder nur im Kurt Wolff Verlag Bücher erschienen, wie bei Werfel und Kafka, oder es lagen, wie bei Ferdinand Hardekopf, Emmy Hennings, Albert Ehrenstein, Georg Trakl, Paul Boldt, Berthold Viertel, Gottfried Kölwel und Leo Matthias, nur Zeitschriftenpublikationen vor. Die Autoren kamen überwiegend aus dem Umkreis der Zeitschrift *Die Aktion*, in der die Mehrzahl der Wolffschen Autoren seit 1911 publizierte, und aus anderen nach 1910 gegründeten progressiven Zeitschriften.

Bereits im Mai 1913 kamen die ersten sechs Bücher heraus: Bücher von Franz Werfel, Walter Hasenclever, Franz Kafka, Ferdinand Hardekopf, Emmy Hennings und Carl Ehrenstein. Ihnen folgten als Doppelband 7/8 die Gedichte Georg Trakls. Die Bände waren sowohl gebunden als auch in einer broschierten Ausgabe erhältlich. Ab Herbst 1913 warb der Verlag zusätzlich mit einer preisgünstigen Abonnementsabgabe.

Kurt Wolff hatte von Anfang an die Reihe nicht auf deutsche Autoren beschränken wollen. Er suchte junge französische und tschechische Literatur, griff aber auch auf die Vorbilder der jungen deutschen Literaten wie Francis Jammes, Otokar Brĕzina und Maurice Barrès zurück.

Die zunächst individuelle Ausstattung wurde ab Oktober 1916 aufgegeben und wich der kriegsbedingten Materialknappheit wegen einem uniformen schwarzen Kartonumschlag mit aufgeklebten Schildchen, der noch 1965 Klaus Wagenbach zu seinen »Quartheften« inspirierte.

Die Reihe war in den ersten Jahren subventionsbedürftig und nur durch die gesicherte Kapitaldecke Wolffs möglich. So positiv die literarische Kritik reagierte, es war schwer, Buchhändler zu überzeugen, sich für eine so avantgardistische Reihe zu engagieren. Der wirtschaftliche Erfolg der neuen Literatur stellte sich erst während des Krieges ein. *Der Jüngste Tag* wurde in der zweiten Kriegshälfte zum Mittelpunkt des Verlagsprogramms. Die repräsentativen Verlagsalmanache 1916 und 1917 trugen beide den Namen *Vom Jüngsten Tag. Ein Almanach neuer Dichtung.*

---

3 *Börsenblatt für den Deutschen Buchhandel* vom 2.5.1913, S. 4650.

Ein Verlag braucht Brotartikel

Die Publikumserfolge des Kurt Wolff Verlags vor dem Ersten Weltkrieg lagen auf einer anderen Ebene. Der Rowohlt Verlag war zunächst durch seine buchkünstlerischen Ambitionen mit den *Drugulin-Drucken* mit Werken der Weltliteratur bekannt geworden. Erfolg hatte er zudem mit dem Märchenspiel von Gert von Bassewitz, *Peterchens Mondfahrt* (1912), das bis heute von Bühnen gespielt wird. Auch das Buch von Hermann Harry Schmitz *Der Säugling und andere Tragikomödien* war erfolgreich, und sogar die im Verlagsprogramm sehr zufällig anmutende Aufsatzsammlung von Anna Bahr-Mildenburg und Hermann Bahr über Bayreuth wurde in zwölf Auflagen gedruckt und ins Englische übersetzt. Auguste Rodins *Die Kunst. Gespräche des Meisters* (1912) verkaufte sich so gut, dass Wolff 1913 eine Volksausgabe druckte. Auch Mechtilde Lichnowskys Reisebuch *Götter, Könige und Tiere in Ägypten* erzielte höhere Auflagen, ebenso der Sammelband *Vom Judentum*. Eulenbergs Bücher und Bühnenstücke waren Brotartikel des Rowohlt Verlags.

Wirkliche Bestseller nach heutigen Maßstäben erzielte der Verlag dann mit dem Werk von Rabindranath Tagore, das sich bis Ende 1923 über eine Million Mal verkaufte. Das erste Buch von Tagore, *Gitanjal*, hatte Wolff kurz vor der Nobelpreisverleihung an den Dichter im Jahr 1913 angenommen und auch bei diesem Autor seinen Instinkt für literarische Erfolge bewiesen.

Die hervorstechende Eigenschaft des jungen Verlegers Kurt Wolff ist sein Drang, mehr machen zu wollen, sich mit dem Erreichten nie zufriedenzugeben. Deshalb baute er immer neue Jahresringe um seinen Verlag herum, indem er andere Unternehmen an sich band und deren Autoren in sein Programm integrierte. Das zeigte sich schon im ersten Jahr der alleinigen Verlagsführung, in dem er bereits eine Partnerschaft mit Erik-Ernst Schwabach einging.

Der Verlag der Weißen Bücher

Der Verlag der Weißen Bücher wurde von Erik-Ernst Schwabach im September 1913 in Leipzig gegründet. Von Anfang an war er programmatisch und organisatorisch mit dem Kurt Wolff Verlag verbunden. Am 1. Oktober 1917 übernahm Wolff den Verlag ganz und ließ einen Teil der Produktion – vor allem die Expressionisten – in den Kurt Wolff

Verlag übergehen, um dessen Programm stärker zu profilieren. Aus diesem Grunde führte er auch einen Teil seiner eigenen Produktion in den Verlag der Weißen Bücher über, so etwa Teile der Produktion aus dem ehemaligen Ernst Rowohlt Verlag wie die Dramen von Gert von Bassewitz, einige Gelegenheitswerke aus dem Kurt Wolff Verlag wie das Buch des Vaters Leonhard Wolff über Johann Sebastian Bachs Kirchenkantaten und einige alte Titel aus dem Hyperion-Verlag. Bis 1924 produzierte der Verlag neue Titel, dann verkaufte Wolff die Bestände aus. Im Vorkriegsprogramm des Verlags der Weißen Bücher ist vor allem der Einfluss Franz Bleis und René Schickeles zu spüren. Franz Blei hatte den Kontakt zwischen Schwabach und Wolff hergestellt, er war der erste Herausgeber der *Weißen Blätter*, gefolgt von René Schickele. Zu den Autoren der ersten Jahre gehörten neben Schickele selbst auch Annette Kolb und Else Lasker-Schüler. Ernst Stadlers *Aufbruch* erschien dort und Paul Zechs Gedichte *Die eiserne Brücke*. Der Dramatiker Hanns Johst war vertreten und der Philosoph Max Scheler mit seinen Abhandlungen und Aufsätzen. Von Erik-Ernst Schwabach erschien ein Schauspiel unter dem Pseudonym Ernst Sylvester, wie Schwabach überhaupt als Autor von Dramen, Romanen und Novellen hervortrat, die zwar konventionell, doch geschickt und spannungsreich geschrieben waren.

1917 brachte der Verlag neben Chestertons *Verteidigung des Unsinns* auch Die gesammelten Gedichte von Else Lasker-Schüler heraus und das dichterische Werk Friedrich Theodor Vischers in fünf Bänden. 1918 lag die Produktion brach. Kurt Wolff hatte jedes Interesse an diesem Verlag verloren. Von 1919 bis 1924 erschienen fast nur noch die Bücher von Bô Yin Râ. Dies war das Werk des zweiten Geschäftsführers Georg Heinrich Meyer, der aus dem insgesamt niveaureichen Kulturverlag Schwabachs nun ein Unternehmen machte, das in einer Zeit des kulturellen Zusammenbruchs, politischer Wirren und äußerer Existenzbedrohung auf den zweifellos vorhandenen Bedarf an spiritistischer, okkultistischer und mystisch-religiöser Lektüre spekulierte. Unter dem Pseudonym Bô Yin Râ publizierte Joseph Schneiderfranken im Verlag der Weißen Bücher höchst erfolgreich Erbauungsliteratur meist pseudo-religionswissenschaftlichen Inhalts, die zum Teil heute noch aufgelegt wird.

Mit der Zeitschrift *Die Weißen Blätter* im Verlag der Weißen Bücher gelang es Wolff nun auch, nachdem vorhergehende Zeitschriftenpläne gescheitert waren, seinen Autoren ein Publikationsforum zu schaffen und über dieses Medium wiederum neue Autoren in den

Kurt Wolff Verlag zu ziehen. Vor allem Franz Bleis weitgespannten Beziehungen verdankte der Verlag es, dass neben den Wolff-Autoren Walter Hasenclever, Franz Werfel, Robert Walser, Franz Kafka, Max Brod und Gustav Meyrink auch Heinrich Mann, Kurt Hiller, Wilhelm Hausenstein, Rudolf Borchardt und Martin Buber Beiträge lieferten. Wolff benutzte die von Schwabach allein finanzierte Zeitschrift auch für den Kurt Wolff Verlag, um durch Vorabdrucke den Markt für die Bücher seiner Autoren vorzubereiten. Bei Kriegsbeginn stellte der von der allgemeinen Kriegshysterie ergriffene Schwabach die Zeitschrift ein, änderte aber bald seinen Entschluss und führte die Zeitschrift unter der Herausgeberschaft von René Schickele weiter.

Unter dem Elsässer René Schickele wurde die Zeitschrift das führende Organ der expressionistischen Antikriegsliteratur. Allerdings verlor Schwabach bald wieder das Interesse an seiner Zeitschrift, so dass Schickele als Herausgeber mit erheblichen wirtschaftlichen Schwierigkeiten kämpfen musste. Als sich die Zensur ab Herbst 1915 in Deutschland immer drückender bemerkbar machte, entschloss sich Schickele, ganz in die Schweiz überzusiedeln. Ab April 1916 übernahm dann der Verlag Rascher & Cie., Zürich, an dem der ebenfalls in die Schweiz geflüchtete Paul Cassirer beteiligt war, die *Weißen Blätter*. Nach dem Fall der Zensur bei Kriegsende holte Cassirer die Zeitschrift nach Berlin. Von der politischen Entwicklung der Nachkriegsjahre zutiefst enttäuscht, zog sich Schickele im März 1920 als Herausgeber zurück. Cassirer gab die Zeitschrift vorübergehend selbst heraus, ehe sie, als Kampforgan der Avantgarde verbraucht, 1921 eingestellt wurde.

Expressionismus und Weltkrieg

Der Einfluss der Kriegssituation auf die expressionistische Literaturentwicklung, die zunehmende Politisierung der Literatur im Pazifismus und Aktivismus und die damit verbundene, gegen Kriegsende zunehmende Produktion von Antikriegsliteratur fanden im Kurt Wolff Verlag ebenso ihren Niederschlag, wie das Kriegserlebnis die Persönlichkeit Wolffs prägte und ihn aus seiner bibliophil-mäzenatischen Vorkriegshaltung in ein – wenn auch nur interimistisch – kulturpolitisches, von Aktivismus und Sozialismus beeinflusstes Verlagsprogramm führte.

Die Kriegserklärung kam für die Mehrzahl der Deutschen wie ein Blitz aus heiterem Himmel. Wolff plante noch Mitte Juli für den

1. August eine Reise nach Brüssel zu Carl Sternheim. Er erhielt bei der ersten Mobilmachung seinen Stellungsbefehl und war bereits am 4. August als Soldat unterwegs nach Belgien.

Die allgemeine Kriegseuphorie, das paradoxe Aufatmen, das durch die Nationen ging, als sich die Spannung der diplomatischen Konflikte in der Kriegserklärung löste, die Siegesgewissheit der Deutschen, das patriotische Gemeinschaftsgefühl ergriffen auch die kritischsten und nüchternsten Geister. Der sonst so besonnene Max Weber schrieb von »diesem großen und wunderbaren Krieg« und dass es herrlich sei, ihn noch zu erleben,[4] der siebenundvierzigjährige Alfred Kerr und der über fünfzigjährige Richard Dehmel meldeten sich spontan als Freiwillige zur Front.

Die Kriegsstimmung der deutschen Intellektuellen unterschied sich in den ersten Kriegsmonaten erheblich von den späteren Kriegsjahren. Die geistige Elite war fast ausnahmslos begeistert und ließ sich in der ersten Betäubung durch den Druck der Ereignisse von der Massenhysterie mitreißen. Die meisten der zwischen 20 und 30 Jahre alten Autoren und Verleger wurden eingezogen oder meldeten sich freiwillig. Ein Großteil der expressionistischen Literatur entstand in den folgenden Jahren in Schützengräben, Kasernen und Lazaretten. Viele der expressionistischen Kleinverlage verwaisten jäh.

Arthur Seiffhart als rechte Hand Kurt Wolffs in der Geschäftsführung wurde gleichzeitig mit Wolff eingezogen und kehrte erst 1920 aus französischer Kriegsgefangenschaft zurück. Von zwölf männlichen Verlagsangestellten wurden zehn einberufen. Elisabeth Wolff wurde Generalbevollmächtigte und arbeitete abwechselnd im Verlag und beim Roten Kreuz. Die eigentliche Verlagsführung übernahm aber der im April 1914 als weiterer Geschäftsführer bei Kurt Wolff eingestellte Georg Heinrich Meyer.

Georg Heinrich Meyer kommerzialisiert den Verlag

Der sechsundvierzigjährige Georg Heinrich Meyer hatte schon zweimal einen Verlag gegründet und war damit gescheitert. Als Angestellter der DVA war er zwischen 1905 und 1910 als Verlagsvertreter tätig

---

[4] Zit. nach Golo Mann: *Deutsche Geschichte des neunzehnten und zwanzigsten Jahrhunderts*. Frankfurt am Main 1963, S. 574.

gewesen und hatte sich in dieser Zeit seine später immer wieder gerühmten phänomenalen Kenntnisse des Sortimentsbuchhandels und des Buchmarkts insgesamt erworben.

1910 gründete er mit dem Kompagnon Harro Jessen den Verlag Meyer & Jessen. Meyers Hauptverdienst in diesem Verlag war die neue Ausgabe der Werke von Friedrich Theodor Vischer, die 1915 in den Verlag der Weißen Bücher überging. Der Verlag machte auch von sich reden durch seine buchkünstlerischen Ambitionen und seine Kunstpublikationen. Als der Verlag Anfang 1914 in erhebliche wirtschaftliche Schwierigkeiten gekommen war, bot Meyer Kurt Wolff die Rechte an einigen Büchern an, was dazu führte, dass Wolff Meyer für den Bereich Werbung und Vertrieb engagierte.

Der Einfluss von Georg Heinrich Meyer auf Kurt Wolff war außerordentlich. Er hat Wolff später in den Überlegungen für sein Kunstprogramm bestärkt und die Gründung der Kunstzeitschrift *Genius* befürwortet. Seine Eigenschaften als Verkaufsgenie ergänzten sich außerordentlich glücklich mit Kurt Wolffs literarischem Gespür. Meyer war trotz aller beruflichen Erfahrung und Instinktsicherheit, was Verkaufsmethoden anbetraf, ein naiver Mensch, der aber gerade in seiner direkten und offenen Arglosigkeit Wolffs Autoren immer wieder überzeugte.

Dass der Kurt Wolff Verlag aus seiner mäzenatischen Anfangsphase der Vorkriegszeit zu einem wirtschaftlich geführten Verlag wurde, verdankte Wolff eindeutig Heinrich Meyer und dessen Verkaufspolitik.

Als Georg Heinrich Meyer mit seinem Neuaufbau des Verlags begann, sah es betriebswirtschaftlich düster aus. Zugkräftige Romane gab es so gut wie keine. Die schmalen Lyrik- und Prosabände des *Jüngsten Tags* verkauften sich bei allem literarischen Erfolg mäßig. Bücher aus dem Ernst Rowohlt Verlag wurden von Kurt Wolff als Feldlektüre angefordert, denn sie lagen in der Verlagsauslieferung als Ballast herum. Die Dramen des Verlags wurden wegen der »Kriegspolitik« der Theater wenig gespielt. Das Lager war voll, eine Reihe von Vorkriegsverträgen musste eingehalten werden. Neben Tagore war, wie Meyer bildhaft formulierte, »Franz Werfel heute die einzige Fettperle auf dem öden Suppenteller von Kurt Wolff«.[5]

---

[5] Meyer an Werfel, Brief vom 28.2.1915, zit. nach Wolfram Göbel: *Der Kurt Wolff Verlag 1913–1930. Expressionismus als verlegerische Aufgabe*. München 2007 (Unveränderter Nachdruck der Ausgabe von 1977), Sp. 715.

Meyers Werbekampagnen waren für die damalige Zeit revolutionär. Er bewarb Bücher nicht nur im *Börsenblatt für den Deutschen Buchhandel*, sondern auch in Tageszeitungen zwischen Schönheitspflege und Metin-Präparaten, er soll angeblich der Erfinder der Litfaßsäulenwerbung für Bücher sein, er scheute nicht vor einer im Buchhandel der Zeit ungewohnten plakativen Werbesprache zurück und warb mit großen Auflagenzahlen, die sich im Einzelfall heute gar nicht mehr belegen lassen und möglicherweise auch nur dazu dienten, den behaupteten Erfolg der Bücher glaubhaft zu machen. Er druckte unermüdlich Prospekte und Plakate und entwarf Rundschreiben an den Buchhandel und die Theater.

Meyers Werbestrategie setzte ein mit dem Werk Franz Werfels, es folgte eine Werbekampagne für Meyrinks *Golem*, für Max Brods *Tycho Brahe*, für den neuen Autor Heinrich Mann und für die im Sommer 1916 kreierte Reihe *Der neue Roman*, deren Anfangserfolg auch ältere, in dieser Reihe nur neu propagierte Bücher des Verlags mitriss. Im Herbst 1917 warb Meyer in Anzeigen, dass die Bücherei *Der neue Roman* bereits in rund 400.000 Exemplaren verbreitet sei. Auch seine Vertriebspolitik zeigt einen instinktsicheren Geschäftsmann mit einer aus langjähriger Erfahrung erworbenen Verkaufspsychologie. Er versuchte, durch besondere Rabattverlockungen und breite Werbung den Verkauf älterer Produktion neu zu beleben. Um seine Werbekampagnen zu finanzieren, reduzierte er sogar die Honorare der erfolgreichen Autoren, die dem zähneknirschend zustimmten.

Die Werbemethoden Meyers fielen in der zweiten Kriegshälfte auf fruchtbaren Boden. Die sich ausweitende antagonistische Stellung der Intellektuellen gegenüber der offziellen Kriegs- und Kulturpolitik des Kaisers erfasste nun auch bürgerliche Kreise. Sie bereitete den Boden vor für die breite Rezeption des Expressionismus. Auch die Politisierung der Literatur aus dem Widerstand heraus traf auf ein aus der Saturiertheit der Vorkriegsjahre bitter erwachendes, allgemein sich ausbreitendes Bewusstsein der Kulturkrise im Bürgertum. Nur zu offensichtlich fällt der Zusammenbruch des Deutschen Reiches und seiner alten Ordnungen mit der geistigen Wurzellosigkeit der Nachkriegszeit, die literarische Überaktivität und die Suche nach neuen ideologischen Ansätzen mit der verstärkten Rezeption und den höchsten Verkaufszahlen expressionistischer Literatur zusammen. Die formelhaften Parolen der revolutionären Phase des Expressionismus, die Reduktion der Sprache auf Schablonen und einhämmernde

Schlagworte trugen selbst den plakativen Charakter kommerzieller Werbung in sich.

Den ersten Bestseller allerdings erzielte der Kurt Wolff Verlag 1915 mit Gustav Meyrinks Roman *Der Golem*. Für Georg Heinrich Meyer war *Der Golem* in seiner Mischung aus Schauerromantik, jüdisch-kabbalistischen und okkultistischen Elementen der erste Roman des Verlags, der, unerhört spannungsreich und geschickt geschrieben, von vornherein mit einem breiten Absatz rechnen konnte. Vor allem in der jüdischen Kulturschicht, besonders in Prag, wo der Mythos des Golem historisch wurzelte, musste bei geschickter Propagierung entsprechendes Interesse zu wecken sein. Das Buch war schon von Rowohlt 1912 unter Vertrag genommen, ab Dezember 1913 in den *Weißen Blättern* vorabgedruckt worden und im Sommer 1914 bereits fertig gesetzt, als der Kriegsausbruch das geplante Erscheinen zum Herbst verhinderte. Die dick aufgetragene Werbung, die pausenlosen Inserate Meyers im *Börsenblatt* und in Tageszeitungen und seine gerissene Idee einer leichten Feldpostausgabe (Feldpostsendungen durften nur 500 g wiegen, wofür Romane wie *Der Golem* eigentlich zu dick waren) katapultierten das Buch rasch auf eine Auflage von 100.000 Exemplaren. Als Meyer für den rot eingebundenen *Golem* knallrote Plakate zur Leipziger Messe anschlagen ließ mit dem Slogan »Meßfremde lest den Golem!«, schrieb Werfel: »Den Golem hat der Verlag mehr als der Autor gemacht.«[6]

Das Buch erreichte vermutlich eine Gesamtauflage von über 200.000 Exemplaren. Der Erfolg verebbte jedoch in den Zwanzigerjahren rasch. Ein ähnliches Schicksal hatten auch die nach dem Anfangserfolg des *Golem* 1917 erschienenen weiteren Romane Meyrinks *Das grüne Gesicht* und *Walpurgisnacht*. Sie wurden von dem Nimbus des *Golem* zunächst mitgetragen, erreichten aber auch in einer von Kurt Wolff veranlassten Gesamtausgabe der Werke Meyrinks 1917 nicht mehr die hohen Verkaufszahlen des ersten Buches.

Ein zweiter Autor erreichte mit einem ebenfalls in der Vorkriegszeit geschriebenen Roman nach Kriegsende einen kometenhaften Erfolg. Aber im Gegensatz zu Meyrinks Werken blieb Heinrich Mann der schriftstellerische Erfolg, der mit dem *Untertan* einsetzte, während der Weimarer Republik erhalten.

Heinrich Mann begann – ebenso wie Carl Hauptmann – im Schatten eines jüngeren Bruders mit seinem Schaffen, beide wechselten von

6 Werfel an Meyer, Brief vom 2.3.1916. Zit. nach Zeller/Otten, S. 108.

Verleger zu Verleger, ehe sie ihre eigentliche Lesergemeinde in der jungen Generation nach 1910 fanden, die beide mehr schätzte als die berühmten Brüder Thomas und Gerhart. Beide fanden im »Verlag der Jüngsten« ihre verlegerische Heimat. Beiden Autoren widmete der Verlag Gesamtausgaben. Beide galten schon zu Lebzeiten als Vorläufer und Wegbereiter der Expressionisten. Carl Hauptmann geriet nach seinem Tod 1921 rasch in Vergessenheit. Heinrich Mann wechselte mit Franz Werfel während der Inflation zu dem Wiener Verlag von Paul Zsolnay, dem er bis zur Emigration und der erzwungenen Publikation in Exilverlagen treu blieb.

Der Verlegern gegenüber misstrauische und geschäftlich nüchtern agierende Heinrich Mann hatte seine ersten Romane nach einem kurzen Vorspiel bei kleineren Verlagen zunächst bei Albert Langen erscheinen lassen, ging aber dann, unzufrieden mit der Betreuung dort, zum Insel Verlag. Mann war auch über diesen bald verärgert und wandte sich dem jungen Verlag von Paul Cassirer zu, der seine gesammelten Werke in vier Bänden herausgab.

Die Übernahme des Werkes von Heinrich Mann in den Kurt Wolff Verlag 1916 geschah nicht unvermittelt. Es gab wohl schon erste Gespräche durch Rowohlt 1911. Im Januar 1914 hatte Mann seinen Vertrag mit Cassirer auf die juristischen Bedingungen eines Verkaufs hin überprüfen lassen. Georg Heinrich Meyer, der mit Mann befreundet war, überwand dessen Misstrauen gegenüber Verlegern. Wolff engagierte sich in den nächsten Jahren stark für das Werk Heinrich Manns, während dessen Beziehung zum Kurt Wolff Verlag auch weiterhin nüchtern, sich auf Sachfragen beschränkend blieb. »[...] ich habe die Lektüre des Buches eben beendet und bin hingerissen. Hier ist der Anfang dessen, was ich immer suchte: der deutsche Roman der Nach-Gründer-Zeit«, schrieb Wolff aus dem Feld an Georg Heinrich Meyer nach der Lektüre des *Untertan*.[7] Wolff bewies auch hier, wie bei Kafka, Karl Kraus oder später bei Pasternak und Günter Grass, seinen sicheren Instinkt für bedeutende Literatur.

Während das Werk Gustav Meyrinks nur ein modischer Bestsellererfolg war, der den Verlag bei der literarischen Jugend als vordergründigen Geschäftemacher in Misskredit brachte, bedeutete Mann einen literaturpolitischen Zugewinn, der die Position des Verlags im literarischen Leben festigte und sein Ansehen erneut hob. Neben Werfel als

7 Wolff an Meyer, Brief vom 8.4.1916, Zeller/Otten, S. 224.

dem dominierenden Lyriker und Sternheim als dem führenden Dramatiker hatte der Kurt Wolff Verlag nun endlich den hervorstechenden Romancier, der für den Verlag den Anschluss an die große europäische Literatur herstellen sollte.

Mit den älteren Romanen von Heinrich Mann, die Kurt Wolff übernahm, wurde deshalb die erste Romanreihe des Verlags *Der neue Roman* begründet. Hauptprojekt war aber eine auf zehn Bände berechnete Gesamtausgabe, über die im Februar 1916 zwischen Heinrich Mann und Georg Heinrich Meyer ein erster Vertrag abgeschlossen worden war.

Wolff war sich darüber im klaren, dass *Der Untertan* während des Krieges nicht erscheinen konnte, von dem Werk aber so begeistert, dass er einen Privatdruck in zehn Exemplaren herstellen und an Persönlichkeiten des öffentlichen Lebens versenden ließ. Als der Roman unmittelbar nach dem Zusammenbruch des Reiches im November 1918 erschien, traf seine kritische Darstellung des Kaiserreichs auf die größte Aufnahmebereitschaft. Das Buch erreichte, wenn man den Verlagsinformationen glauben darf, in zwei Monaten eine Auflage von 100.000 Exemplaren. Die folgenden Romane Manns über das Wilhelminische Zeitalter verloren mit den zunehmenden innenpolitischen Problemen der jungen Weimarer Republik das Publikumsinteresse. Mann gehörte zwar zu den gefeierten Schriftstellern der Weimarer Republik, doch sein Zenit in der Publikumsgunst war überschritten.

Das neue Drama im Bühnenverlag

Bereits im Herbst 1910 hatte Ernst Rowohlt einen Bühnenvertrieb gegründet, zunächst für die Stücke Herbert Eulenbergs. Auch Carl Sternheim, Buchautor beim Insel Verlag, der aber selbst keinen Bühnenvertrieb unterhielt, wurde von Rowohlt für seinen eigenen Bühnenverlag gewonnen. Damit war der Grundstock für die spätere Übernahme des Gesamtwerks von Carl Sternheim in den Kurt Wolff Verlag gelegt, die während des Krieges vollzogen wurde. Einen ersten Aufschwung nahm der Bühnenvertrieb Wolffs nach 1916, als sich die Zensur lockerte und die Intendanten in Berlin, München, Frankfurt, Hamburg und Dresden von sich aus begannen, die neueste Dramatik auf die Bühne zu bringen. Vor allem Max Reinhardt am Deutschen Theater, Viktor Barnowsky am Lessing-Theater in Berlin und Gustav

Hartung in Frankfurt wagten sich an Uraufführungen der expressionistischen Stücke wie Werfels *Troerinnen*. Neben den Verlagsautoren Carl Sternheim, Walter Hasenclever und Fritz von Unruh betreute der Bühnenvertrieb auch die Autoren des Verlags der Weißen Bücher: Hanns Johst, René Schickele, Paul Kornfeld, Heinrich Lautensack, Rabindranath Tagore, Heinrich Mann, Arnold Zweig, Max Brod, Mechtilde Lichnowsky u. a. Im Oktober 1917 übergab Wolff, der seine Verlagsunternehmen grundlegend umorganisierte, seinen Bühnenvertrieb mit einem Generalvertrag an die »Vereinigten Bühnenvertriebe Drei Masken/Georg Müller/Erich Reiß/Kurt Wolff Verlag, Berlin«; geschäftsführend wurde der 1910 als Musik- und Theaterverlag begründete Drei Masken Verlag, der bis in die Dreißigerjahre hinein die Bühnenrechte der Wolff-Autoren verwaltete.

Kurt Wolff findet seinen Verlagssstil

Kurt Wolff war durch seine Kriegserlebnisse nüchterner geworden, in seinen Briefen gibt es nun weniger mäzenatische als kaufmännische Argumente. »Ich will als Verleger nicht begeistert sein, sondern Bücher verkaufen, [...] will für Sie und mit Ihnen viel Geld verdienen«, schrieb er noch vom Balkan aus 1916 an Heinrich Mann.[8] War Wolff in den ersten Jahren der Zusammenarbeit mit Ernst Rowohlt noch der Literaturästhet und leidenschaftliche bibliophile Sammler, dem, trotz seiner Banklehre in São Paulo, mit Sicherheit die betriebswirtschaftlichen Zusammenhänge eines wirtschaftlich erfolgreichen Verlags unklar, auf jeden Fall nicht wesentlich waren, so verband er nun seine gezielte, um Autoren werbende Programmpolitik mit klaren wirtschaftlichen Interessen. Er ließ Georg Heinrich Meyer mit seiner ungewöhnlichen, von den Verlegerkollegen als marktschreierisch empfundenen Werbestrategie nicht nur gewähren, er war überzeugt davon, dass man Literatur nur so durchsetzen könne. Rilke gegenüber sprach er von dem Kampf, den er aufgenommen habe »gegen den Moloch Dummheit und Publikum«,[9] Schickele schrieb er, »die hohe Auflageziffer bringt neben dem wirtschaftlichen Nutzen dem Autor doch auch eine ganz außerordentlich erhöhte publizistische Bedeutung und Resonanz, potenziert

8 Wolff an Heinrich Mann, Brief vom 1.2.1915, Zeller/Otten, S. 222.

9 Wolff an Rilke, Brief vom 10.12.1917, Zeller/Otten, S. 147.

den Wert, den der Schriftsteller für Presse, Zeitungen, Zeitschriften, für das Ausland usw. hat.«[10]

Er glaubte nicht an den Wertinstinkt des Publikums oder an die Steuerungsfunktion der Kritik und war stolz darauf, seine Bücher, von deren literarischem Rang er überzeugt war, in den Markt zu pushen. Er vertrat den Standpunkt, dass durch Meyers Werbekampagnen »der Kurt Wolff Verlag [...] schließlich der erste deutsche Verlag war und bis zu einem gewissen Grade auch der einzige deutsche Verlag blieb, der ullsteinhafte Auflagen von literarisch einwandfreien Büchern erzielte.«[11] Wolff stellte sich damit in einen Gegensatz zu der älteren Verlegergeneration, vor allem zu S. Fischer, der auf die leise Wirkung setzte und überzeugt war, dass das Publikum den Wert eines Buch erkennen würde. »Ich bin aber nicht der Meinung, dass es etwas sehr Erstrebenswertes sein könnte, Bücher mit Reklamemitteln gewaltsam hoch zu peitschen, die in sich eine Wirkung auf einen großen Leserkreis nicht tragen«, schrieb S. Fischer an den Autor Aage Madelung am 29. November 1916.[12]

Der Kurt Wolff Verlag mit seinem Programm der Jüngsten und dem unübersehbar werdenden wirtschaftlichen Erfolg wirkte polarisierend und wurde vor allem von der älteren Generation abgelehnt. »Herr Wolf[f] mag persönlich ein netter Mensch sein. Der Verlag ist doch recht häßlich, mit allem seinem expressionistischen mit Reclame fast schamloser Art herausgebrachten Zeug«, schrieb Hugo von Hofmannsthal an Leopold von Adrian.[13]

Wolffs vielzitiertes verlegerisches Credo »Ich will Seismograph, nicht Seismologe sein«, seine Absicht, die Strömungen der Zeit aufzuspüren, die ihm wichtig und wertvoll erschienen, und sie durchzusetzen, hat ihn zum Vorbild vieler Lektoren und Verleger werden lassen. Die ihm von den Zeitgenossen nun vorgeworfene Geschäftstüchtigkeit ging einher mit einer außerordentlichen Generosität gegenüber seinen Autoren.

> »Ich glaube nämlich nicht an Optionen, ich finde sie unmoralisch im Verkehr zwischen Autor und Verleger [...]. Der Mensch aber, und schon gar der

---

[10] Wolff an Schickele, Brief vom 17.11.1921, Zeller/Otten, S. 211.

[11] A.a.O., S. 210.

[12] Fischer an Madelung, Brief vom 29.11.1916. Zit. nach Peter de Mendelssohn: *S. Fischer und sein Verlag.* Frankfurt am Main 1970.

[13] Hofmannsthal an von Adrian, Brief vom 5.6.1923. In: *Hugo von Hofmannsthal – Leopold von Adrian. Briefwechsel.* Frankfurt am Main 1968, S. 346.

schöpferische Mensch, kann und darf doch nicht Gegenstand eines Kuhhandels werden. [...] er soll nach eigenem Ermessen, nach eigener Laune, ja warum nicht auch wegen tausend Mark Vorschuss mehr, den Verleger wechseln«.[14]

»In den erfolgsarmen Jahren war der Zustrom neuer Autoren spärlich, in erfolgreichen übergroß. Das haben wir damals beim ›Golem‹ erlebt, wenig später bei Heinrich Mann und Tagore«, beschreibt Wolff die Reaktion der Autoren auf die Bücher der Jahre 1915/16.

»Wenn auch im einzelnen natürlich nicht nachzuweisen, so besteht doch kein Zweifel, dass die ungewöhnlichen Erfolge, die der Kurt Wolff Verlag mit Meyrink, Heinrich Mann, Tagore, auch mit den frühen Gedichten Werfels und seinem Drama ›Die Troerinnen‹ erzielte, eine Fülle von Manuskripten und Verlagsvorschlägen brachten, die sonst nicht gekommen wären. Dass hier ein neuer, der jungen Generation offen stehender Verlag vorhanden war, [...] veranlasste zahllose begabte und unbekannte junge Schriftsteller, Manuskripte einzusenden.«[15]

Es kamen aber nicht nur unbekannte Autoren. Um 1916 setzt der Zustrom prominenter Autoren ein, die plötzlich meinten, Wolff könne mehr für sie tun als ihre alten Verleger. Dem »Gentleman-Verleger« Wolff wurde nun »grausamer, brutaler Geschäfts-Amerikanismus« vorgeworfen. Dem alternden Verleger S. Fischer erschien die Bedrohung durch Wolff so massiv, dass er vorübergehend ernsthaft eine Fusion der beiden Verlage als Lösung des Konflikts erwog.

Wolff, der im September 1916 durch eine Intervention des Großherzogs Ernst Ludwig von Hessen unbefristet vom Militärdienst freigestellt worden war, sah sich nun umworben von den großen Autoren seiner Zeit. Alfred Kerr, als langjähriger Mitarbeiter der *Neuen Rundschau* zur engeren »Verlagsfamilie« S. Fischers gehörend, wollte Wolff für eine Gesamtausgabe seiner Werke gewinnen. Emil Ludwig fragte über die Wolff-Autorin Mechtilde Lichnowsky an, ob Wolff nicht seine künftigen Werke verlegen wolle. Auch Frank Wedekind suchte eine verlegerische Heimat bei Kurt Wolff, doch sein früher Tod im März 1918 machte die Verhandlungen zunichte. Fritz von Unruh verließ seinen langjährigen Verleger Erich Reiß und kam zu Kurt Wolff. Die Philosophen Georg Simmel und Ernst Bloch boten Wolff ihre Bü-

[14] Kurt Wolff: *Autoren Bücher Abenteuer. Betrachtungen und Erinnerungen eines Verlegers*. Berlin 1965, S. 26.
[15] a.a.O., S. 18f.

cher an. Oswald Spenglers *Untergang des Abendlandes* wäre wohl bei Wolff erschienen, hätte der Verleger das Manuskript nicht ungelesen zurückgeschickt.

Auch Lektoren boten sich an. Johannes R. Becher gab ein kurzes Gastspiel als Lektor bei Wolff, Albert Ehrenstein war vorübergehend für den Verlag tätig, ihm verdankte der Verlag die Rönne-Novellen Gottfried Benns (unter dem Titel *Gehirne* als 35. Band des *Jüngsten Tags* 1916 erschienen). Max Brod wurde Lektor bei Wolff, und sogar Franz Kafka spielte mit dem Gedanken, für Wolff tätig zu werden.

Der Kurt Wolff Verlag in der zweiten Kriegshälfte

In den Jahren 1917 und 1918 beeinflussten die Kriegsumstände die Programmgestaltung des Verlags stärker, als man 1914 vermutet hätte. Am 1. Mai 1917 waren die Ausfuhrbestimmungen verschärft worden, und alle Bücher mussten einen Zensurstempel tragen. Wolff verlor einen Teil seines Absatzmarktes, denn nicht alle Bücher blieben unbeanstandet.

Die Papierpreise waren seit Kriegsbeginn kontinuierlich gestiegen, noch 1917, als der Verlag sich in seinem größten Aufschwung befand und von der allgemeinen Belebung des Buchmarktes stärker als andere Verlage proiftierte, wurde die Zwangsbewirtschaftung des Papiermarktes eingeführt. Die Lage verschlimmerte sich bis 1918, die Verlage mussten zu schlechtem, holzhaltigem Papier übergehen und die Produktion drosseln. Als Ausweg plante Wolff eine Filiale in Wien, um auch in Osterreich ein Papierkontingent zu bekommen. Die Herstellungspreise stiegen während des Krieges, der Sortimentsbuchhandel erhob seit Ende 1917 einen Teuerungszuschlag von 10%.

Trotzdem begann Wolff 1917, im ersten Jahr der ernsthaften wirtschaftlichen Bedrohung, seinen Aktionskreis zu erweitern, indem er die Gewinne seines Verlags in die Aufkäufe anderer Firmen und Verlagsbestände steckte. Diese Aufkäufe hatten ebenfalls Rückwirkungen auf das Verlagsprofil, sie machten eine Straffung und Neugliederung des wuchernden Verlags nötig. 1916 war, nach dem ersten Gesamtverzeichnis des Verlags von 1913, ein zweites erschienen, in dem über 410 lieferbare oder als Neuerscheinung angekündigte Einzeltitel verzeichnet waren. Nur etwa die Hälfte davon war jedoch Eigenproduktion. 107 Bücher und Mappenwerke waren vom Ernst

Rowohlt Verlag übernommen worden, die Übernahmen von Meyer & Jessen, Paul Cassirer, Axel Juncker, dem Insel Verlag und anderen machten noch einmal 100 Titel aus. Der Verlag der jungen deutschen Literatur drohte aus den Fugen zu gehen und sein charakteristisches Gesicht zu verlieren. So schrieb Wolff an Siegfried Jacobsohn, den Herausgeber der *Schaubühne*, in einem Ablehnungsbrief zu einem von Jacobsohn angebotenen Jahrbuch *Das Jahr der Bühne*:

> »Während der letzten zwei Jahre, der Zeit einer mich fast erschreckenden raschen Entwicklung meines Verlages, war es mein persönlichstes besonderes Bemühen, dem Verlag das zu geben, was man eine Physiognomie nennt. [...] ich selbst bin mit dem Ergebnis noch nicht annähernd zufrieden. Aus der ersten Zeit der Verlagstätigkeit schleppe ich noch Manches mit, was in den Rahmen des Verlages, den ich vor mir sehe, und den ich auch einmal auf- und auszubauen hoffe, nicht hinein paßt.«[16]

Sichtbar wird diese Straffung im Jahr 1918 mit den beiden Almanachen *Das neue Geschichtenbuch* und *Die neue Dichtung*. Hier erscheinen nun nur noch die »klassischen« expressionistischen Autoren des Verlags. Kunsthistorische Beiträge, die die späteren Almanache auszeichneten, Proben aus bibliophiler Produktion, aus Neudrucken älterer Literatur, aus Gesamtausgaben ausländischer Autoren fehlen völlig in diesen Almanachen, die das Verlagsproifl repräsentieren sollten. Auch die Gliederung des Verlagsprogramms in den angehängten Verlagsverzeichnissen zeigt eine Straffung des Verlags. Stand im Mittelpunkt des Jahres 1916 der Almanach *Vom Jüngsten Tag*, so verschob sich das Gewicht 1917 auf den *Neuen Roman*. 1918 waren es die *Neuen Geschichtenbücher*, die gleichwertig neben dem *Neuen Roman* standen. Auch durch die wirtschaftlichen Verhältnisse zu sparsamer Produktion gedrängt, besann sich der Verlag auf seine eigentlichen Schwerpunkte.

Die Reihe *Der Neue Roman* sollte der Vorstellung eines großen europäischen Romans deutscher Prägung entsprechen. »Nicht eingeengt durch Vorurteile literarischer, politischer, nationaler Art«, sollte die Reihe – bewusst während des Krieges mit anderen europäischen Nationen konzipiert – den Anschluss an die europäische Literatur finden.[17] Neben den Romanen Heinrich Manns, Gustav Meyrinks, Carl Hauptmanns, Herbert Eulenbergs, Arnold Zweigs und den Novellen

[16] Wolff an Jacobsohn, Brief vom 15.6.1917. Zit. nach Göbel, Sp. 775.
[17] *Die Neue Dichtung*. In: *Der neue Roman. Ein Almanach*. Leipzig 1917, S. 3.

Kasimir Edschmids wurde der Akzent schon bei der Gründung der Reihe auf fremdsprachige Literatur gesetzt. Gustave Flauberts Roman *November* gehörte ebenso zu den ersten 25 Bänden wie Maxim Gorkis *Drei Menschen* und die Romane von Anatole France. Es erschienen Werke von Honore de Balzac, Nikolai Leskow, Knut Hamsun, Charles Louis Philippe und Romain Rolland, von ungarischen, portugiesischen und norwegischen Autoren.

Die Veränderung der strategischen Richtung und neue Expansionen

1917, das erste Jahr nach Wolffs Rückkehr aus dem Krieg, war das Jahr der aktivsten und vielfältigsten verlegerischen Pläne und Neuansätze. Das Jahr war sowohl politisch-militärisch wie für den deutschen Buchhandel eine Tendenzwende zum Schlechten. Aber Krisenjahre wirkten auf Wolff anspornend.

Auch die Gründung des internationalen Kunstverlags Pantheon Casa Editrice fiel in eine Krisenzeit, in das Jahr 1924, in dem andere Verleger auf Absicherung und Rückzug, nicht auf weitere Ausdehnung ihrer Verlage bedacht waren. In einem Interview von 1962 erklärte Wolff die Motive für seine damalige Ausweitung der Verlage:

> »Ich wollte – das liegt ja an den jungen Jahren – einfach ›mehr, mehr‹ machen. […] Das mehr aber hätte das Gesicht des originalen Kurt Wolff Verlages irgendwie verändert, verdünnt, verschoben. Das war der Grund, dass ich nach anderen Namen, Formen suchte.«[18]

Experimentierfreude, eine grundsätzliche Neugier auf noch nicht Erprobtes, eine Witterung für Dinge, die in der Luft lagen, und auf der Kehrseite ein ebenso rasches Fallenlassen von Eingefahrenem, Konsolidiertem waren kennzeichnend für Wolffs Persönlichkeit dieser Jahre.

Der Entschluss, dem Verlag eine Kunstabteilung anzugliedern, war nur der Auftakt zu einer erschreckenden Ausdehnung der Wolffschen Verlagsfirmen. Um den Kernverlag Kurt Wolff als den führenden Verlag der jungen Literatur gruppierte der Verleger im Februar 1917 den Verlag Der Neue Geist als kulturpolitischen und zeitgeschichtlichen Verlag und im Juli 1917 den Hyperion-Verlag als ein der Bibliophilie

---

[18] Kurt Wolff und Herbert G. Göpfert: *Porträt der Zeit im Zwiegespräch*. In: *Börsenblatt für den Deutschen Buchhandel* 1964, S. 2057.

und dem illustrierten Buch gewidmetes Unternehmen. Der Hyperion-Verlag war bereits eine Fusion aus den Verlagen Hans von Webers und Julius Zeitlers gewesen und verfügte über ein breites Programm, das von Wolff übernommen und ausgebaut wurde. Schließlich ging am 1. Oktober 1917 der Verlag der Weißen Bücher ganz in Wolffs Besitz über.

Bereits 1916 hatte Wolff für den von ihm bewunderten und verehrten Karl Kraus einen eigenen Verlag gegründet, da Kraus es ablehnte, mit anderen Autoren Wolffs – vor allem mit den Expressionisten – unter einem Dach zu erscheinen. Wolff versammelte im »Verlag der Schriften von Karl Kraus (Kurt Wolff)« die bis dahin bei anderen Verlagen erschienenen Buchpublikationen von Kraus und die neuen Werke des großen Essayisten. Franz Werfel, der den ersten Kontakt bereits 1912 hergestellt hatte, war auch Anlaß zum Bruch mit Karl Kraus. Die literarische Fehde der beiden Autoren führte dazu, dass ab 1921 die künftigen Bücher von Karl Kraus und die weiteren Auflagen alter Werke im Fackel-Verlag erschienen. Der Verlag der Schriften von Karl Kraus wurde im August 1923 aufgelöst.

Der am 1. November 1918 in München gegründete Musarion Verlag soll ebenfalls vorübergehend zu den Wolffschen Verlagsbetrieben gehört haben. 1919 schließlich verhandelte Wolff mit Georg Bondi wegen der Übernahme von dessen Verlag (ein verblüffender Gedanke, Kurt Wolff als Verleger des Expressionismus zugleich Verleger von Stefan George und seinem Kreis ...).

Wolffs unternehmerischer Expansionsdrang machte nicht halt bei dem Ausbau und der Verzweigung seiner Verlagsfirmen. Seit 1914 war er Teilhaber des Leipziger Schauspielhauses, 1918 übernahm er zusammen mit Erich Noether die für ihn seit Rowohlts Anfängen häufiger arbeitende, wegen ihrer hervorragenden Leistungen berühmte Offizin Drugulin, verkaufte aber 1919, als er sich auch von dem Verlag Der Neue Geist wieder zurückzog, die Anteile an seinen Schwager Peter Reinhold.

Neben der Erweiterung des verlegerischen Aktionsradius auf zeitgeschichtliche und politische Themen nahm Wolffs Interesse an bibliophiler Produktion auch außerhalb des Hyperion-Verlags wieder zu. Durch seinen Autor Fritz von Unruh und die Familie Merck wurde Wolff im Herzoglichen Haus in Darmstadt eingeführt. Elisabeth Wolff war bald nach Kriegsausbruch ganz nach Darmstadt zu ihrer Mutter gezogen, wo sich Wolff nach der Rückkehr aus dem Feld ebenfalls meist aufhielt. Bereits Ende 1916 beschloß Wolff, den Kurt Wolff Verlag nach Darmstadt zu verlegen, die Ernst-Ludwig-Presse (die Privatpresse des Großherzogs) zu pachten und sich nach dem Ankauf eines Verlagshauses ganz in der Heimatstadt seiner Frau niederzulassen. Im Januar 1917 erwarb er ein Verlagsdomizil auf der Marienhöhe, innerhalb der Darmstädter Künstlerkolonie, und schloss den Pachtvertrag mit der Ernst-Ludwig-Presse. In den Jahren 1920 bis 1922 erschienen als geschlossene Reihe die *Zehn Stundenbücher der Ernst-Ludwig-Presse* im Kurt Wolff Verlag, neben deutschen Klassikern eine Auswahl von Texten der Wolffschen Hauptautoren Werfel, Tagore, Trakl und Francis Jammes. Der geplante Kauf der Bremer Presse durch Kurt Wolff 1919 kam nicht zustande.

Die Jahre nach Wolffs Rückkehr aus dem Krieg vermitteln das Bild einer ruhelosen Persönlichkeit. Wolff, der sich ständig neuen Ideen zuwandte, sie bald wieder fallen ließ, engagierte sich finanziell bis zur äußersten Grenze und gab immer mehr das Bild eines agilen Geschäftsmannes ab, der, ständig auf Reisen, seine Unternehmen nur mit Mühe zusammenhielt. Die Darmstädter Pläne erwiesen sich nach dem Kriegsende als Fehlentscheidung. Das nach dem kurzentschlossenen Verkauf des für den Verlag vorgesehenen Leipziger Bauplatzes zu teuer erworbene klassizistische Palais der Elizabeth Duncan auf der Marienhöhe war als Tanzschule konzipiert und für die Bedürfnisse des Verlags völlig ungeeignet. Es wurde kostspielig umgebaut und 1920 mit Verlust verkauft.

Nach der Abdankung Ernst Ludwigs war die Niederlassung des Verlags in der Heimatstadt Elisabeth Wolffs nicht mehr sinnvoll. Der Rheinländer Wolff, der die Buchhändlermetropole Leipzig, das Sächsische und die Nüchternheit der Stadt nie so recht gemocht hatte, entschied sich für München als neuen Verlagssitz: gegen den eindringlichen Rat seines treuen Eckermann Georg Heinrich Meyer.

> »Wir wollen uns darüber klar bleiben, dass für den K.W.V., wenn er sich so wie bislang weithin entwickeln soll, eigentlich Berlin und nur Berlin der Platz sein könnte [...] wir kommen nicht darum herum, das Schicksal der Welt, sicher aber das Deutschlands wird in Berlin entschieden. Und wie ein führender französischer Verlag heute nur in Paris, ist mir ein deutscher Verlag, der führen will, nur in Berlin denkbar.«[19]

Seit Herbst 1919 bis zur Aufgabe des Verlags durch Kurt Wolff 1930 residierte der Kurt Wolff Verlag in der Münchner Luisenstraße 31, in dem im italienischen Barockstil erbauten Haus des 1916 verstorbenen Verlegers Georg Hirth.

Die verhängnisvolle Neigung des dreißigjährigen Kurt Wolff, »mehr

---

19 Meyer an Elisabeth Wolff, Brief vom 12.11.1919. Zit. nach Göbel, Sp. 792f.

zu machen«, verhinderte ein organisches, stetes Wachstum des Verlags. Die geradezu hypertrophe Einkaufspolitik des Verlegers leitete bereits in den letzten Leipziger Jahren den Verlagszerfall ein, auch wenn Wolff in München noch einige Jahre produktiver Arbeit und äußeren Glanzes beschieden waren.

Der Verlag »Der neue Geist«

Wolff hat nie ein Hehl daraus gemacht, dass er im Grunde ein unpolitischer Verleger war. Allerdings war er durch das Fronterlebnis aus seiner ästhetisch-bibliophilen Vorkriegshaltung herausgerissen worden. In seinem Kriegstagebuch zeigt sich ein aufmerksam-kritisches Verfolgen der politisch-militärischen Ereignisse, und in der Verlags- und Privatkorrespondenz finden sich bis Anfang der zwanziger Jahre Äußerungen zur politischen Lage, die ein sorgsames Beobachten und Registrieren des politisch-gesellschaftlichen Zeitstrudels zeigen.

Den äußeren Anstoß zur Konkretisierung eines »politischen« Verlags gab der Verleger des *Leipziger Tageblatts*, Peter Reinhold, der 1917 die jüngere Schwester Elisabeth Wolffs, Caroline Merck, heiratete. Der mit Wolff gleichaltrige Schwager, selbst publizistisch tätig, später als Politiker Landtags- und Reichstagsabgeordneter, 1926 Finanzminister im zweiten Kabinett Luther, übernahm später die Verlage Wolffs und führte sie nach dem Ausscheiden von Kurt Wolff in den Dreißigerjahren weiter.

Der *Verlag Der Neue Geist (Kurt Wolff & Co.)* brachte vorwiegend reformpolitische Schriften von Pazifisten und Aktivisten heraus, die meist der nationalliberalen Partei oder den Sozialdemokraten nahestanden. Wichtig wurden vor allem die Schriftenreihen des Verlags wie die namensgebende *Der Neue Geist*, in der ein breitgestreutes reformpolitisches Programm angeboten wurde. Sie enthielt vor allem Reden und Vorlesungen führender Politiker und Wissenschaftler zur Wirtschaftslage, zu Außen-, Kultur- und Sozialpolitik. Max Scheler wurde philosophischer Hauptautor des Verlags. Wolff, der nach der Novemberrevolution 1918 politisch anders dachte als Reinhold, stieg bereits im April 1919 wieder aus dem Verlag aus.

Der Hyperion-Verlag – Bibliophilie und Weltliteratur

Ein längeres Engagement Wolffs galt dem Hyperion-Verlag, dessen umfangreiches Lager und zahlreiche Verlagsrechte er am 1. Juli 1917 erwarb. Der Verlag war 1906 von Hans von Weber in München gegründet worden. Er stand am Anfang noch stark in der Sphäre des Fin de Siècle und des Jugendstils, brachte zunächst erotische Literatur des Barock und Rokoko, Übersetzungen von André Gide und Paul Claudel, zeitgenössische russische und englische Literatur, wobei ein Hang zum Exzentrischen, zum Spukhaft-Grotesken und der erotische Einschlag unverkennbar waren. In der Zeitschrift *Hyperion* erschienen unter der Redaktion von Franz Blei erstmals Arbeiten einiger junger Dichter, die später Wolff-Autoren wurden: Kafka, Brod, Sternheim und Carl Einstein. Der Verlag wurde 1913 mit dem Julius Zeitler Verlag fusioniert, der ein ähnlich bibliophiles Programm der Weltliteratur herausbrachte. Auch in diesem Verlag ist der beratende Einfluss Franz Bleis unverkennbar, der auch während der Ära Wolffs erneut für den Hyperion-Verlag tätig wurde.

Wenn es schien, dass Wolff mit dem entschlossenen Verkauf seiner kostbaren Bibliothek 1912 einen Schlussstrich unter eine bibliophile Jugendentwicklung gesetzt habe, so setzte er diese Neigung nun im Hyperion-Verlag verlegerisch um. Seine Sammelleidenschaft verschob sich, seitdem er selbst kostbare und seltene Bücher des 18. und 19. Jahrhunderts verlegte, auf die Inkunabeln des 15. und 16. Jahrhunderts, die er vor allem während der Inflationszeit in beachtlichem Umfang zusammentrug.

Es kam Wolff zustatten, dass gegen Kriegsende die Flucht in Sachwerte begann und das Publikum teure Bücher in größerem Umfang als bisher kaufte. 1918, als Materialien für bibliophile Herstellung kaum noch aufzutreiben waren, konnte Wolff auf ein umfangreiches Lager mit Beständen zurückgreifen, was den neuen Start erleichterte. Das Geschenkbuchprinzip war Leitlinie und richtete sich überwiegend an ein traditionelles bürgerliches Lesepublikum. Der Verlag bot außerdem eine Auswahl »galanter Literatur« und »Liebeslyrik« an. 1919 trat Lothar Mohrenwitz – der spätere Gründer der literarischen Agentur Mohrbooks in Zürich – als Verlagsleiter und Partner Wolffs in die Firma ein.

Unter seiner Leitung erlebte der Hyperion-Verlag eine zweite Blütezeit; vor allem baute Mohrenwitz das Kunstprogramm des Verlags aus, das sich, wie auch die literarische Abteilung, immer mehr dem

Programm des Kurt Wolff Verlags näherte. Das zwischen 1904 und 1918 verlegte Konglomerat aus Kunst- und Kulturgeschichte, Erotica, Schauerliteratur, Kuriosa, Luxusdrucken und illustrierten Ausgaben europäischer Literatur wurde stärker in Reihen gegliedert und der Akzent auf skandinavische und östliche Literatur verlegt. In der von dem schwedischen Erzähler und Dramatiker Gustaf af Geijerstam begründeten *Skandinavischen Bibliothek* berührten sich erstmals der Kurt Wolff Verlag und der Hyperion-Verlag. 1922 erschienen im Kurt Wolff Verlag zwei Romane Knut Hamsuns, eine fünfbändige Ausgabe der Romane Strindbergs jedoch in der *Skandinavischen Bibliothek*. Wie der Kurt Wolff Verlag wurde der Hyperion-Verlag mehr und mehr Kunstverlag. Es erschienen eine achtbändige Entwicklungsgeschichte des Stils, kunstgeschichtliche Arbeiten von Wilhelm Hausenstein, Bücher über italienische und spanische Plastik vom 15. bis 18. Jahrhundert, Publikationen, die schon deutlich auf das Programm des Verlags Pantheon Casa Editrice hinweisen. Es erschienen Mappenwerke und Originalgraphiken von Alfred Kubin, Otto Mueller, Karl Schmidt-Rottluff, Max Pechstein und Max Unold.

Nach dem Ausscheiden von Mohrenwitz 1924 erlitt der Hyperion-Verlag das gleiche Schicksal wie die anderen Unternehmen Wolffs. Es wurde kaum noch produziert, und die Bestände wurden allmählich ausverkauft. Ausgenommen blieb nur *Die kleine Jedermannsbücherei*, eine bunte Sammlung von literarischen Kurzformen der Weltliteratur und Auszügen aus Künstler- und Musikerschriften. 1927 wurde die Produktion des Hyperion-Verlags eingestellt, 1929 übernahm Peter Reinhold den Verlag. 1936 verkaufte Reinhold den Verlagsnamen an Hermann Luft, der den Verlag nach dem Krieg in Freiburg im Breisgau weiterführte. Als Label existiert der Verlagsname heute noch.

Von der Revolution zur Inflation – Der politische Expressionismus

Die Jahre von der Novemberrevolution 1918 bis zum Ende der Inflation im November 1923 waren die letzten fünf Jahre literarischer Bedeutung des Kurt Wolff Verlags. In diesen Jahren wandelte sich der Verlag zunehmend in einen Verlag europäischer Literatur mit einem ausgedehnten Kunstprogramm.

Der Begeisterungswelle, die 1914 die Nation in den Kriegstaumel gerissen und auch die Intellektuellen ergriffen hatte, folgte 1918 eine Welle der politischen Solidarisierung der Expressionisten im Aktivismus und Sympathien mit kommunistischem, bolschewistischem und sozialistischem Gedankengut. Wolff erwies sich hier durchaus als mit der Zeitströmung schwimmend. Wie seine Verlegerkollegen Paul Cassirer, Gustav Kiepenheuer, Ernst Rowohlt oder sogar S. Fischer schwenkte er jedoch rasch wieder um, schneller als die Autoren, deren Schriften manchmal erst erschienen, als die Verleger bereits in eine distanzierte Opposition zur Revolution getreten waren.

Wolff, der ja noch bis 1918 den Anschluss an den Darmstädter Hof gesucht hatte, war von seiner bürgerlichen Herkunft her alles andere als ein mit dem Proletariat sympathisierender, eine »Krethi-und-Plethi-Verbrüderung« herbeisehnender Sozialist. Er verstand sich vielmehr – wie die meisten Expressionisten – als elitärer Vermittler einer wahren Menschlichkeit, zu der er verlegerisch beitragen wollte. Er huldigte vorübergehend einem politisch unreflektierten Edelsozialismus, der sogar dazu führte, dass er im Frühjahr 1919 seinen Verlag »sozialisieren« wollte. Allerdings blieben die Verlagsbeziehungen zu politischen Aktivisten wie Kurt Hiller oder Anarchisten wie Erich Mühsam und Revolutionären wie Ernst Toller nur Episode.

Die Kassandrarufe vom Tod des Expressionismus, die von Ivan Goll, René Schickele und Kasimir Edschmid 1920 und 1921 ausgestoßen wurden, bestätigten sich zuerst im Kurt Wolff Verlag. Während Paul Steegemann in Hannover gerade begann, Dadaismus, Expressionismus und Surrealismus in den *Silbergäulen* zu sammeln und den Expressionismus in die Provinz zu tragen, wurden in München bei Wolff die Akten geschlossen. Schon 1920 wurden vom *Jüngsten Tag* nur noch vier neue Bändchen herausgegeben,

Ernst Toller, Ferdinand Hardekopf und Rudolf Kayser schlossen 1921 die Reihe und damit die mit dem *Jüngsten Tag* begonnene expressionistische Ara im Kurt Wolff Verlag im wesentlichen ab.

Haupteinnahmequelle des Verlags in den Inflationsjahren 1921–1923 wurden vor allem das Werk Rabindranath Tagores, die Dramen Fritz von Unruhs, die Bücher von Franz Werfel und überraschenderweise die bibliophilen Ausgaben des Kurt Wolff Verlags und des Hyperion-Verlags, da das Publikum diese Editionen als Sachwerte betrachtete, die nicht von der Inflation bedroht waren.

Der Kampf des Verlags mit der Inflation und die zu spät einsetzende und dann aus Resignation unterlassene Suche nach jungen deutschen

Schriftstellern führten zu einem anhaltenden Exodus der Autoren aus dem noch vor wenigen Jahren so magnetisch wirkenden Zentrum des Expressionismus, das sich nur noch im Bereich der bildenden Kunst und mit Gesamtausgaben europäischer Literatur wenige Jahre am Leben erhielt.

Nach dem Umzug nach München gab Wolff seinem Verlag mit dem prunkvollen Verlagshaus in der Luisenstraße 31 auch äußerlich das Ansehen eines breitangelegten Kunst- und Literaturverlags, zu dem er sich Anfang der Zwanzigerjahre entwickelte. Gelehrte und Künstler verschiedenster Provenienz waren in den kommenden Jahren Gäste des Verlags, und die Vorträge und Einladungen im Vortragssaal des Georg-Hirth-Hauses sicherten dem Verlag eine herausragende Stellung im kulturellen Leben der Stadt.

Der Verlag ernährte inzwischen etwa 100 Mitarbeiter, wenn man die freien Mitarbeiter und die Auslieferung hinzurechnet. Der bereits 1917 als Herstellungsleiter in den Verlag gekommene Hans Mardersteig beriet Wolff bei der Kunstproduktion, Georg Heinrich Meyer kümmerte sich in der Verlagsleitung vor allem um die Werbung, Arthur Seiffhart um Herstellung und Vertrieb. Ende 1920 trat Daniel Brody, der spätere James-Joyce- und Hermann-Broch-Verleger im Rhein-Verlag, als Verlagsdirektor ein. Der mehrsprachige Brody kümmerte sich neben seiner Aufgabe als kaufmännischer Berater Wolffs vor allem um das fremdsprachige Lektorat.

Diese Beratung war dringend nötig, denn die finanziellen Schwierigkeiten des Verlags waren so erheblich, dass Wolff im Februar 1921 den Verlag in eine Aktiengesellschaft umwandelte, um frisches Kapital einzusammeln. Pläne, den Verlag mit dem S. Fischer Verlag zu fusionieren, zu denen vor allem Gerhart Hauptmann und Jakob Wassermann ihrem Verleger S. Fischer rieten, scheiterten im letzten Augenblick an den dynastischen Vorstellungen Fischers, der seinen Verlag von einem Familienmitglied fortgeführt sehen wollte.

Ab August 1921 brachte die steigende Inflation den Buchmarkt völlig durcheinander. *Der neue Roman*, der am 1. November 1921 broschiert noch 18 Mark kostete, musste im Oktober 1922 für 500 Mark verkauft werden. Im Februar 1923 stieg der Preis auf 10.000–12.000 Mark. Ende August betrug er bereits 5 Millionen. Stärker noch als die Verlage waren die Autoren betroffen: Wenn sie ihr vereinbartes Honorar erhielten, hatte es seinen Wert bereits so gut wie verloren.

Wolff, der an der politischen Situation Deutschlands im Sommer

1923 verzweifelte und erwog, Frau und Kinder in die Schweiz zu bringen, verlegte zur Zeit der Ruhrbesetzung und der höchsten chauvinistischen Wogen in Deutschland nach dem Krieg Romain Rolland und Frans Masereel und dokumentierte damit noch einmal seine pazifistische, europäische Gesinnung. Zwar fing sich die labile Republik wieder, doch als Wolff 1924 in der konsolidierten Atmosphäre seinen Verlag neu ordnete, hatte er sich von der deutschen Literatur im wesentlichen abgewandt.

Der Kunstverlag

Kurt Wolff hatte sich seit je neben der als väterliches Erbe übernommenen Leidenschaft für Musik auch für die bildenden Künste interessiert. Im beruflichen Bereich blieb das Interesse für Kunst jedoch zunächst spielerische Liebhaberei und eng mit den bibliophilen Neigungen gekoppelt. Zwar waren schon in der Zeit der Zusammenarbeit mit Rowohlt einige Mappenwerke von Emil Preetorius und in den nächsten Jahren Originalgrafiken von Richard Seewald, Ludwig Meidner und anderen erschienen, doch erst 1917/18 wurde eine eigene Kunstabteilung im Kurt Wolff Verlag gegründet. Der Anstoß kam von dem jungen Kunsthistoriker Carl Georg Heise und dessen Freund Hans Mardersteig. Mardersteig übernahm die herstellerische Leitung des Kurt Wolff Verlags, bis er Ende 1921 aus gesundheitlichen Gründen den Verlag verlassen musste. Thematisch bestimmten die beiden das Kunstprogramm und vor allem die Zeitschrift *Genius*, die von 1919 bis 1921 insgesamt sechsmal als Halbjahresschrift erscheinen konnte. Literarisch eher zufällig und weniger bedeutend, versammelte sie die führenden Kunsthistoriker der Zeit: Ludwig Curtius, Wilhelm Worringer, Wilhelm Pinder, Wilhelm Hausenstein, Max Sauerlandt und andere. Die wichtigsten expressionistischen Künstler und ihre Vorläufer – Emil Nolde, Ernst Barlach, Paul Czanne, Vincent van Gogh, Ferdinand Hodler, Oskar Kokoschka, Georg Kolbe, August Macke, Franz Marc, Henri Matisse, Edvard Munch, Henri Rousseau und Richard Seewald – waren im *Genius* vertreten.

Nach dem Ausscheiden von Mardersteig und Heise 1921 wurde die Zeitschrift eingestellt. Beide blieben aber weiter Berater Wolffs für das Kunstprogramm des Verlags. Wolff musste allerdings bald feststellen, dass namhafte Künstler und Kunsthistoriker bereits an andere Verlage gebunden waren und seine Veröffentlichungen über zeitgenössische Kunst eher zufällig blieben. Er konzentrierte ab 1924 seine Kräfte deshalb in dem großen internationalen Kunstverlag Pantheon Casa Editrice in Florenz.

Pantheon Casa Editrice S.A.

Wolffs Pläne, einen separaten internationalen Kunstverlag in Italien zu gründen, gehen bis in die Inflationszeit zurück. Bewusst wählte Wolff eine der kunsthistorisch bedeutendsten Städte, Florenz, als Verlagssitz. Italien, ein an Kunstschätzen überreiches europäisches Land, das auch nicht die politische Hypothek Deutschlands trug, den Krieg verschuldet zu haben, sollte dem Verlag, der zu einem großen Teil auf Auslandsabsatz bedacht war, ein internationales Flair geben.

1924 unternahm Wolff eine mehrwöchige New-York-Reise und organisierte eine Ausstellung des Kurt Wolff Verlags. Es gelang ihm, unter den Bibliophilen und Kunstmäzenen der amerikanischen Hochfinanz den Bankier Edgar Speyer und den großen Kunstmäzen Otto H. Kahn zur Zeichnung von insgesamt 300.000 Lire zu bewegen. Wolff ging bei seiner Verlagsidee davon aus, dass für Kunstpublikationen stärker noch als für die nationalen Literaturen ein internationaler Markt vorhanden sein müsse. Deshalb sollten die Produktionen des neuen Verlags exklusiv aufgemacht und von internationalen Kunstwissenschaftlern herausgegeben werden. Es gelang ihm, ein Kuratorium namhafter Kunsthistoriker zu gewinnen, darunter Bernard Berenson, Wilhelm von Bode, Arduino Colasanti, Wilhelm R. Valentiner, Adolfo Venturi, Paul Vitry und Heinrich Wölfflin.

So kühn und neu der internationale Verlagsstil in diesen Jahren war, so wenig nahm Wolff die Chancen des internationalen Marktes wahr. Er druckte seine mit je 100 Lichtdrucken ausgestatteten Bücher nicht in hohen Auflagen (die, besonders unter Hinzufügung der jeweiligen Übersetzung, den Druck verbilligt hätten), sondern wahrte einen exklusiven Charakter durch hochpreisige Kleinauflagen in italienischer, französischer, spanischer, englischer und deutscher Sprache. Deshalb wurde Hans Mardersteig, der inzwischen in Italien seine Officina Bodoni unter dem Namen Giovanni Mardersteig betrieb und kostbare Handpressendrucke herstellte, mit der Produktionsüberwachung beauftragt. Selbst die von Mardersteig gedruckten Werbeprospekte wurden zunächst nur in einer Miniauflage von 300 Stück an ausgewählte Interessenten international verschickt.

Die Kapitalbasis reichte nicht aus, deshalb entschloss Wolff sich im Frühjahr 1926, seine Inkunabel-Sammlung zu verkaufen. Erst in diesem Jahr konnten die ersten Bände gedruckt werden, da die Vorbereitungszeit für die neuen, mehrsprachigen Publikationen mehrere Jahre dauerte. So erschienen zunächst Übernahmen aus dem Kurt Wolff Verlag, etwa die sechs Bände *Deutsche Plastik in Einzeldarstellungen.* Der Kurt Wolff Verlag war bis 1930 die deutsche Vertriebsfirma der Pantheon-Bücher, die französische und englische Auslieferung besorgte die Pegasus Press in Paris, deren Inhaber, John Holroyd Reece, Teilhaber am Pantheon-Verlag wurde, die amerikanische Auslieferung übernahm Harcourt, Brace & Co., New York. In den Jahren 1926 bis 1930 erschienen 23 Werke über die deutsche, englische und spanische Buchmalerei verschiedener Jahrhunderte und Monografien, deren Texte und Bildauswahl von Gelehrten stammten, die internationalen Ruf genossen. Der Zeitpunkt für dieses aufwendige Unternehmen war jedoch falsch gewählt, die zwischen 40 und 385 Mark (in der deutschen Ausgabe) teuren Prachtbände ließen sich nicht absetzen (zum Vergleich: Die gebundenen Bände des *Neuen Romans* kosteten zu dieser Zeit 3,50 Mark). Die Weltwirtschaftskrise im Oktober 1929 stellte die Fortführung in Frage. Wolff musste im Frühjahr 1930 ausscheiden und seine Anteile mit Verlust an den Partner Holroyd Reece verkaufen.

Der Niedergang des Kurt Wolff Verlages

Dem Kurt Wolff Verlag der Jahre 1924 bis 1930 war kein Erfolg mehr beschieden. Die bereits Anfang der Zwanzigerjahre von Literaturkritikern beklagte allgemeine »Dürre« in der deutschen Literatur hatte auch andere Verleger veranlasst, sich an fremdsprachiger Literatur zu orientieren, und konkurrierende parallele Ausgaben europäischer Literatur häuften sich. Im Kurt Wolff Verlag erschienen Gesamtausgaben der drei Naturalisten Guy de Maupassant, Émile Zola und Charles Louis Philippe und die Bücher des Nobelpreisträgers und Pazifisten Romain Rolland, dessen Romane die einzigen langjährigen Erfolge des Verlags nach der Inflation blieben. Der Versuch, Balzac zu verlegen, scheiterte nach dem ersten Buch, dafür feierte Rowohlt in seinem Berliner Verlag mit einer Balzac-Gesamtausgabe in den Zwanzigerjahren Triumphe. Die Wolffsche Zola-Gesamtausgabe, die dagegen antreten sollte, hatte weniger Erfolg, zumal der Berliner Verleger Benjamin Harz 1923 eine fünfzehnbändige Konkurrenzausgabe des Zolaschen Hauptwerks, *Die Rougon-Macquart*, herausgegeben hatte.

Von der Amerikareise des Jahres 1924 brachte Wolff die Idee einer Reihe *Amerika-Bücher* mit; es erschienen allerdings bis 1927 nur sechs Bände. Der bedeutendste Erwerb waren die beiden Romane *Babbitt* und *Dr. med. Arrowsmith* von Sinclair Lewis. Rowohlt, der mit Hemingway, Faulkner und Thomas Wolfe die führenden amerikanischen Autoren gewinnen konnte, warb schließlich auch Lewis bei Wolff ab.

Ab 1925 wurde es immer stiller um den Verlag. Im April 1928 erschien in der *Neuen Bücherschau* noch einmal ein kritisches Porträt des Verlags, in dem der Journalist Klaus Herrmann bemängelte, dass Wolff in den unmittelbar zurückliegenden Jahren Bücher herausgebracht habe,

> »deren Notwendigkeit nicht zu erkennen ist: Neuausgaben von de Coster, nicht immer gut gemachter Unterhaltungskitsch, Kunstpublikationen, die aus dem Rahmen dieses in der Hauptsache literarischen Verlages fallen. Dafür sind zwei junge Autoren vertreten, Joseph Roth und Paula Schlier, die den Willen des Verlages erkennen lassen, nach dem Abflauen des Expressionismus […] mitzuhelfen an dem Aufbau einer neuen, wirklichkeitsnahen Dichtung.«[20]

Herrmann gab damit ein treffendes Bild der öffentlichen Meinung wieder, die dem Verlag immer noch das Etikett anheftete, der literarische Verlag des Expressionismus gewesen zu sein.

Die nüchterne Produktionsstatistik zeigt den raschen Niedergang des Kurt Wolff Verlags. 1926 erschienen nur noch 14 Publikationen, 1927 13, 1928 waren es neun Bücher, und für das Jahr 1929 lässt sich lediglich ein einzelnes, möglicherweise sogar vordatiertes Buch ermitteln. Dann lieferte der Verlag nur noch aus. Der fortschreitende Zerfall, die Aushöhlung des literarischen Programms durch Anpassung an den breiten Publikumsgeschmack sind unübersehbar. Nur Franz Kafkas Werk hielt der Verleger Wolff auch nach dessen Tod unbedingte Treue und verlegte 1926 und 1927 dessen Nachlassromane. Sonst ist das Programm von Büchern über Astrologie, Unterhaltungsliteratur, Büchern für Feinschmecker und Fotobänden geprägt.

---

[20] Klaus Hermann: *Deutschland im Spiegel seiner Verleger. Der Kurt Wolff Verlag*. In: *Die Neue Bücherschau*, 6. Jg., 4. Heft, April 1928, S. 199.

Die Resignation angesichts der Entwicklung des literarischen Lebens in Deutschland, die Wolff bereits während der Inflationszeit befallen hatte, vermochte er auch in den letzten Jahren seiner verlegerischen Tätigkeit in Deutschland nicht mehr zu durchbrechen. Seit 1926 beschäftigte Wolff nur noch einen Hersteller und hatte kein ständiges Lektorat mehr.

Lothar Mohrenwitz hatte sich bereits 1924 aus der Geschäftsführung zurückgezogen und sein Kapital mitgenommen. Daniel Brody war Ende 1925 ausgeschieden, und um dessen Geschäftsanteile zu übernehmen, musste Wolff Immobilien verkaufen.

Der Verlag wurde außerdem durch die ersten Anzeichen der Wirtschaftskrise mehr und mehr bedrängt. Viele Buchhändler meldeten Konkurs an, und die hohen Außenstände mussten abgeschrieben werden. Der Verlag war deshalb in den Jahren 1927 bis 1929 zunehmend damit beschäftigt, durch Abstoßen von Rechten und Lagerbeständen an andere Verlage und Einsatz von Wolffs Privatvermögen den drohenden Konkurs abzuwenden.

Das Jahr 1929 brachte dem nun zweiundvierzigjährigen Verleger die entscheidenden Schicksalsschläge, die den endgültigen Entschluss reifen ließen, den Verlag zu liquidieren. Eine der engsten Vertrauten dieser Jahre, die Schwiegermutter Clara Merck, starb überraschend, Elisabeth Wolff erkrankte lebensgefährlich, die Ehe wurde 1929 getrennt. Wolff überließ die Verlagsführung Arthur Seiffhart, der mit vier Angestellten die Auslieferung weiterführte.

Das Scheitern im Privaten, die hereinbrechende Wirtschaftskrise im Oktober 1929 und der Misserfolg im Pantheon-Verlag ließen keine Hoffnung mehr. Wolff, der sich während ausgedehnter Reisen über seine weitere Zukunft klarzuwerden versuchte, zog sich im Sommer 1930 zu Freunden in ein Sanatorium in Mecklenburg zurück. Von dort schrieb er an Werfel, warum er den Verlag nach zwanzigjähriger Tätigkeit ganz aufgeben wolle:

> »Mag ichs nun lediglich durch eigenes Verschulden falsch angefaßt haben, mag ich Pech gehabt haben […], Tatsache ist, daß ich mich in den letzten sechs Jahren praktisch und materiell an diesem Verlag aufgerieben, verblutet habe. […] Was ich privat hatte, ist zugesetzt, von Frau Elisabeths nicht großem Vermögen ein nicht unerheblicher Teil. […] entschlußlos einen als unhaltbar erkannten Interimszustand fortzuführen scheint mir unwürdig und sinnlos.«[21]

[21] Wolff an Werfel, Brief vom 23.6.1930, Zeller/Otten,S. 352.

Wolff vermied es im Gegensatz zu anderen Verlegern, durch seine Zahlungsschwierigkeiten während der Weltwirtschaftskrise in Abhängigkeit von Gläubigern, Druckern und Buchbindern zu geraten.

> »Was jetzt geschieht? [...] ich verkaufe soweit aus, daß wir schuldenfrei werden (was jetzt schon eigentlich der Fall ist), [...] und dann wird es sich zeigen müssen, ob sich jemand findet, der Lust hat, den verbleibenden Kern des Verlages [...] wieder neu auf- und auszubauen.«[22]

Der Käufer fand sich, wie beim Hyperion-Verlag und dem Verlag der Weißen Bücher, in dem Schwager Peter Reinhold, der den Torso 1931 übernahm und 1933 in Berlin als Fusion mit dem Verlag Der Neue Geist bescheiden weiterführte. 1940 wurde der Berliner Kurt Wolff Verlag in Genius-Verlag umbenannt, produzierte aber seit 1942 nicht mehr und erlosch endgültig im Jahr 1946.

Die Jahre 1931 und 1932 verbrachte Wolff auf Reisen, meist im Ausland lebend. Neue berufliche Pläne wie die Übernahme einer Rundfunkintendantur in Berlin zerschlugen sich aus politischen Gründen. Kurz nach dem Reichstagsbrand, in der Nacht zum 2. März 1933, verließ der Verleger Deutschland für immer. Auch nach dem Krieg kehrte er nur zu Besuchen zurück.

Mit 43 Jahren stand Kurt Wolff am Ende einer glanzvollen Karriere, die ihm die wichtigste verlegerische Position im literarischen Leben des Expressionismus eingebracht hatte. Mit 54 gelang es ihm – nach elfjährigem Privatisieren im europäischen Exil – in den USA noch einmal, zusammen mit seiner zweiten Frau Helen Wolff, einen neuen Verlag für Weltliteratur, aber auch für internationale Literatur der Gegenwart aufzubauen, Pantheon Books, Inc., für den er Anne Morrow Lindberghs *Gift from the Sea* und Boris Pasternak mit seinem Weltbestseller *Doctor Zhivago* entdeckte und die englischsprachigen Rechte an der *Blechtrommel* von Günter Grass noch aus den Fahnen heraus erwarb.

Auch im Alter zeigten sich Wolffs ungebrochene literarische Neugier und sein Spürsinn für neue Literatur, die seine hervorstechendsten Eigenschaften als Verleger waren. In seinen letzten beiden Lebensjahren widmete er sich gemeinsam mit seiner Frau dem Verlagsimprint *Helen and Kurt Wolff Books* bei Harcourt, Brace & World, in dem die beiden Verleger von neuem Bücher deutscher, französischer und amerikanischer Autoren verlegten. Zu den ersten Autoren gehörten Karl Jaspers, Josef Pieper, Karl von Frisch und Peter Weiss.

[22] a.a.O.

Die Renaissance des Expressionismus nach dem Krieg und seinen Ruhm, der entscheidende verlegerische Förderer dieser Literatur gewesen zu sein, hat Wolff mit gemischten Gefühlen und eher abwehrend miterlebt. Er wollte sein verlegerisches Werk nicht auf die wenigen Jahre einer literarischen Ara festgelegt wissen.

Im Oktober 1963 fuhr der inzwischen sechsundsiebzigjährige Verleger nach Marbach am Neckar, um im Deutschen Literaturarchiv die dortigen Sammlungen literarischer Zeugnisse des Expressionismus zu besichtigen und sich mit Freunden zu treffen. Er starb, noch ehe er diese Dokumente gesehen hatte, am 21. Oktober 1963 bei einem Autounfall in Ludwigsburg. Auf seinem Nachttisch im Hotel lag der Katalog der Marbacher Expressionismusausstellung.

Dieser Beitrag erschien erstmals in: *Kurt Wolff. Ein Literat und Gentleman.* Hg. von Barbara Weidle, Bonn 2007, S. 11–42. Begleitbuch zur gleichnamigen Ausstellung im August Macke Haus, Bonn, 10. Mai–9. September 2007. Er wurde für das vorliegende Jahrbuch überarbeitet.

Literatur in Bayern

Bernhard Gajek

»Liebstes Kätzlich ... Dein Lucke«

Briefe, Postkarten und Urkunden zu Ludwig Thomas Ehe und Scheidung und Marions dritter Ehe

A. Der Anlass

I. Auch Briefe haben ihre Schicksale

Im Herbst 2010 und 2012 teilte ein mir bis dahin nicht bekannter, in Italien lebender Herr mit, er besitze mehrere Handschriften Ludwig Thomas – zwei Briefe und neun Postkarten – und suche nach entsprechenden Interessenten. In den anschließenden Schreiben stellte er sich als gebürtigen Münchner vor, dessen Vater – Jurist im Dienst der Bayerischen Hypotheken- und Wechselbank – die geschiedene Ehefrau Ludwig Thomas – Marion Thoma – gelegentlich beraten habe:

> »Mein Vater ist im August 1912 in Würzburg geboren. Er war Jurist und ist nach seiner Rückkehr aus der Kriegsgefangenschaft bei der Hypo-Bank [in München] in die Rechtsabteilung eingetreten, wo er bis zu seinem frühen Tod ... im Jahre 1974 blieb. Erst wurde er Prokurist und später Justitiar der Hypo-Bank. Er war also kein niedergelassener Rechtsanwalt, sondern kümmerte sich nebenbei um die Angelegenheiten von Frau Thoma. Wie die Beziehung zu Frau Marion entstanden ist, weiß ich nicht, noch weiß ich, in welchen Jahren sie bestand. Soweit ich mich erinnere, hat jedoch die Beratung geraume Zeit angehalten ... Ich glaube, die Beratung deckte verschiedene Bereiche ab, unter anderem ... ging es einmal um Eigentumsfragen im Immobilienbereich. Ob die Überlassung der Schreiben von Ludwig Thoma die einzige Vergütung für seine Dienste war, ist mir nicht bekannt ... Wenn ich jetzt zurückdenke, fällt mir ein, dass mein Vater oft nach Hause kam und erzählte, dass er bei Frau Marion gewesen war; ich war allerdings noch zu klein, um zu verstehen, in welcher Sache er ihr beigestanden hat. Ich kann mich allerdings erinnern, dass er von Korrespondenzmaterial sprach, das er von Frau Thoma, ich glaube sogar als Entgelt, bekommen hatte; er unterzeichnete auch – am 27. April 1961 – Marions Verfügung ›im Falle eines Unfalls, schwerer Erkrankung‹ oder im Todesfall.«

Marion Thoma starb am 14. September 1966 – 87jährig – im Altersheim an der Agnes-Bernauer-Straße in München; dort hatte sie seit dem 20. September 1957 gewohnt. Am 16. September 1966 brachte die *Münchner Abendzeitung* einen Nachruf.[1] Die oben angeführte Beratung dürfte sie zwischen diesen Daten erfahren haben.

Marion Thoma ist als Ehefrau Ludwig Thomas bekannt geworden; sie war seit dem 26. März 1907 mit ihm verehelicht. Vier Jahre später – am 30. Juni 1911 – wurde die Ehe zu Lasten Ludwig Thomas geschieden. Die Einzelheiten des Scheidungsurteils werfen ein besonderes Licht auf diese Ehe und die Eheleute. Es galt bisher als nicht greifbar. – Die durchweg übernommene Angabe Richard Lemps, »Thomas Ehe wird aus Verschulden der Ehefrau gerichtlich geschieden« (S. 25), ist nun zu berichtigen. Lemps herausragendes Buch ist nach wie vor das Zentrum der Ludwig-Thoma-Forschung.[2]

Wir teilen dieses Urteil daher im Anhang mit – ebenso jenes, wodurch auch Marions dritte Ehe am 13. April 1933 geschieden wurde; es trägt den Vermerk, dass die geschiedene Frau »ihren vorehelichen Familiennamen ›Thoma‹ wieder angenommen« habe.

Zweifellos hat jener Münchner Justitiar Ludwig Thomas Ehefrau unter dessen Namen kennen gelernt. Sie legte Wert darauf, als Witwe des im August 1921 verstorbenen Dichters erkannt und mit »Frau Dr. Thoma« angesprochen zu werden.

II. Marion Thoma und Maidi von Liebermann

Diese Anrede war auch eine Geste der Abgrenzung, ja Feindseligkeit gegen Maidi von Liebermann – die Frau, die Ludwig Thoma im August 1918 wieder getroffen und der er sich in aller Leidenschaft und in Glück, Schmerz und Verzweiflung zugewandt hatte. Am 26. August

---

1 Martha Schad: *Ludwig Thoma und die Frauen*. Regensburg 1995, S. 130. – Dort, S. 120, ein undatierter, in Riessersee geschriebener Brief Marions an Thoma als Faksimile; die Handschrift wirkt dekorativ-ausgeschrieben und individuell. – Der Personalbogen zu Marion Thoma (»Familien 1113«) befindet sich im Stadtarchiv München, dem für die Abdruckgenehmigung gedankt sei.

2 Richard Lemp: *Ludwig Thoma. Bilder, Dokumente, Materialien zu Leben und Werk*. München 1984, S. 24.

1921 starb er, bevor Maidi ihre eigene Ehe mit Willy Ritter Liebermann von Wahlendorf hatte lösen können.[3]

Bald danach kam es zwischen Maidi und Marion zum Rechtsstreit: Marion hatte Walther Ziersch, einen mit Thoma lose befreundeten, von Köln nach München gekommenen Jagdgenossen, Juristen und Literaten, ihre von Thoma erhaltenen Briefe zur Veröffentlichung übergeben. Die Darstellung als die einzige Ehefrau des Dichters und die Einnahmen aus der Publikation waren ihr wohl gleich wichtig. Sie bezeichnete sich als »arm« und des Honorars bedürftig – wohl zu Recht, denn jene zweihunderttausend Mark, die Maidi von Liebermann ihr durch Thomas Testament hatte ausbezahlen müssen, waren durch die Inflation bald aufgezehrt.[4]

Marion hatte einem anderen Thoma-Freund, dem Rosenheimer Gymnasialprofessor Josef Hofmiller, schon 1926 vierzig Thoma-Briefe überlassen, um in den *Ausgewählten Briefen* gewichtig vertreten zu sein. Doch dort erschienen nur acht; an Maidi von Liebermann dagegen waren es sechsundfünfzig.[5]

Marion Thoma und Walther Ziersch obsiegten in dem genannten Rechtsstreit – dank der Hilfe des Münchner Justizrates Karl Rudelsberger – und Thomas Briefe an Marion durften ausgeliefert werden.[6]

Das Gericht führte den Unterschied zwischen »literarischen«, d. h. »kunstvoll gesteigerten« und innerhalb des Alltagsstils gehaltenen Mitteilungen an; diese könnten weder öffentliches Interesse noch Rechtsschutz begründen.[7]

Diese Überleitung sei erlaubt, weil die nun aufgetauchten Briefe in den Briefausgaben gekürzt und die Postkarten gar nicht gedruckt sind. Sie führen von der ersten, stürmischen Bekanntschaft zu jener engen, wahrscheinlich auch weiterhin vertraulichen Beziehung, die die ge-

---

3 Willy Ritter Liebermann von Wahlendorf: *Erinnerungen eines deutschen Juden*. Hg. und mit einem Nachwort von Ernst Reinhard Piper, München 1988.

4 Das – handschriftliche – Testament ist bei Lemp, S. 163, wiedergegeben.

5 Ludwig Thoma: *Ausgewählte Briefe*. Hg. von Josef Hofmiller und Michael Hochgesang, München 1927.

6 Ludwig Thoma, *Die Geschichte seiner Liebe und Ehe. Aus Briefen und Erinnerungen*. Hg. von Walther Ziersch, München 1928.

7 Bernhard Gajek: *Maidi von Liebermanns Klage wegen Ludwig Thomas Briefen an Marion Thoma. Beispiele und Überlegungen zum Verhältnis von Urheberrecht und Personen im frühen 20. Jahrhundert*. In: *Europäische Begegnungen. Beiträge zur Literaturwissenschaft, Sprache und Philosophie*. Festschrift für Josef Kohnen. Hg. v. Susanne Craemer, Enrica Yvonne Dilk, Heinz Sieburg und Ferdinand Stoll. Luxemburg 2006, S. 343–357, hier: S. 349f.

schiedenen Eheleute bis kurz vor Thomas Wiedersehen mit Maidi von Liebermann – also bis zum August 1918 – pflegten. Die Intensität der dann abrupt vollzogenen Trennung von Marion entsprach der rauschartigen Annäherung ab Mai 1905.[8]

III. Der Sturm der ersten Jahre

In die Zeit der Faszination von Marion gehört der erste der beiden Briefe. Er ist undatiert, stammt aber zweifellos aus der frühesten Phase der Verbindung. Sie hatte am 6. Mai 1905 begonnen, als Thoma den Abschluss des *Andreas Vöst*, seines ersten Romans, in der Münchner Franz-Joseph-Straße 9/II feierte. Sein Verleger Albert Langen hatte ein Berliner Ehepaar mitgebracht: Georg David Schulz und dessen fünfzehn Jahre jüngere Ehefrau Maria (genannt »Marietta«), geb. Trinidad de la Rosa. Ihre exotische Erscheinung hatte in Berlin Aufsehen erregt: als Diseuse trat sie im *Poetenbänkel Im Siebenten Himmel* auf; auch Erich Mühsam gehörte zu den Autoren. Schulz soll »hugenottenstämmig« gewesen sein. Albert Langen wollte sie beide für die Schwabinger Szene gewinnen.[9]

Auf den Fotos und vor allem den szenischen Porträts, die Max Slevogt von der damals 24jährigen Diseuse Marietta de Rigardo gemalt hat, erscheint eine junge Frau, die sich ihrer Verführungsgabe bewusst ist. Sie wurde 1880 als nichteheliche Tochter des Karl Germann, eines Kaufmanns und zeitweiligen Schweizer Konsuls, und der Margaretha de la Rosa y Grijaldo, einer angeblich aus Spanien stammenden Philippinin, geboren und kam als Kind zum Vater in die Schweiz; ihr Deutsch wurde nach und nach korrekt. In Berlin wurde sie – so im *Berliner Lokal-Anzeiger* vom 8. Januar 1905 – als »Star« des Kabaretts *Poetenbänkel* apostrophiert. Oscar Bie, der Mitherausgeber der

---

8 Grundlegend für dieses Gebiet ist: Gertrud Rösch: *Frauen um Ludwig Thoma. Ein Beitrag zur Biographie des Autors aus seinen Briefen.* Zulassungsarbeit Universität Regensburg, 1985 – hier S. 29–39, und hernach das oben schon genannte Buch von Martha Schad, *Ludwig Thoma und die Frauen.* Regensburg 1995. – Die für die Biografie und Psyche Thomas wichtige Beziehung zu der russisch-jüdischen Familie Herzenstein im Januar/Februar 1913 wurde ausführlich dokumentiert in: Eleonore Nietsch: *Frau und Gesellschaft im Werk Ludwig Thomas.* Frankfurt a. M. 1995, S. 76–90, die Briefe und Fotos S. 381–423.

9 Klaus Budzinski und Reinhard Hippen in Verbindung mit dem Deutschen Kabarettarchiv: *Metzler Kabarett Lexikon.* Stuttgart 1996, S. 35.

anspruchsvollen *Neuen Rundschau*, feierte sie im Mai 1905:

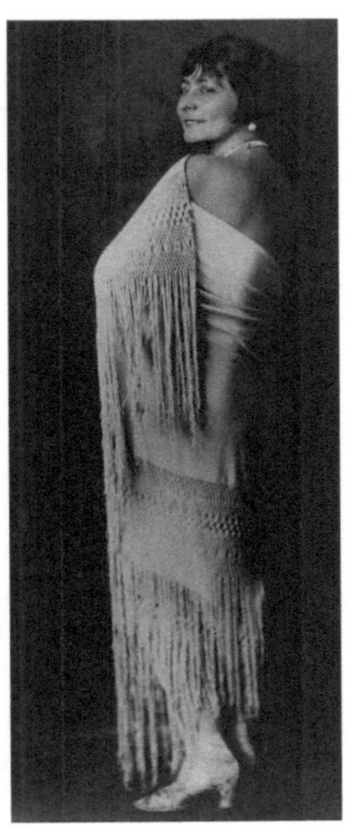

Marietta de Rigardo als Star des Berliner Kabaretts »Das Poetenbänkel Im Siebenten Himmel«, 1905

> »O Marietta, wer deinen schlanken Leib sah, wie er sich, vom grünen Kleide überhaucht, in süßer Lust warf, wer es sah, wie deine braune Haut sich spannte, deine Augen tanzlüstern brannten, der Kopf und die Arme mänadisch sich senkten und hoben in einer unwillkürlichen Harmonie ihrer Rhythmik – der weiß, dass alle Gesetze über die Opposition der Glieder und alle Choreographie der Drehungen vor diesem Zauber des lebendigen Lebens zu Papier werden.«[10]

Die Gemälde, Fotos und Schilderungen helfen zu verstehen, weshalb die damals exotisch wirkende junge Frau den dreizehn Jahre älteren Ludwig Thoma gleichsam überwältigte. Dass dieser einige Jahre zuvor als Rechtspraktikant in München sich seiner Erfolge bei Frauen rühmte, geht aus den Briefen an Jakob Frankl hervor.[11]

Seine Wirkung auf Frauen scheint groß gewesen zu sein. Die Liaison mit Hedwig von Xylander im Frühjahr 1902 sei hier schon erwähnt, weil der Gatte sich im August 1914 dadurch rächte, dass er Thomas Gesuch um Auf-

---

10 Angeführt nach Lemp, S. 97. – Das Porträt ist heute als *Marietta de Rigardo – Darstellerin spanischer Tanzlieder* zusammen mit vorausgehenden Öl-Skizzen in der Dresdner Galerie der Neuen Meister zu sehen. A.a.O., S. 97, ist ein Programm dieser Kleinkunstbühne wiedergegeben; sie ging bald ein – vielleicht auch, weil sie ihren Star verloren hatte. – Dies stellte Gertrud M. Rösch 1985 in ihrer oben genannten Regensburger Zulassungsarbeit: *Frauen um Ludwig Thoma*, S. 14–21, einlässlich dar; dort, S. 43–46, auch Informationen über Thomas erste Frauenbeziehungen in München. – Ebenso informativ ist Martha Schad, S. 70–131; das von Max Slevogt gemalte Porträt ist dort als Umschlagbild und auf S. 97 farbig, zuvor schon bei Lemp, S. 96, wiedergegeben. – Die »Heirat mit dem ›Naturkind‹ Mariette« und die anschließenden Ehejahre sind gerafft dargestellt in: Rösch, Gertrud Maria, *Ludwig Thoma, Der zornige Literat.* Regensburg 2012, S. 65–69, vgl. hierzu auch die schon genannte Zulassungsarbeit derselben Verfasserin, S. 52–60.

11 Ludwig Thoma: *Vom Advokaten zum Literaten. Unbekannte Briefe.* Hg. und kommentiert v. Richard Lemp, München 1979.

nahme ins Militär ablehnte. Schriftliche Zeugnisse für Thomas Sexappeal gibt es kaum; eines sei mitgeteilt:

In der Handschriftensammlung der Münchner Monacensia fand sich ein handgeschriebener, nicht katalogisierter und undatierter Brief an Franziska Gräfin von Reventlow, die als »Schwabinger Gräfin« zwischen 1897 und 1909 zur Münchner Literatenszene gehörte. Die Unterschrift lautet: »Ihre Frau von Ow«. Deren Familie ist alter niederbayerischer Adel; sie beansprucht den mittelhochdeutschen Dichter Hartmann von Aue für sich und spricht daher ihren Namen »Au« oder »Aue«. Die Schreiberin jenes Briefes gestand der Adressatin, sie habe am Vorabend Ludwig Thoma kennengelernt, und dies habe sie so getroffen, dass sie nicht mehr weiterwisse; es sei ihr unmöglich, ohne ihn leben. – Wahrscheinlich hatte Thoma gar nichts bemerkt. In seinen – ungedruckten – Tagebüchern findet sich kein Hinweis. »Frau von Ow« dürfte zu jenen Familienzweigen gehört haben, die um 1900 in Militär und Politik in Bayern und München nachzuweisen sind.

Thoma selbst war im Spätherbst 1901 nach Berlin geflohen – vor einer »unerträglich gewordenen« Beziehung zu einer verheirateten Frau. In seinem Altersroman *Münchnerinnen* stellte er das verschlüsselt und doch deutlich dar – un- oder halbbewusst auch für die ab 1918 umworbene Maidi von Liebermann.[12]

In der deutschen Hauptstadt sonnte er sich in dem beginnenden Ruhm als »Peter Schlemihl« und engagierte sich bei Ernst von Wolzogens *Überbrettl.* Es wurde – am 18. Januar 1901 – u.a. mit Thomas Satire auf Major Lauff eröffnet, und am Ende des Jahres leitete er dort die Aufführung seines derbfröhlichen Einakters *Die Medaille.* Dass er damals auch das *Poetenbänkel Im siebenten Himmel* besucht hat, ist unwahrscheinlich.[13]

Thoma lernte die in Berlin gefeierte Marietta de Rigardo am 6. Mai 1905 in seiner Münchner Wohnung – Franz-Joseph-Straße 9/II – kennen, als er den Abschluss seines ersten Romans, des *Andreas Vöst*, feierte. Schon an jenem Abend verfiel er in einen Amour fou und kämpfte um die dreizehn Jahre jüngere Frau eines anderen. Sie ging schnell auf seine Werbung ein. Er brachte sie mit seinen *Simplicissimus*-Kollegen zusammen und ließ sich mit ihnen und zwischen dem Ehepaar Schulz

---

12 Ludwig Thoma, *Münchnerinnen. Roman.* Textrevision und Nachwort von Bernhard Gajek. München 1984. – Vgl. Schad, S. 58–61.

13 Vgl. Rösch, *Frauen um Ludwig Thoma,* S. 15f.

sitzend fotografieren – so Anfang Juli 1905 beim »Ganghofer-Schießen« in Finsterwald. Auf allen Bildern wirkt Thoma aufs äußerste angespannt. Seine Behauptung, die dortige »Stimmung« könne man »nur mit Lachen und Fingerschnackeln ausdrücken«, wirkt wie eine Selbsttäuschung.[14]

In Wirklichkeit hatte Thoma damals schon einen hitzigen, bald atemlosen Kampf um die exotische junge Frau begonnen. Dem zehn Jahre älteren Freund Ludwig Ganghofer gegenüber rechtfertigte er sich in einem langen, auch heute noch bewegenden Brief:

»ich mache keinen dummen Streich, jetzt nicht. Sie wird mit ihrem Mann friedlich nach Berlin fahren, und wenn sie kann, so sein, wie zuerst ... Aber dass ich diesen Brief schreiben muss, das ist, weil Marietta so viel anders ist, als sie in einer ausgelassenen Laune sich gab ... Du sagtest, an ihr ist alles Natur und echt ... Aber mich nahm ganz etwas anderes gefangen. In diesem Naturkind, das so unbefangen über streng gehütete Begriffe weghüpft, und oft mehr Pariser Spitzen und Wäsche zeigt, als für Kommerzienratstöchter honorable ist, lebt ein so tiefer Ernst, edle Bildung und ein Künstlertum, dass ich – Dir darf ich es gestehen – vor ihr wie vor einem Märchen stand.«[15]

Das war die Rosarotbeleuchtung von Szenen, die Olaf Gulbransson, der norwegische *Simplicissimus*-Zeichner, erheblich verfänglicher schilderte: Marietta habe ihr schon in Berlin erfolgreiches Talent aktiviert und beim Sixbauern in Finsterwald den *Simplicissimus*-Kollegen auf dem Tisch vorgetanzt.

»Ludwig Thoma schaute eine Weile zu, doch dann wurde es ihm zu bunt. Er wollte einen, mit dem sie flirtete, stellen und zum Duell auffordern. Lakonischer Kommentar vom Frauenkenner und ›Simplicissimus‹-Zeichner Ferdinand von Reznicek: ›Dann kannst auch gleich ein Maschinengewehr nehmen.‹«[16]

Zum Kampf um Marietta aber kam es zwischen Finsterwald, München und Berlin. Denn Marietta, die Thoma immer nur Marion

---

[14] An Conrad Haussmann. Finsterwald, 5. Juli 1905. In: Ludwig Thoma: *Ein Leben in Briefen. (1875–1921)*. Hg. v. Anton Keller, München 1963, S. 175, angef. als LB. – Die Fotos in: Lemp, S. 98, und dem von Elisabeth Tworek herausgegebenen Kalender *Literarisches Bayern 2007*: Deckblatt und Foto zur 31. Woche.

[15] An Ludwig Ganghofer, Finsterwald, 21. Juli 1905. LB S. 177f. – Vgl. Rösch, *Frauen um Ludwig Thoma*, S. 23–28, und Schad, S. 70–79.

[16] Dagny Björnson-Langen: *Das Olaf Gulbransson-Buch*. München 1972, S. 101f.

nannte, war nach kurzer Werbung gewonnen; dies ist durch Briefe wie die beiden folgenden sowie die von Ziersch gedruckten und durch Telegramme reichlich belegt. Thoma bereitete wie in Trance Marions Entführung nach München vor. Allerdings behielt er ihren schwer an Tuberkulose erkrankten Ehemann der Scheidung wegen im Auge: Ich »habe wie verabredet zunächst an Schulz 1000 Mk geschickt, welche ihm die Abreise von Berlin ermöglichten. Er sollte den Beweis seines Ehebruchs Mosse [Thomas Berliner Anwalt] übermitteln; dieß unterblieb bis jetzt ... Momentan ist er in Wien. Marion sorgt par distance für ihn und sie bemuttert ihn, obwohl sie keine Ahnung davon hat und nie haben darf, dass ich ihm 15.000 Mk gebe.« Das waren damals 75 Monatsgehälter eines Lehrers in der Hauptstadt München.

Im selben Brief an den Anwaltsfreund Conrad Haußmann zählte Thoma sorgfältig auf, mit welchen Summen er Marion in einem ad hoc gefertigten, vorsorglichen Testament bedacht habe. »Am 15. März 1906 erhielt Thoma von Mosse die Nachricht, dass der Ehebruchsbeweis vorliege und noch vor dem 1. April an Schulz geschickt werde.«[17]

Das juristische Kalkül war, dass Schulz vor dem Scheidungsgericht einen Ehebruch vorgeben musste, damit die Ehe zu seinen Lasten geschieden würde. Hätte Marion eine ehewidrige Beziehung zu Thoma eingeräumt, hätte sie ihn nach dem damaligen Recht nicht heiraten können.

Thomas Einsatz verlieh der sich über Monate hinziehenden Abwerbung einen kaltblütigen, sportlich-fairen, ja rücksichtsvollen Zug. »Wir alle wollen ihm helfen.« So in dem oben schon angeführten Brief an Ganghofer und in den unten mitgeteilten Kartengrüßen. Das *Poetenbänkel* in Berlin war mit Marions Flucht eingegangen.[18]

Die Summe von 15.000 Mark als Kaufpreis zu verstehen, wäre nicht falsch, würde aber keinen Raum für Thomas erstaunliche Mitsorge und sein ehrliches Mitleid lassen. Das ist jener Begriff, den er ein Jahr später – im Gefängnis zu Stadelheim – bei Arthur Schopenhauer als »Grundlage der Moral« dargelegt finden wird und in der Komödie *Moral* von der freisinnigen Frau Lund propagieren lässt.

---

[17] Rösch, *Frauen um Ludwig Thoma*, S. 177–179, und S. 37. – Schad, S. 91–95.
[18] Ziersch, S. 21 und 38.

IV. Abwerbung und neue Trennung

Jetzt, Mitte Mai 1906, begann wieder die Korrespondenz. Thoma war zur Jagd ins Dachauerland gefahren, musste aber wegen der anstehenden *Simplicissimus*-Nummern immer wieder nach München.

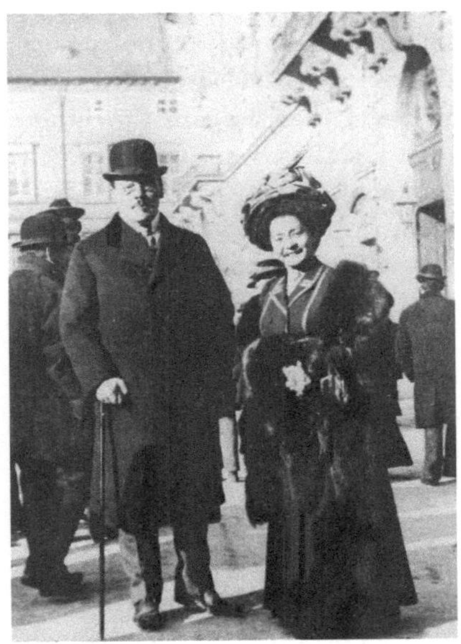

Ludwig Thoma und seine Frau Marion vor der Münchner Michaelskirche, 1907

Vorweggenommen sei: Auch in den unten mitgeteilten Postkarten kommt die Sorge um den kranken, der Frau beraubten Ehemann glaubhaft zur Sprache. Jedenfalls nahm Schulz den Scheidungsgrund auf sich, und so wurde die Ehe am 20. August 1906 rechtskräftig geschieden. Marion galt als schuldlos und war damit für eine zweite Heirat frei. Freilich zog sich das bis zur Eheschließung am 26. März 1907 hin. Bis dahin reiste sie wiederholt mit ihrem Noch-Ehemann zur Erholung nach Südtirol. Dorthin sind zwei der Postkarten gerichtet. »Durch Henriette Schulz, ihre ehemalige Schwiegermutter, erfuhr Marion, dass ihr geschiedener Ehemann ... am 9. Mai 1910 in einem Krankenhaus in Freiburg im Breisgau seinem schweren Lungenleiden erlegen war.«[19]

Wenig später – am 19. August 1910 – bekam Thoma Kenntnis von einem angeblichen Seitensprung seiner Frau: er öffnete einen an Marion gerichteten Brief, verschwieg dies, bezichtigte sie aber des Ehebruchs. Offenbar waren ihm einschlägige Gerüchte kurz zuvor schon zugetragen worden; auch Ganghofer hatte ihm derartiges übermittelt.[20]

Marion und der vermeintliche Nebenbuhler namens Ulrich Engelhardt waren zu einer Aussprache mit Thoma bereit, aber der wollte den

[19] Schad, S 107.

[20] Thoma an Marion in Oberbozen, 22. Juni 1910. – Rösch, *Frauen um Ludwig Thoma*, S. 55–85. Ziersch, S. 102f. – Ganghofer an Thoma, 25. August 1910, Schad, S. 111.

Rivalen »koramieren« und auf Pistolen fordern. Ganghofer – besorgt wegen des Freundes Ungeübtheit mit dieser Waffe – zog einen kürzlich erschienenen Kommentar zu Rate; de iure war der Zweikampf in Deutschland verboten, er wurde dennoch häufig ausgetragen und allenfalls mit einigen Monaten Festungshaft geahndet. [21]

Marion lehnte Ganghofers Vermittlung ab, da »sie schon längst von Thoma fortwolle, er aber sie nicht gehen ließe«. Ganghofer hatte schon zuvor Thoma auf Gerüchte und problematische Situationen hingewiesen und schrieb jetzt: »Kannst Du die Überzeugung gewinnen, dass Deine Frau schuldlos ist ... so musst Du alles, was ich Dir in Mittenwald sagte, als Lüge betrachten. Und als Kolporteur solcher Lügen kann ich das Haus nicht mehr betreten, in dem diese schuldlos verleumdete Frau wohnt ...« Marion hätte einer Gegenüberstellung mit ihrem angeblichen Geliebten zugestimmt, aber Ganghofer wie Thoma wollten nun die Trennung.[22]

Doch hier sei das Duellrecht, so entschied Ganghofer, nicht angebracht, denn der Beleidiger hätte die Ehre der betreffenden Dame öffentlich beeinträchtigt. Thoma stimmte zu, entging so der gefährlichen Situation, sprach sich mit Marion aus und begleitete sie am 18. Oktober 1910 nach München.

Wieder war es Ganghofer, dem Thoma unter diesem Datum seine Seelenlage schilderte – erstaunlich sachlich: »... Geldpunkt wurde nicht berührt, ich sorge für ihr anständiges Fortkommen nach meinem Gutdünken ... Ich habe Respekt vor Marion, ob sie mich betr.[ogen] hat oder nicht, das ist heute ausschließlich ihre Sache ... Ich habe sie oft wie ein Spielzeug behandelt, in die Ecke gestellt, wenn ich allein sein wollte. In diesen Tagen hat sie mir gezeigt, dass sie Klugheit und unbeugsamen Willen besitzt.«[23]

Einen Beweis für einen Ehebruch Marions gab es nicht; sie wollte fort, und Thoma übte Selbsteinsicht und Reue – der Ehefrau, den Freunden Ganghofer und Taschner gegenüber, aber auch vor sich

---

[21] Das Thema hatte Thoma schon früh und immer wieder beschäftigt. Im *Simplicissimus* (VII, 1902/03, Nr. 2, S. 10f.) stand sein Sketch *Das Duell* mit Illustrationen von Bruno Paul; im Nachlass sind drei Entwürfe zum Thema erhalten, mehreres hat Thoma zum Druck gegeben. – Lemp, Nrn. 609, 89; *Gesammelte Werke*, München 1968, Bd. 4, S. 562–569. – Ganghofer benützte den kürzlich erschienenen *Ehrenkodex* des Gustav Ristow, Wien 1909. Rösch: *Frauen um Ludwig Thoma*, S. 144, und S. 73–80. – Schad, S. 107.

[22] Schad, S. 109–112. und 112.

[23] Schad, S. 112.

selbst.[24] Bemerkenswert ist der Wortlaut des Scheidungsurteils; er war bisher nicht bekannt, wir geben ihn im Anhang, S. 151ff. wieder. Die Konventionalscheidung war von den Anwälten sorgfältig vorbereitet, das Verfahren verlief glatt und das Urteil lautete entsprechend.

V. Exkurs
Die Russin: Anna Herzenstein (Fasching 1913)

Es gibt bisher keinen Hinweis darauf, dass Marion nach der Scheidung Thomas Beziehungen zu anderen Frauen überwacht oder überhaupt zur Kenntnis genommen hätte. Wie schon gesagt: sie lebte bis zum Sommer 1918 immer wieder längere Zeit auf der Tuften und waltete dort als Hausherrin. Von Thomas kurzem Ausflug nach Paris – im Februar 1911 – war sie durch seine Briefe unterrichtet. – Im Sommer 1912 war »Papacho«, Marions greiser Vater Karl Germann, wieder mehrere Wochen zu Gast; ob er von der Trennung wusste, ist ungewiss. Marion jedenfalls war auf Reisen.[25] Der Vater hatte sich übrigens schon bald nach Marions Liaison auf Thomas Seite gestellt. Die Vermutung, er habe Marions sozialen Aufstieg mitgenossen, hat einiges für sich. Dass das neue Paar sich entsprechend zeigte, sagten wir schon. [26]

Im Januar 1913 lernte Thoma im Schwabinger Fasching eine jüdisch-russische Familie aus Moskau kennen: die Mutter und zwei Töchter Herzenstein, »die Witwe des ermordeten Kadettenführers Herzenstein ... und jetzt lach alter Nazi, ich ... tanzte wie der Lump am Stecken, von $9^h – 6^h$ jeden Draher. Ich war einmal von Herzen lustig.« Sie besuchten ihn auch auf der Tuften, und die dann geschriebenen Briefe zeigen, wie recht Thoma hatte: »Die Russen sind wieder in Moskau, & die Ältere [Anna] hätte beinahe ein Trumm Herz von mir weggerissen ----- aber ich vergaß nicht, dass ich 46 alt bin, und ich glaube, sie vergaß es auch nicht. Jedenfalls wars Sonnenschein und Fröhlichkeit«.[27]

---

[24] *Ludwig Thoma – Ignatius Taschner. Eine Bayerische Freundschaft in Briefen.* Hg. und kommentiert v. Richard Lemp. München 1971. 7. Juli 1911. S. 151ff.

[25] Ziersch, S. 119f. und 139f.

[26] Schad, S. 83f.: Brief Karl Germanns an seine Tochter Marion (»Mi querida hija!«). Hamburg, 12. November 1905; offenbar kannte er schon Thomas Bauernroman *Andreas Vöst* und den ersten Band der *Lausbubengeschichten.*

[27] *Bayerische Freundschaft*, S. 161. – Die ganze Begegnung wurde anhand der Herzenstein-Briefe zum ersten Mal dargestellt in: Eleonore Nietsch: *Frau und*

B. Die Dokumente: Zwei Briefe und neun Postkarten an Marion (1905–1915)

I. Zwei Briefe Ludwig Thomas an Marion/Maria Schulz

Aus der aufs äußerste angespannten Vorphase stammt der erste Brief. Ziersch kürzte ihn um den Hinweis auf »das Pekuniäre«, das sich wohl auf die von Albert Langen vorzustreckende Abfindung für Schulz bezog; Ziersch fehlte ebenfalls der möglicherweise verlorene Anfang.[28]

Der Brief beginnt ohne Anrede, das könnte auf Erregung oder Eile deuten. Das Datum dürfte der 6. oder 7. September 1905, der Ort: Berlin – im Hotel *Anhalter Hof* – sein. Dort hatte Marion für Thoma ein Zimmer bestellt. Am 8. September entführte er sie nach München und bezog mit ihr am Tegernsee – in Ringsee bei Bad Wiessee Nr. 57 – ein Quartier.

Hier schrieb er die Geschichte der *Cora*, einer fremdstämmigen, feenartig in die Familie gekommenen Mädchengestalt. Sie ist nach Marion modelliert – angeregt durch James Fenimore Coopers Romanfigur Cora, die dunkelhäutige und leidenschaftliche Tochter einer Mulattin, die von zwei Indianern geliebt wird, aber sterben muss. Der Schlusssatz von Thomas *Cora*-Geschichte wirkt wie eine Vorwegnahme: »Und dann war sie fort.«

Dass Marion Thoma ebenso selbstbewusst verlassen würde wie zuvor ihren ersten Mann, war damals nicht denkbar.[29] Der Brief ist geschrieben auf dem Briefbogen der Simplicissmus-Redaktion – von der Formatierung des Briefkopf-Bogens des Briefes München 18. Mai [1906] abweichend; auch die Telefonnummer ist verschieden.

Gesellschaft im Werk Ludwig Thomas, wie Anm. 8, S. 76–79; dort, S. 381–423, sind alle erhaltenen Karten und Briefe der russischen Damen sowie die Fotos vom Besuch auf der Tuften und das aus Moskau geschickte Porträtfoto Anna Herzensteins wiedergegeben. – Eine kürzere Schilderung bei Schad, S. 211–215.

[28] Teilabdruck bei Ziersch, S. 26.; dort ebenfalls ohne Anrede, aber mit »Datum unbekannt« eingeordnet.

[29] Ziersch, S. 25ff. –. Lemp, S. 22. – J. F. Cooper, *Der letzte Mohikaner.* Roman, 1826.

1.) Ludwig Thoma an Marion. Berlin 6. oder 7. September [1905]

ALBERT LANGEN	TELEGRAMME: SIMPLICISSIMUS-MÜNCHEN
VERLAG FÜR LITTERATUR UND KUNST	TELEPHON: 1655
SIMPLICISSIMUS	KAULBACH-STRASSE, 91
MÜNCHEN	MÜNCHEN

[Anfang fehlt?]
Langen wahrt mein Geheimniß wie ich das seine. Dir durfte ich es mit seiner Erlaubniß mitteilen, doch nur Dir allein & für Dich allein.
Alle wollen sorgen, dass wir behaglich wohnen; das Pekuniäre übernimmt Langen u.s.w.
Schau, liebster Schatz, da ebnet sich uns der Weg in München von der ersten Stunde an. Ich denke, es wird auch in Berlin alles leichter gehen, als wir meinten. Jetzt sollen alle dummen Puten die Köpfe zusammen stecken, wir zwei, und ein Kreis von hellen Menschen und feinen Künstlern, das wird so schön, ach du kleiner lieber Schatz, so wunderschön werden.
Ich zäle die Stunden bis zum Freitag Vormittag, und wenn ich die Augen schließe, sage ich mir vor, wenn ich Deine liebe Stimme wieder höre, dann bist Du meine Frau.
Ich weiß nicht, was ich Alles schreibe. Tausend Gedanken gehen mir durch den Kopf & jeder hängt an Dir.
Wie Du heute am Fenster gestanden bist, gings mir wie ein Blitz durch: [»]Herrgott, wenn es zum letztenmal wäre, dass ich sie sehe! «
Ich würde das nicht tragen, das weißt Du Liebling. Und bleibe dabei, komme was will, ich bin von Freitag 7 Uhr früh in dem Hotel, & warte Tag und Nacht, bis Du kommst. Aber laß mich nicht warten. Komm so schnell Du kannst!
Noch eine Bitte, Liebling! Verbrenne oder vernichte alle Briefe, die ich Dir jetzt schreibe. Eine Zeile kann Gefahr oder doch Verzögerung bringen, & wenn er nur das Couvert fände. Leb wohl, Herzensschatz, nimm tausend Küsse, sei fröhlich & stark & hab Vertrauen auf mich
Immer, immer Dein Ludwig[30]

---

[30] *Langen wahrt mein Geheimniß wie ich das seine.* Anspielung auf Albert Langens heimlich vorbereitete Trennung von Dagny Björnson, die er im März 1896 geheiratet hatte. (Vgl. Helga Abret: *Albert Langen. Ein europäischer Verleger.* München 1993, S. 106–108.) Sie war die Tochter des norwegischen Dichters und Nobelpreisträgers Björnstjerne Björnson, der in Aulestad, einem 18 km nördlich von Lillehammer gelegenen Gutshaus, regelrecht Hof hielt. Er hatte der Tochter eine Zofe mitgegeben: Josefine Rensch (1881–1973), und Dagny schickte sie mit Albert Langen von Paris nach München, als Langen nach Deutschland hatte zurückkehren dürfen. – Der Nachlass von Josefine Rensch ist in der Nasjonalbiblioteket Oslo/Norwegen geordnet und zugänglich.
Langen war 1898 nach Frankreich geflohen, um der Anklage wegen Majestätsbe-

Der obenstehende, auf den 6. oder 7. September 1905 anzusetzende Brief ist kaum weniger bewegt als die vorausgehenden. In ihnen zeigt sich der oft als derb, grob oder ungelenk empfundene Thoma in höchster Erregung, über deren Grad und Gefährlichkeit der Werbende sich im Klaren ist. Die von Ziersch[31] aus Marions Besitz publizierten, undatierten und nach Berlin gerichteten Billette und Schreiben setzen offenbar nach dem Ganghofer-Schießen – 2./3. Juli – und nach der Rückreise des Ehepaares nach Berlin – Ende August/Anfang September 1905 – ein. Sie erklären, weshalb Maidi von Liebermann sich 1926 gegen die Publikation wehrte.[32]

Am 8. September 1905 entführte Thoma die Geliebte aus Berlin und ging mit ihr auf »Hochzeitsreise« auf den Semmering bei Wien und nach Salzburg. In Wien wurden sie von Karl Kraus empfangen und betreut. Danach zogen sie in die Jägerstraße 17/II beim Odeonsplatz.[33] Offenbar waren sie auf bürgerliche Reputation bedacht: Ein Foto von 1907 (s. S. 135) zeigt beide vor der Münchner Michaelskirche in aufwändiger großstädtischer Kleidung, die Marion wie eine Matrone aussehen ließ.[34] Im weißen Tennisanzug – mit sportlichem Hut – machte Thoma keine schlechte Figur. Aber bald wehrte er sich gegen die Konvention und verteidigte seine Joppe und Lederhose.[35]

leidigung zu entgehen. Der *Simplicissimus* hatte – mit einem Gedicht Frank Wedekinds – die im Oktober 1898 aufwändig durchgeführte Palästina-Reise Kaiser Wilhelms II. als ebenso unnütz wie die Kreuzzüge von Friedrich Barbarossa und Gottfried von Bouillon verhöhnt. Langen durfte dank dem Einsatz seines Schwiegervaters Björnstjerne Björnson und der Begnadigung durch den sächsischen König Georg nach Deutschland zurückkehren – gegen eine »Bezeigungssumme« von 20.000 Mark, die er am 21. April 1903 bei der Königlichen Landgerichtskasse in Leipzig bezahlte. Lemp, S. 73. Sein Verhältnis mit Josefine Rensch sollte geheim bleiben, war aber im September 1905 – als Thoma Marion aus Berlin nach München zu entführen plante, in der *Simplicissimus*-Redaktion bekannt. – Langen scheint »das Pekuniäre« – die bevorstehenden Zahlungen an Marions Gatten als Vorschuss – zugesichert zu haben. – *er*: Georg David Schulz.

31 S. 18–26.

32 Vgl. die unten angeführte Erläuterung dieses dann paradigmatisch entschiedenen Rechtsstreits.

33 Schad, S. 96. – Gegenüber, im Haus Nr. 16, befand sich das Gasthaus *Zum Lamplgarten*, wo Thomas und Taschners – fiktiver – »Militär- und Kriegerverein Pipping« – seine Anlaufstelle hatte. Vgl. *Bayerische Freundschaft*, S. 44. – Lemp, S. 90.

34 Schad, S. 82. Lemp, S. 22 und 104. Vgl. hier, S. 135.

35 Lemp, S. 117.

Der zweite Brief[36] ist am 18. Mai 1906 – kurz vor der Abreise ins Weikertshofer Jagdrevier – an Marion gerichtet; er enthält eher Sachliches; gerade dies ließ Ziersch aus.[37]

Marion weilte zur Kur bei Bozen – mit ihrem Gatten, den Thoma auch hier wieder erwähnt – in einer ehrlich anmutenden, sportlich-chevaleresken Anteilnahme. Dass Marion nicht in München bei Thoma ist, soll offenbar vertuscht werden. Die »Wohnung« dürfte die schon genannte sein – in der Jägerstraße 17, »eine vollständige Vierzimmerwohnung mit schönen alten Möbeln von Bernheimer«.[38] »Rosa« war die Hausangestellte. Marion hat für Haussmann eine »Decke mit den Bäumen« selbst gefertigt oder gekauft. Sollte der »Brief« ihre Absicht, sich scheiden zu lassen, authentisch mitteilen?

Thoma war noch am 18. Mai 1906 im Weikertshofener Revier gewesen (vgl. die Postkarte Nr. 1). Er teilte von dort aus die Fahrt zur Redaktion in München mit und bestellte Grüße an Schulz; die zweite Karte ist unter dem 23. Mai nach Gries bei Bozen gerichtet und erwähnt ebenfalls Marions Gatten.

2) Ludwig Thoma an Marion. München, 18. Mai 1906

TELEGRAMME: SIMPLICISSIMUS-MÜNCHEN
TELEPHON: 3826

REDAKTION DES SIMPLICISSIMUS
ALBERT LANGEN
MÜNCHEN

KAULBACH-STRASSE, 91
MÜNCHEN

München 18. Mai [1906]

Liebstes Mädel, liebes Betzi,
Von hier aus nach der Arbeit viele Grüße. Ich habe Dir die Simpl. schicken lassen dch. Rosa; auch einige Albums.
Du musst mir eine Gefälligkeit thun, Mädel. Nämlich einen Brief an Hausmann schreiben, aber von M´chen aus datirt; diesen Brief schickst Du an die Rosa, die ihn Deiner Decke mit den Bäumen beilegt.
Er hat nemlich wieder darum geschrieben.
In der Wohnung ist Alles in Ordnung; in der Redaktion ist immer das Nämliche Gewinsel. Natürlich von Rez.[nicek], der jetzt erst recht kein Geld hat.

---

[36] Der Briefkopf unterscheidet sich von dem des vorigen Briefs.
[37] Ziersch, S. 40, auf die Hälfte verkürzt.
[38] Ziersch, S. 90.

Liebstes Mädel, ich denke so viel an Deine lustigen Augen; thu mir nicht weinen.
Und schreibe fleißig, dass ich nicht unruhig sein muss.
Der Postbote von Schwabhausen rief mir zu, dass er eine Karte an mich nach Weikertshofen hatte. Sie wird wol von Dir sein. In Dachau begegnete mir natürlich Liebmann; lud mich + meine Gemalin ein, bald zu kommen.
Auf heute wären wir übrigens von Kaulbach eingeladen. Ich erzäle Dir da allen möglichen Schnickschnack; ich möchte Dir lieber schreiben, wie ich Dich hersehne; aber ich thue es nicht, weil ich an den armen Schulz denken muss, der wol um jede Minute Deiner Anwesenheit froh ist. Du darfst glauben, dass mir seine Erholung eine wirkl. [iche] Sorge ist. Jetzt gute Nacht, Du liebes Betzi, mit lieben Küssen

Dein Lucke

Thoma war zur Jagd nach Weikertshofen gefahren und schrieb von dort über einen Sanatoriumsaufenthalt und die anschließende »Rekonvalescenz im Herbste«, die »er« – Georg David Schulz – »in sehr trockenem und warmem Klima«, am besten in Kairo, bekommen müsse. Thoma deutete eine finanzielle Hilfe an und dankte dem Rivalen für »Grüße, denn ich sehe, dass er in mir nicht einen gemeinen Kerl sieht, der sein Glück kaltblütig gestohlen hat. Er darf es glauben, dass ich wirklich Sorge um ihn habe und von Herzen gern und ohne alle dummen Nebengedanken helfen will, was ich helfen kann.«[39] Marion weilte zur Kur bei Bozen – mit ihrem Gatten, den Thoma auch hier wieder erwähnt – in einer ehrlich anmutenden, sportlich-chevaleresken Anteilnahme. Dass Marion nicht in München bei Thoma ist, soll offenbar vertuscht werden. Die »Wohnung« dürfte die schon genannte sein – in der mit elterlichen und bei Bernheimer gekauften Möbeln ausgestatteten Leopoldstraße 71/0.[40] »Rosa« war die Hausangestellte. Marion hat für Conrad Haußmann, Thomas in Stuttgart beheimateten Rechtsberater, dem sie und Schulz am 30. August 1905 »während einer Sonnenfinsternis in Murnau« vorgestellt worden waren,[41] eine »Decke mit den Bäumen« selbst gefertigt oder gekauft. Sollte Marions »Brief« ihre Absicht, sich scheiden zu lassen, authentisch mitteilen?

Mit der Familie des Münchner Malers Friedrich August von Kaulbach (1850–1920), eines Großneffen von Wilhelm von Kaulbach, hatte sich

[39] Ziersch, S. 41f.
[40] Ziersch, S. 33.
[41] Lemp, S. 22.

ein freundschaftlicher Kontakt ergeben – ähnlich wie zum Hause Max und Elsa Bernstein, einem der Münchner Star-Anwälte. Dessen Associé Theodor Loewenfeld, bei dem Thoma 1893 ein juristisches Praktikum abgeleistet hatte, war 1911 einer von Thomas Scheidungs-Anwälten (s. die Scheidungsurkunde vom 30. Juni 1911, S. 151ff.). – Die Einladung in das Haus Kaulbach könnte bedeuten, dass Marion und Ludwig Thoma in der Münchner Gesellschaft im Frühjahr 1906 als verheiratet galten oder dass man sich über bürgerliche Vorurteile hinwegsetzte.

Am 5. Juni 1906 gratulierte Thoma Marion von Weikertshofen aus zum 26. Geburtstag. Seit Dezember 1903 hatten er und Albert Langen dort vom Grafen Hundt zu Lauterbach die Jagd gepachtet. Sie war ihm nicht selten wichtiger als die Geliebte und Ehefrau. Ihre Welt waren die Großstadt und renommierte Kurorte.[42]

II. Neun Postkarten – neun Signale (1906–1915)

Die neun bisher unbekannten Postkarten beleuchten das Itinerar und die Biografie von Marion und Ludwig Thoma – vor und nach der Heirat und nach der Scheidung – sowie die häufigen und von der Leitung des *Simplicissimus* als selbstverständlich akzeptierten wochenlangen Jagdaufenthalte Thomas.

1) *Bildpostkarte aus Ettal*

4. Februar 1906
Frau Marion Thoma
München
Leopoldstr. 71/0
4. Febr. 06. Lb. Marion

Z.[ur] E.[rinnerung] an die Schlittenfahrt Ludwig

Ferner drei Unterschriften von Freunden Thomas [?]

Die drei folgenden im Mai 1906 nach Bozen-Gries gerichteten Karten belegen, dass Marion im Mai 1906 mit ihrem Ehemann Georg David Schulz, ungeachtet ihrer Scheidungsabsicht, nach Südtirol zur Kur gefahren war – möglicherweise mit Thomas finanzieller Unterstützung.

[42] Lemp, S. 21. – Ziersch, S. 44.

Marion wohnte jedoch auf Dauer schon in der Münchner Leopoldstraße 71 mit Thoma zusammen.

2) Postkarte aus Weikertshofen

16. Mai 1906

L.[iebe] M.[arion]
Gestern Abend kam ich hier an und stiefle jetzt mit [Förster Rupert] Schmid im Revier herum.
Ich hoffe, dass Du gut angekommen bist und dass S.[chulz] sich auf dem Weg der Besserung befindet. Ich wünsche es ihm von Herzen. Wenn er es annimmt, grüße ihn.
Immer D.[ein] L.[udwig]
Soeben erhalte ich D.[einen] l.[ieben] Brief. Die Simpl,[icissimus-] G.[eschichten] schicke ich Freitag früh aus München ab.
1000 Grüße

3) *Postkarte aus Dachau*

Abgangsstempel: Dachau 18 Mai Vor.[mittag] 9-10 [19]06
Ankunftsstempel: Gries b. Bozen: 19.5.[19]06

Frau Marion Schulz
Bozen-Gries
Villa Schöneck

Dachau 18. Mai [1906]

L.[iebe] M.[arion]
Ich komme heute herein, um in M[ün]chen die N° zusammen zu stellen. Wir haben Regen und kühles Wetter. Böcke habe ich schon einige gesehen. Schießen darf man sie ja noch nicht.
Sonntag früh gehe ich wieder hinaus. Hoffentlich macht S.[chulz] unter Deiner Pflege jeden Tag einen Schritt vorwärts.
Alles beste! Dich grüßt wie immer D.[ein] L.[udwig]

4) *Postkarte aus Schwabhausen*

Abgangsstempel: Schwabhausen
Ankunftsstempel: Gries b. Bozen: 23.5.[19]06

An Frau Marietta Schulz
In Bozen-Gries
Villa Schöneck
Weikertshofen 22. 5. [19]06]

L.[iebe] M.[arion]
Ziegler[43] war bei mir; ich gab ihm einen Brief mit. Jetzt ist der Postbote da & und er kriegt noch mal e.[ine] Karte mit vielen Grüßen.
Rosa hat Dir schon Zeitungen & Simpliz.[issimus-Nummern] geschickt. Hoffentl.[lich] hast Du sie erhalten.
Lebe wohl, l.[iebe] M.[arion] Viele Grüße an Sch.[ulz] & Dich
Lucke

5) *Postkarte aus Unterweikertshofen*

Abgangsstempel: Schwabhausen 29. Juli 5-6 Nm [Nachmittag] [19]10
I. H.
Frau Dr. Thoma
Rottach a/Tegernsee

Unterweikertshofen 29.7. [1910]

LbKtzl. [Liebes Kätzlich]
Besten Dank für die Birnen, die heute gut anlangten. Gestern habe ich im Burgholz den ersten Bock geschossen.
Vielleicht kommst Du doch einmal her? Im *[Gasthof]* Kellerbach wäre es sehr nett.
Es grüßt Dich herzlich
Dein L.

Marion schien sich erstaunlich schnell in die Rolle der Leiterin eines ländlichen Haushaltes gefunden zu haben. Thoma rühmte ihren Fleiß, ihre Umsicht, ihre geschickte Hand – auch im Umgang mit den weib-

[43] *Ziegler*: Wahrscheinlich ein Mitglied – Sohn? – der damals bekannten Dachauer Brauereibesitzers-Familie, deren großzügige, 1898 errichtete historistische Villa erhalten ist.

lichen und männlichen Hausangestellten, für die sie die »Frau Doktor« war und blieb. Darauf bestand der Hausherr – auch nach Marions Auszug und während der anschließenden vielen, teils monatelangen Gastaufenthalte auf der Tuften.

Am 18. Oktober 1910 verließen Marion und Thoma gemeinsam das Haus; in München trennten sie sich. Marion fuhr weiter nach Berlin zu ihrem Vater und mietete sich dann in der Bauerstraße 34/IV (nahe dem Elisabethplatz) in München ein. Thoma eilte nach Mitterndorf (bei Dachau) zu den Freunden Helene und Ignatius Taschner. Im April 1911 brach er nach Paris auf. »Eine Minute nach Ankunft« – am 14. April – meldete er Marion, er fühle sich dort (im Hôtel Westminster in der Rue de la Paix) »mehr daheim als im Leinfelder«.[44]

Aber dann schien er enttäuscht zu sein: »Das Gefühl ein entwurzelter Radi zu sein, ist nicht geschwunden & ich werde meinen Aufenthalt abkürzen ... Mitterndorf ist schöner, als Paris trotz der femmes du monde & und allem Teufelszeug.«[45] Die »femmes du monde« hatte er bei seinem ersten Paris-Aufenthalt – im April 1902 – als »graziöse und liebenswürdige Luder« gepriesen.[46]

Die Enttäuschung ist das eine. Zum andern könnte man die Reise nach Paris für das Scheidungsurteil in Betracht ziehen. Denn der dort formulierte Grund: »der Beklagte« (Thoma) »habe mit einer dem Namen nach unbekannt gebliebenen Frauensperson zu Anfang März 1911 in Wien die Ehe gebrochen«, ist – was Ort und Zeit betrifft – bisher nicht zu belegen.[47] Die »Carte Postale« vom 21. April 1911 und die folgenden Feldpostkarten beweisen, wie eng die Beziehung zwischen den getrennten und dann geschiedenen Eheleuten bis gegen Ende des Ersten Weltkriegs war. – Kurz nach der Rückkehr aus Paris arbeitete Thoma das Schauspiel *Die Sippe* aus: eine junge Frau verlässt ihre bürgerlich-konventionelle, beengende Ehe – zusammen mit ihrem Vater.[48]

---

[44] Ziersch, S. 119.

[45] Bayerische Freundschaft, S. 143.

[46] LB, S. 117.

[47] Vgl. den im Anhang wiedergegebenen Wortlaut des Scheidungsurteils vom 30. Juni 1911 und die dortigen Überlegungen zu dem Wiener *Simplicissimus*-Mitabeiter Paul Busson und dessen unter Eid gemachter Aussage.

[48] Ludwig Thoma, *Die Sippe. Schauspiel in drei Aufzügen*. Textrevision und Nachwort von Jean Dewitz. München 1991, S. 99–151.

6) Carte Postale

[Bleistift]

Vorderseite: Stahlstich »La Cité« (die Seine-Insel in Paris mit dem Pont neuf, dem Paais de Justice und der Kathedrale Notre-Dame)

An: [Mme] Marion Thoma
Munich
34/IV Bauerstraße

Paris 21.4. [19]11

Lbst. Kätzl. [Liebstes Kätzlich]
Zum Abschied v. Paris noch eine Karte Dein
Ex. Pariser
Lucke

7) Feldpostkarte

Vorderseite Foto: Ansicht »Vallée de la Meuse Joigny-sur-Meuse Vue générale« [=Kleinstadt im Nordwesten Frankreichs an der Meuse/Maas in der Region Champagne/Ardenne]
[Stempel: K.D.Feldpoststation Nr. 19 11.4 {1914}

Feldpost
I[hre] H[ochwohlgeboren]
Frau Dr. Thoma
Meran-Obermais
Hotel Pension Austria

10. April [19]15
Lb . Ktzl. *[?] [Liebes Kätzlich?]*
Es geht mir gut. Viel kann ich heute nicht schreiben, weil ich im Dienst bin.
Alles Gute und lb. [liebe] Gr.[üße].
Dein L.[udwig]

Thoma war glücklich, dass er ab dem 1. April 1915 als freiwilliger Sanitätsmann im 11. Bayer. Kraftwagen-Transport-Zug des Roten Kreuzes beim 41. Reserve-Armee-Korps an der Westfront dienen durfte. Schon am 1. August des Vorjahres hatte er sich »zu jeglichem Sanitätsdienst« gemeldet, war aber – wie schon gesagt – von dem zuständigen Major Rudolf von Xylander abgelehnt worden. Mit dessen Frau Hedwig hatte er ein Verhältnis unterhalten hatte, als er bei deren

Mutter Sophie Finck in der Münchener Barerstraße 38 im Frühjahr 1902 gewohnt hatte.[49]

Ein halbes Jahr später durfte er also einrücken und wurde an der Maas (Meuse), nördlich von Charleville, dann – ab Anfang Mai 1915 – an der Ostfront in Galizien – eingesetzt. Als Kaiser Wilhelm II. dorthin kam, lief Thoma neben dessen Wagen her, schwenkte die »sehr staubige Mütze« und rief »Hurra« – so seine stolze Mitteilung im Brief an Marion vom 9. Mai 1915.[50]

8) Feldpostkorrespondenzkarte

28. April 1915
Frau Dr. Thoma
[gestrichene Anschrift: Meran Obermais Hotel-Pension Austria]
Bauerstraße 34 München
L[iebe] M[arion]
Es geht mir ausgezeichnet. [*verwischt:* Ein Brief morgen. ?]
V[iele] l[iebe] Grüße
D[ein] L[udwig]
Briefe sind nicht möglich noch etwa einige Wochen.

9) Feldpostkarte

Absender: Ludwig Thoma Sanitätsmann
Stempel: Bayerischer Kraftwagen-Transport-Zug des roten Kreuzes Kais. Deutsche Feldpost 22.5.15
II. Bay. Kraftwagentransport Abteil. Dr. Maerkel
22. Mai 1915
An
Frau Dr. Thoma
In München
Bauerstr. 34/4

L[ieb]st[es] K[ä]tzl[ich]
Es fährt Jemand nach Jaslo[51], dem gebe ich diese Karte und viele Grüße

[49] Schad, S. 64.

[50] Ziersch, S. 219.

[51] *Jasło*: Kreisstadt in Westgalizien, Woiwodschaft Krakau. – Am 6. Juni 1915 meldete Thoma an Marion, er habe von General von François (»der bei Tannenberg das 1. Armeekorps kommandierte«, LB S. 276) das Eiserne Kreuz II. Klasse bekommen – »mit sehr ehrenden Worten«; jetzt sei er »Preuße geworden«. An Marion Thoma, Skoloszow, 6. Juni 1915; Ziersch, S. 231. – An Wilhelm Schulz, 7. Juni 1915. LB, S. 278. – Hermann von François (1856–1933); Schlacht bei

an Dich mit. Es geht mir gut. Wetter schön, alles in Ordnung. Schicke mir doch durch [Nonfeld?] eine ung. Salami. Grüße alle Bekannten und Freunde und [*unsichere Lesung:* nimm Dir selber das Beste ?] Herzliche Grüße Dein L[udwig].

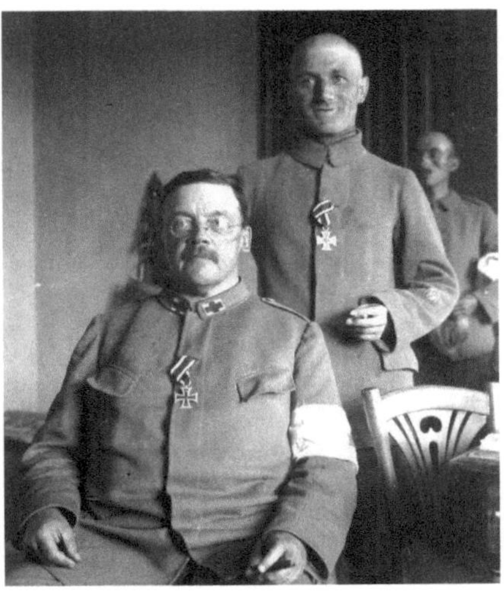

Rast an der Ostfront: Ludwig Thoma mit seinem Fahrer Anton Zehent

Es gibt bisher keinen Hinweis darauf, dass Marion nach der Scheidung Thomas Beziehungen zu anderen Frauen überwacht oder überhaupt zur Kenntnis genommen hätte. Wie schon gesagt: sie lebte bis zum Sommer 1918 immer wieder längere Zeit auf der Tuften und waltete dort als Hausherrin. Von Thomas kurzem Ausflug nach Paris – im April 1911 – war sie durch seine Briefe unterrichtet. – Im Sommer 1912 war »Papacho«, Marions greiser Vater Karl Germann, wieder mehrere Wochen zu Gast; vielleicht wusste er nichts von der Trennung. Marion jedenfalls war auf Reisen.[52] Ob sie von Thomas oben erwähnter Begeisterung für Anna Herzenstein (im Januar 1913) etwas erfuhr, ist nicht bekannt.

Tannenberg, 14. Oktober 1914. – Bei Lemp, S. 144, ein Foto des dekorierten Sänitätsmannes Ludwig Thoma, ebenso bei Gerd Thumser: *Ludwig Thoma und sein Werk*. München 1966, S. 152/153: »Rast an der Ostfront. Ludwig Thoma mit seinem Fahrer Anton Zehent.« – Dass auch das Sanitätspersonal auf diese Weise ausgezeichnet werden sollte, hatte Bismarck im Feldquartier vor Paris gefordert: »Die Doctors sollten es [das Eiserne Kreuz] am schwarz-weißen Bande haben; sie sind ja im Feuer, und es gehört viel mehr Muth und fester Sinn dazu, sich ruhig beschießen zu lassen, als vorzustürmen.« (29. November 1870. Moritz Busch: *Graf Bismarck und seine Leute während des Kriegs mit Frankreich*. 2. Bd. Leipzig 1878, S. 40).

[52] Ziersch, S. 119f. und 139f.

C. Urkunden[53]

I. Urkunde zur Eheschließung von Ludwig Thoma und Marion Thoma:

München, 25. März 1907

Heiratsregistereintrag zur Eheschließung zwischen Ludwig Thoma und Maria Trinidad (Marietta/Marion) Schultze (sic) zur Eheschließung am 25. März 1907 (Standesamt München I, 232/1907; Signatur Standesamt München 1420.

[S. 1]
Nr. 232
München am sechsundzwanzigsten März tausend neunhundert und sieben

Vor dem unterzeichneten Standesbeamten erschienen heute zum Zwecke der Eheschließung:
1. der Schriftsteller Doctor juris Ludwig Thoma, – der Persönlichkeit nach auf Grund der Aufgebotsverhandlungen anerkannt, katholischer Religion, geboren am einundzwanzigsten Januar des Jahres achthundertsechzig und sieben zu Oberammergau Bezirksamt Garmisch – wohnhaft in München, Leopoldstraße 71, Sohn des verstorbenen Königlichen Oberförsters Max Thoma zuletzt wohnhaft in Forstenried und dessen verstorbener Ehefrau Katharina geborenen Pfeifer, zuletzt wohnhaft in Seebruck,
2. die Maria Trinidad Schultze geschieden; der Persönlichkeit nach in obiger Weise anerkannt, katholischer Religion, geboren am fündundzwanzigsten Mai des Jahres tausend achthundert achtzig zu Quiapo in Manila, wohnhaft in München, Leopoldstraße 71, Tochter der Privatiere Margarita de la Rosa, wohnhaft in Manila

[S. 2]
Als Zeugen waren zugezogen und erschienen:
3. der Rechtsanwalt Konrad Haussmann, der Persönlichkeit nach auf Grund seiner Reichtstags-Mitgliedskarte anerkannt, 50 Jahre alt, wohnhaft in Stuttgart
4. der Redacteur Doctor Reinhold Geheeb, der Persönlichkeit nach auf Grund seines Taufzeugnisses anerkannt, 34 Jahre alt, wohnhaft in München, Ainmillerstraße 31,

[53] Für den Hinweis und die Genehmigung der Veröffentlichung danke ich dem Direktor des Stadtarchivs München, Herrn Dr. Michael Stephan.

Der Standesbeamte richtete an die Verlobten einzeln und nach einander die Frage:

Ob sie die Ehe mit einander eingehen wollen.

Die Verlobten bejahten diese Frage und der Standesbeamte sprach hierauf aus,

dass sie kraft des Bürgerlichen Gesetzbuchs nunmehr rechtmäßig verbundene Eheleute seien.

Vorgelesen, genehmigt und unterschrieben:

Dr. Ludwig Thoma
Maria Thoma geb. de la Rosa
Dr. Reinhold Geheeb Conrad Haußmann

Der Standesbeamte.
In Vertretung.
Grat [?]

Auf S. 1, rechts oben, der Zusatz betr. Scheidung:

Ad N° 232
München, am 11. September 1911
Durch rechtskräftiges Urteil des Königlichen Landgerichts München I vom 30. Juni 1911 ist die Ehe des Doctor juris Ludwig Thoma und der Maria Trinidad Thoma geborenen de la Rosa, geschiedenen Schultze aufgelöst worden.
Der Standesbeamte:
Mayrhofer

II. Urkunde zur Scheidung der Ehe von Ludwig Thoma und Marion Thoma: 30. Juni 1911

Heiratsregistereintrag zur Eheschließung zwischen Ludwig Thoma und Maria Trinidad (Marietta/Marion) Schultze (sic) zur Eheschließung m 25. März 1907 (Standesamt München I, 232/1907; Signatur Standesamt München 1420.

[S. 1]
Proz. Reg. E 986/11
Standesamt München I
praes: 4. Sep. 1911 Ausfertigung.
Im Namen seiner Majestaet
des Königs von Bayern.
Die erste Zivilkamme des K. Landgerichts München I, gebildet durch die Richter: K. st. Landgerichtsdirektor Lindner als Vorsitzenden, die K. Landgerichts-

räte Zeiß und Prunner als Beisitzer, hat auf Grund mündlicher Verhandlung vom 30. Juni 1911
in Sachen
Thoma Maria Trinidad (genannt Marion),
geschiedene Schultze, geborene de la Rosa, Schriftstellersehefrau in München, Klägerin, vertreten durch den Rechtsanwalt JR [Justizrat] Dr. Merzfelder in München,
gegen

Dr. Thoma Ludwig, Schriftsteller und Rechtsanwalt in München, z.Zt. in Rottach, Beklagten, vertreten durch die Rechtsanwälte Prof. Dr. Löwenfeld und Dr. Pflaum in München,
wegen Ehescheidung
folgendes

Urteil
[S.2] erlassen:
I. Die Ehe der Streitsteile wird aus Verschulden des Beklagten geschieden.
II. Der Beklagte hat die die Kosten des Rechtsstreits zu tragen.

Tatbestand.
Die Klägerin hat die Scheidung ihrer Ehe aus Verschulden des Beklagten beantragt und behauptet, sie habe mit dem Beklagten vor dem Standesbeamten zu München I am 26. März 1907 die Ehe geschlossen, beide Ehegatten seien Deutsche, der Ehemann habe seinen Wohnsitz im Gerichtsbezirke, Beklagter habe mit einer dem Namen nach unbekannt gebliebenen Frauensperson zu Anfang März 1911 in Wien die Ehe gebrochen.
Beklagterseits wurde das Klagsvorbringen als richtig zugegeben und um Urteil nach Lage der Sache gebeten.
Nach übereinstimmenden Angaben leben die Streitsteile seit Anfang Februar 1911 getrennt; die letzte eheliche Beiwohnung
[S. 3] hat kurz zuvor stattgefunden.
Auf den Beweisbeschluß vom 5. Mai 1911 und die Vernehmung vom 9. Juni 1911 wird Bezug genommen.
Besondere, auf gegenwärtigen Rechtsstreit gerichtete Prozeßvollmacht der Klägerin, Auszug aus dem standesamtlichen Heiratsregister und Staatsangehörigkeitsausweis für den Beklagten wurden vorgelegt.
Gründe:
Die Zuständigkeit des Gerichts ist durch den Wohnsitz des Beklagten im Gerichtsbezirke begründet. Der Abschluß der Ehe der Streitsteile und die Staatsangehörigkeit des Beklagten sind durch die vorgelegten öffentlichen Urkunden erwiesen. Da der Beklagte Deutscher ist, sind für die Klage die Bestimmungen des bürgerlichen Gesetzbuches maßgebend.
Nach den beeidigten Angaben des Zeugen Paul Busson hat das Gericht kei-

nen Zweifel, dass die übrigens von beklagter Seite [S. 4] auch zugestandene Klagsbehauptung richtig ist. Eine nähere Feststellung der Person, mit welcher der Ehebruch begangen wurde, war nicht möglich.
Von Amtswegen zum Zwecke der Aufrechterhaltung der Ehe zu berücksichtigende Tatsachen, insbesondere Verzeihung oder Fristablauf, sind nicht ersichtlich geworden.
Es war daher gemäß §§ 13, 606, 624, 91 C. P. O., Art 17 E. G. z. B. G. B., §§ 7, 1565, 1574 B. G. B. zuerkennen, wie geschehen.
gez. Lindner. Zeiß. Prunner.
Verkündet am 30. Juni 1911.
Der Gerichtsschreiber:
gez. Ferch.
Ausgehängt am 5. Juli 1911.
Der Gerichtsschreiber:
gez.: Zierer, K. Sekretär.
Für den Gleichlaut der Ausfertigung mit der Urschrift:
München, den 7. Juli 1911
Gerichtsschreiberei des K. Landgerichtes
München I.

[Unterschrift] Zierer, K. Sekretär

[von anderer ? Hand]
Im Heir. Hauptregister N° 232/1907
vorgemerkt u. dem Stadtmagistrat
München Mitteilung gemacht
Am 11. September 1911
Standesamt München I
[Unterschrift, unleserlich]
[Unterschrift,
unleserlich]

31. VII.

Stempel am linken Rand, um 90° gedreht, die Daten handschriftlich eingefügt:
mit einem Auszug und der Bestätigung, dass vorstehendes Urteil am 15. August 1911 die Rechtskraft beschritten hat, an den Herrn Staatsanwalt am kgl. Landgerichte München I
München, den 28. August 1911
Gerichtsschreiberei des k. Landgerichts München I.

Artmann [?] Kanzleirat

Stempel: Kgl. Staatsanwalt

30. Aug. 1911
München

Zwei gleiche Stempel über und rechts von diesem Zusatz: König. Bayer. Landgericht München

Bei Prof. Dr. Theodor Loewenfeld (1849–1919), dem einen von Thomas Münchner Anwälten, hatte Thoma vom 4. März bis 31. August 1893 ein Rechtspraktikum absolviert; darüber berichtete er in den Briefen an Jakob Frankl.[54] Der als Hauptbelastungszeuge auftretende Paul Busson war Schriftleiter des *Neuen Wiener Tageblatts*.[55] – Dem Namen nach kannte Thoma den Wiener Autor schon 1901; damals hatte er – von Berlin aus – vehement gegen Bussons eben beginnende Mitarbeit am *Simplicissimus* votiert; jedoch wurde Busson – wohl dank Albert Langen und Korfiz Holm – angenommen.[56] – Doch Langen beschied – Ende 1908 – Bussons wiederholte Wünsche nach Vorschuss negativ.[57] – Thoma schickte Busson – am 17. Dezember 1914 – das erbetene Gedicht für eine Anthologie. Im Mai 1918 bedankte er sich sehr angetan bei dem zum Duz-Freund gewordenen Busson für dessen »reizende Jugenderinnerungen«; sie hätten ihn »ein paar Stunden lang ganz in den Bann der eigenen Jugend« versetzt. (LB, S. 273 und 323).

Diesem Paul Busson werden in dem Scheidungsverfahren »beeidigte Angaben« zu dem angeführten und prozessentscheidenden Geständnis Thomas zugeschrieben. Dies legt entweder einen – kaum wahrscheinlichen – Meineid Bussons oder aber einen bisher nicht belegten, von Busson im Detail beobachteten Aufenthalt Thomas »Anfang März

[54] vgl. Anm. 11 und die Erläuterungen zum Brief an Marion vom 18. Mai 1906. – Aufschlussreich sind die Thoma betreffenden, von Peter Landau und Rolf Rieß herausgegebenen Erinnerungen von Philipp Loewenfeld (dem Sohn Theodor Loewenfelds) in *Recht und Politik in Bayern zwischen Prinzregentenzeit und Nationalsozialismus*, Ebelsbach 2004, S. 1–690, S. 12–15. – Dort, S. 439, auch Angaben zu Dr. Otto Pflaum (20. 9. 1873–3. 6. 1930), »Direktor des Verlages der Münchner Neuesten Nachrichten Knorr und Hirth, Rechtsanwalt, spanischer Honorarkonsul«.

[55] »*5.7.1873 Innsbruck, †8.7.1924 Wien ... Schriftleiter am *Neuen Wiener Tagblatt*«. Wilhelm Kosch, *Deutsches Literatur-Lexikon*. Bd. 2, Bern 1969, Sp. 423f.

[56] Vgl. Andreas Pöllinger (Hg.): *Der Briefwechsel zwischen Ludwig Thoma und Albert Langen. 1899-1908*. T. 1,2, Frankfurt a.M., T. 1, S. 299, und T. 2, S. 679. – *Das Kopierbuch Korfiz Holms (1899–1903). Ein Beitrag zur Geschichte des »Simplicissimus«*. Mit einem Geleitwort von Richard Lemp. Hg. v. Helga Abret und Aldo Keel, Bern 1989, S. 260f.

[57] Vgl. Abret, wie Anm. 31, S. 161.

1911 in Wien« als Faktum nahe. Hierfür spricht Conrad Haußmanns – ungedruckte – Anfrage vom April 1911, weshalb Thoma nicht, wie verabredet, nach Berlin gekommen sei. Jedenfalls kam Bussons von Thoma bestätigter Aussage ausschlaggebende Bedeutung zu; dies gehörte offensichtlich zur Strategie der Vorbereitung und Durchführung des Prozesses. Eine ähnliche Fiktion hatte schon Marions Scheidung von Georg David Schulz ermöglicht. (Vgl. oben Abschnitt A. III.)

III. Urkunde zur dritten Eheschließung von Marion Thoma (mit Siegmund Johann Rottenkolber) am 4. November 1931 und zur dritten Scheidung am 4. Mai 1933

1) Eheschließung

[S. 1]

B.
Nr. 1626.
(Aufgebotsverzeichnis Nr. 1425.)
München am vierten November tausend neunhundert dreißigundeins.
Vor dem unterzeichneten Standesbeamten erschienen heute zum Zwecke der Eheschließung:
1. der Kaufmann Siegmund [recte: Sigmund] Johann Rottenkolber, geschieden,
der Persönlichkeit nach auf Grund der Aufgebotsverhandlungen anerkannt,
geboren am dreizehnten September des Jahres tausend achthundertachtzigundsieben zu München,
Geburtsregister Nr. 6781 des Standesamtes I in München,
wohnhaft in München, Agnesstraße 4 -------

2. die Maria Trinidad Thoma, geborene de la Rosa,
geschieden, ohne Beruf,
der Persönlichkeit nach wie oben anerkannt,
geboren am fünfundzwanzigsten Mai des Jahres tausend achthundertachtzig zu Quiapo in der Provinz Manila auf der Insel Luzon,
Geburts- und Taufmatrikel der katholischen Ortspfarrei in Quiapo,
wohnhaft in München, Maximilianstraße 5
[S.2] Als Zeugen waren zugezogen und erschienen:
3. der Bankprokurist Joseph Eiban,
der Persönlichkeit nach auf Grund seines Reisepasses anerkannt,
45 Jahre alt, wohnhaft in München, Herzog-Wilhelm-Straße 33

4. der Schriftsteller Doktor der Rechte und der Staatswissenschaften Walter [sic] Ziersch,
der Persönlichkeit nach auf Grund seiner Bürgerrechtsurkunde anerkannt, 56 Jahre alt, wohnhaft in München, Mainzer Straße 6.
Der Standesbeamte richtete an die Verlobten einzeln und nach-Einander die Frage:

ob sie die Ehe miteinander eingehen wollen.

Die Verlobten bejahten diese Frage und der Standesbeamte sprach hierauf aus:

dass sie kraft des Bürgerlichen Gesetzbuchs nunmehr rechtmäßig verbundene Eheleute seien.

Vorstehend fünf Druckworte gestrichen.
Vorgelesen, genehmigt und unterschrieben:
Sigmund [sic] Rottenkolber
Marion Rottenkolber geb. de la Rosa
Eiban Josef [sic]
Dr. Walther [sic] Ziersch
Der Standesbeamte.
[Unterschrift nicht zu entziffern, identisch mit den Unterschriften unter dem Scheidungsvermerk und der Bestätigung der Wiederannahme des Namens »Thoma«]

2) Vermerk zur Scheidung der Ehe zwischen Marion und Siegmund Rottenkolber und zur Wiederannahme des Familiennamens Thoma
[auf der rechten Spalte der Heiratsurkunde Siegmund Johann Rottenkolber – Marion Thoma:]

Zu Nr. 1626.

München, am 4. Mai 1933.
Durch das am 13. April 1933 rechtskräftig gewordene Urteil des Landgerichtes München I ist die Ehe zwischen Siegmund Johann Rottenkolber, und Maria Trinidad Rottenkolber, geborene de la Rosa, geschiedenen Thoma, geschieden worden.
Der Standesbeamte:
[Unterschrift, nicht zu entziffern
wahrscheinlich der selbe Name wie unter der Eheschließungs- und neuerlicher Namensänderungs-Urkunde]
[vollständig handschriftlich]
Zu Nr. 1626.
München, am 13. Juni 1933.
Die nebenbezeichnete Maria Trinidad Rottenkolber hat am 8. Juni 1933 durch Erklärung gegenüber dem Amtsgericht München ihren vorehelichen Familiennamen »Thoma« wieder angenommen.

Der Standesbeamte:
[Unterschrift, nicht zu entziffern,
wahrscheinlich der selbe Name wie oben]
[unmittelbar darunter:]
Der Ehemann Siegmund Rottenkolber ist am 19. März 1940 verstorben.
(Standesamt
München III
Nr. 1135, 1940
München, den 23. Febr. 1941.
Der Standesbeamte:
In Vertretung
[Unterschrift, nicht zu entziffern, jedoch anders als die übrigen drei, vermutlich gleichen Unterschriften]

D. Faksimiles

ALBERT LANGEN
VERLAG FÜR LITTERATUR UND KUNST
SIMPLICISSIMUS
MÜNCHEN

TELEGRAMME: SIMPLICISSIMUS-MÜNCHEN
TELEPHON: 1655

KAULBACH-STRASSE 91
MÜNCHEN

I, 1 Ludwig Thoma an Marion/Maria Schulz, Berlin, 6. oder 7. September 1905

TELEGRAMME: SIMPLICISSIMUS-MÜNCHEN
TELEPHON: 3826

REDAKTION DES SIMPLICISSIMUS
ALBERT LANGEN
MÜNCHEN

KAULBACH-STRASSE, 91
MÜNCHEN

I, 2 *Ludwig Thoma an Marion/Maria Schulz, München, 18. Mai 1906*

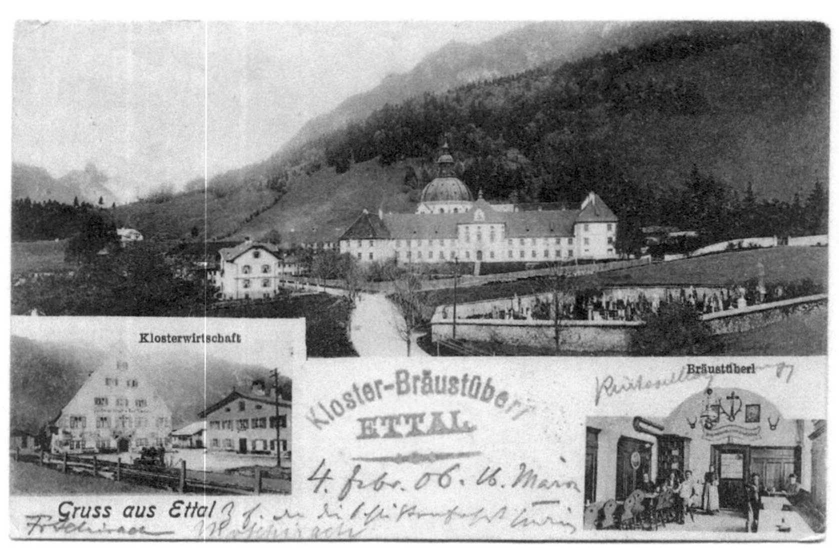

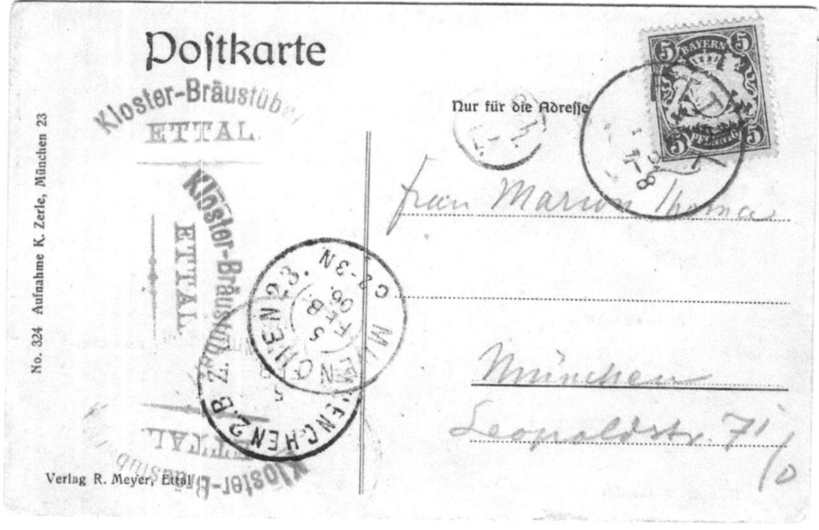

Il. 1. Ettal, 4. Februar 1906

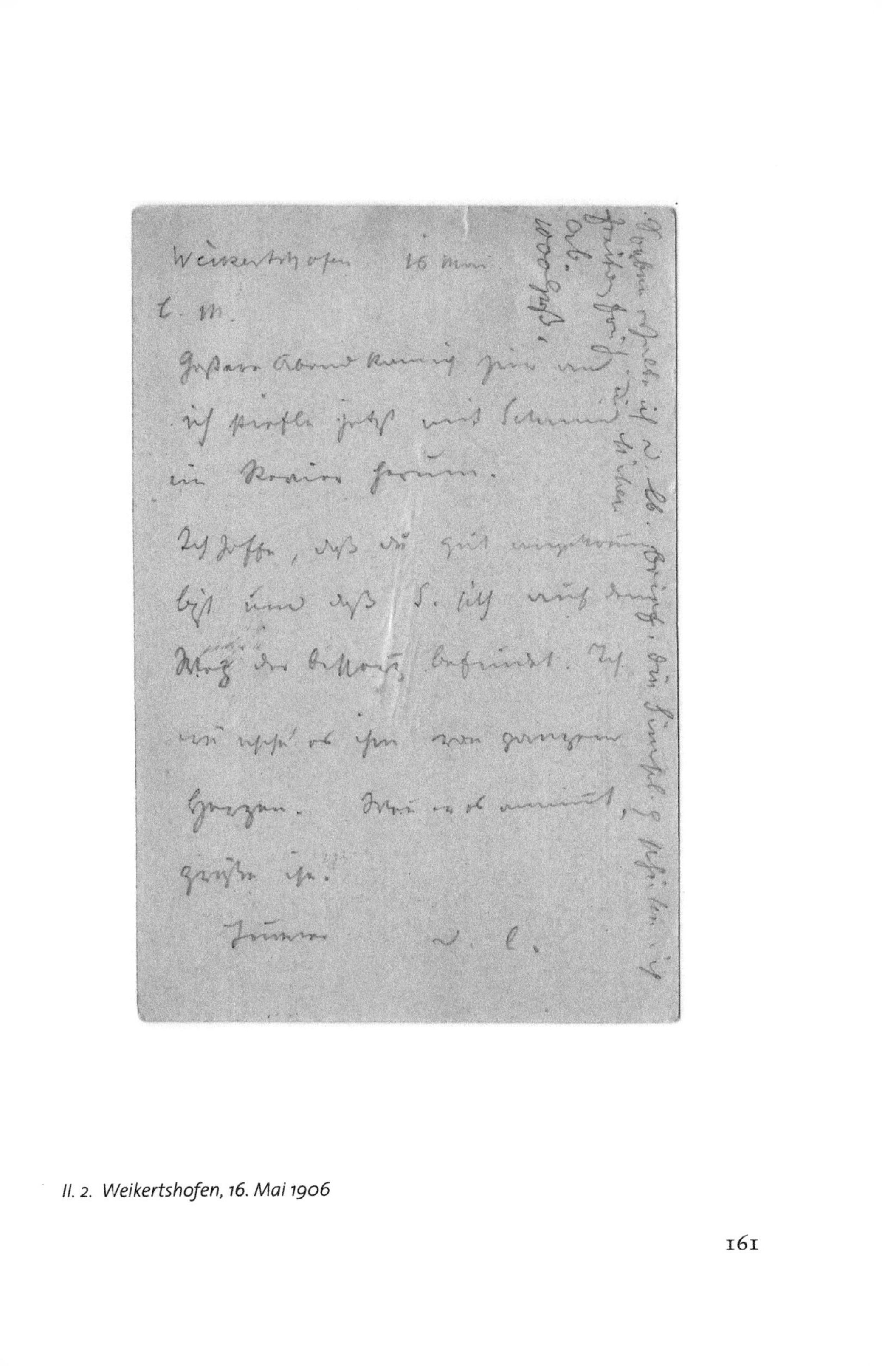

II. 2. Weikertshofen, 16. Mai 1906

Königreich Bayern

Postkarte

19.5.06 GRIES b. BOZEN 7.F

DACHAU 18 MAI 06

An

Frau Marietta

in Bozen-Gries

Wohnung (Straße und Hausnummer) Villa Schöneck

06

18.5.06

II. 3. Dachau, 18. Mai 1906

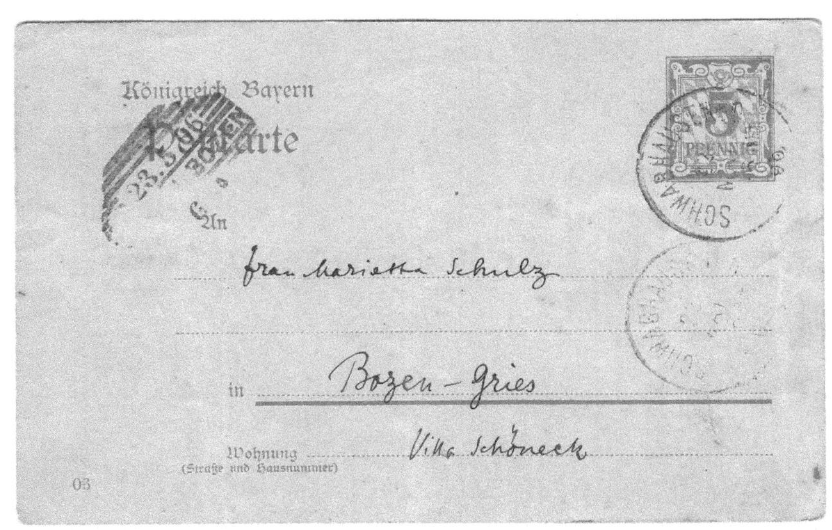
Königreich Bayern

Postkarte

An

Frau Marietta Schulz

in Bozen-Gries

Wohnung (Straße und Hausnummer) Villa Schöneck

03

II. 4. Weikertshofen, 22. Mai 1906

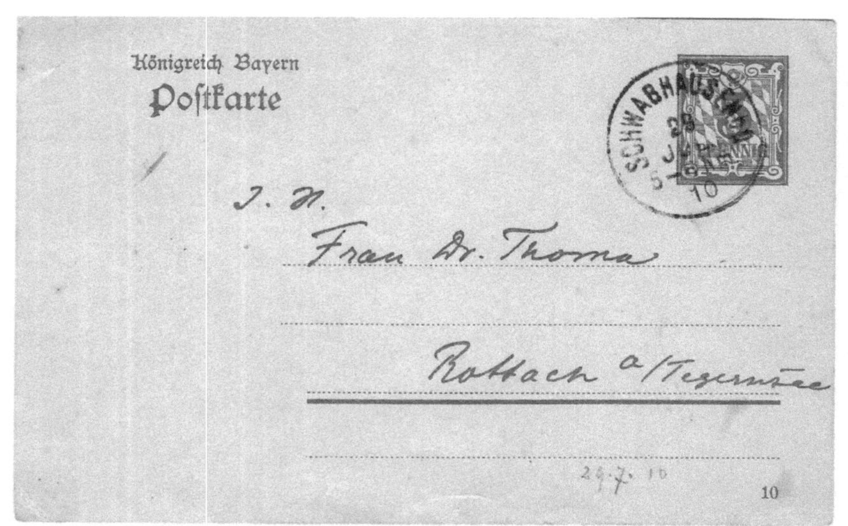

Ill. 5. Unterweikertshofen, 29. Juli 1910

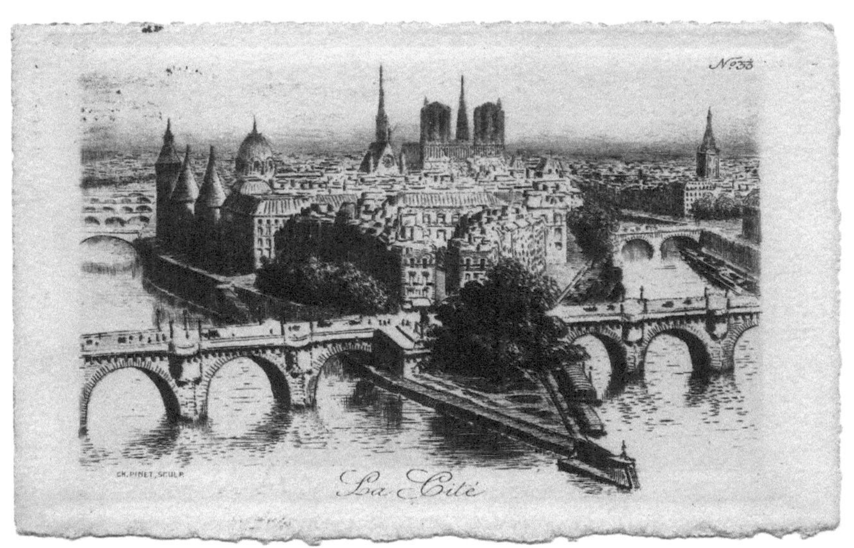

Il. 6. Paris, 21. April 1911

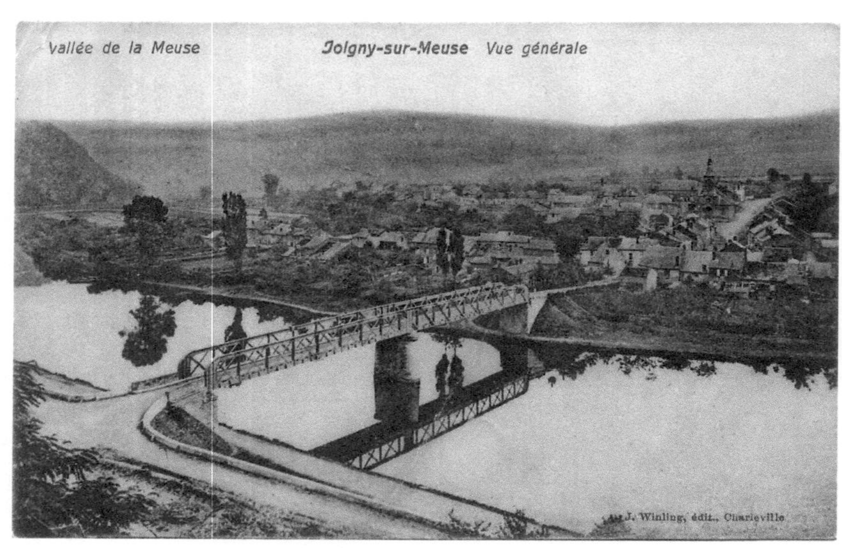

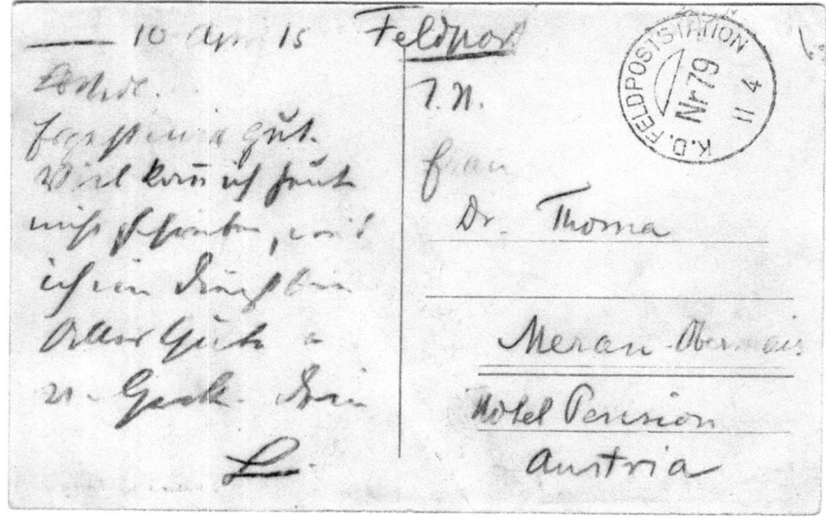
10 Apr 15

Feldpost

K.D. FELDPOSTSTATION Nr 79 11 4

Frau

Dr. Thoma

Meran-Obermais

Hotel Pension

Austria

Ill. 7. Joigny-sur-Meuse, 10. April 1915

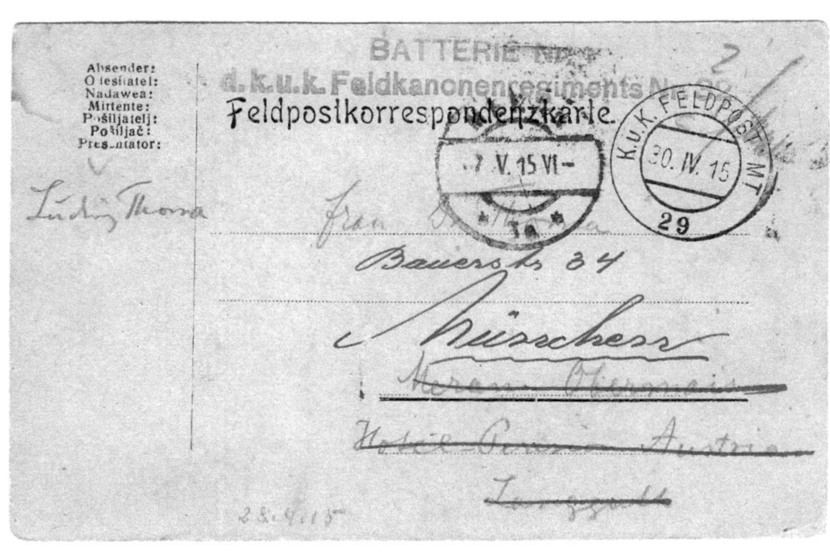

II. 8. Feldpostkarte [Galizien], 28. April

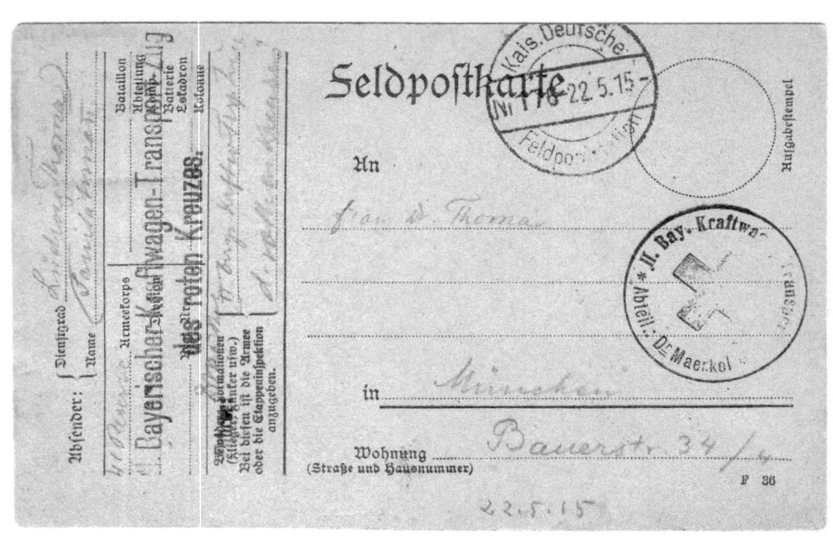

Absender: Dienstgrad
Name
Armeekorps
Bataillon
Abteilung
Batterie
Eskadron
Kolonne

II. Bayerischer Kraftwagen-Transport-Zug des roten Kreuzes.

Bei diesen ist die Armee oder die Etappeninspektion anzugeben.

Feldpostkarte

Kais. Deutsche Feldpost 22.5.15

Aufgabestempel

An

Frau Dr. Thoma

in München

Wohnung Bauerstr. 34/4
(Straße und Hausnummer)

II. Bay. Kraftwagen Abteil. Dr. Maerkel

F 36

22.5.15

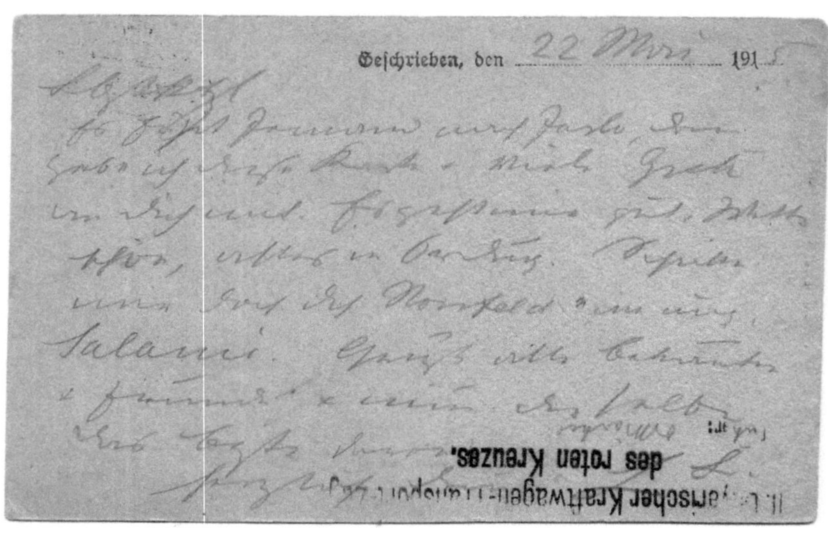

Geschrieben, den 22 Mai 1915

II. Bayerischer Kraftwagen-Transport-Zug des roten Kreuzes.

II. 9. Feldpostkarte [Galizien], 22. Mai 1915

B.

Nr. 232

München am sechsundzwanzigsten März tausend neunhundert und sieben

Vor dem unterzeichneten Standesbeamten erschienen heute zum Zwecke der Eheschließung:

1. der Schriftsteller Doctor juris Ludwig Thoma, der Persönlichkeit nach auf Grund der Aufgebotsverhandlungen bekannt, katholischer Religion, geboren am einundzwanzigsten Januar des Jahres tausend acht hundert siebenundsechzig zu Oberammergau Bezirksamt Garmisch, wohnhaft in München, Leopoldstraße 71, Sohn des verstorbenen Königlichen Oberförsters Maximilian Thoma zuletzt wohnhaft in Vorderriß und dessen verstorbenen Ehefrau Katharina geborenen Pfeifer, zuletzt wohnhaft in Seebruck;

2. die Maria Trinidad Schultze geschiedene, der Persönlichkeit nach in obiger Weise bekannt, katholischer Religion, geboren am siebenundzwanzigsten Mai des Jahres tausend acht hundert achtzig zu Quiapo in Manila, wohnhaft in München, Leopoldstraße 71, Tochter der Privatiere Margarita de la Rosa, wohnhaft in Manila

ad Nr 232

München, am 11. September 1911

Durch rechtskräftiges Urteil des Königlichen Landgerichts München I vom 30. Juni 1911 ist die Ehe des Doctor juris Ludwig Thoma und der Maria Trinidad Thoma geborenen de la Rosa, geschiedenen Schultze aufgelöst worden.

Der Standesbeamte:
Leyerhofer

III. Urkunde zur Eheschließung zwischen Ludwig und Marion Thoma, S. 1

Als Zeugen waren zugezogen und erschienen:

3. der Rechtsanwalt Konrad Haußmann,

der Persönlichkeit nach auf Grund seiner Reichstags-Mitgliedskarte anerkannt,

50 Jahre alt, wohnhaft in Stuttgart

4. der Redakteur Doktor Reinhold Geheeb,

der Persönlichkeit nach auf Grund seines [illegible] anerkannt,

34 Jahre alt, wohnhaft in München, Ainmillerstraße 31,

Der Standesbeamte richtete an die Verlobten einzeln und nach einander die Frage:

ob sie die Ehe mit einander eingehen wollen.

Die Verlobten bejahten diese Frage und der Standesbeamte sprach hierauf aus,

daß sie kraft des Bürgerlichen Gesetzbuchs nunmehr rechtmäßig verbundene Eheleute seien.

Vorgelesen, genehmigt und unterschrieben:

Dr. Ludwig Thoma

Maria Thoma geb. de la Rosa

Dr. Reinhold Geheeb Conrad Haußmann

Der Standesbeamte.
In Vertretung.

[illegible]

III. Urkunde zur Eheschließung zwischen Ludwig und Marion Thoma, S. 2

Proz. Reg. Z 986/11
Standesamt München/II
praes: 4. Sep. 1911

Ausfertigung.

Im Namen Seiner Majestaet des Königs von Bayern.

Die erste Zivilkammer des K. Landgerichts München I, gebildet durch die Richter: K. Landgerichtsdirektor Lindner als Vorsitzenden, die K. Landgerichtsräte Deiß und Prunner als Beisitzer, hat auf Grund mündlicher Verhandlung vom 30. Juni 1911

in Sachen

Thoma Maria Trinidad (genannt Marion), geschiedene Schultze, geborene de la Rosa, Schriftstellersehefrau in München, Klägerin, vertreten durch den Rechtsanwalt JR Herzfelder in München,

gegen

Dr. Thoma Ludwig, Schriftsteller und Rechtsanwalt in München, z. Zt. in Rottach, Beklagten, vertreten durch die Rechtsanwälte Prof. Dr. Löwenfeld und Dr. Pflaum in München,

wegen Ehescheidung

folgendes

Urteil

IV. Urkunde zur Scheidung der Ehe von Ludwig und Marion Thoma, S. 1

2.

erlassen:
I. Die Ehe der Streitteile wird aus Verschulden des Beklagten geschieden.
II. Der Beklagte hat die Kosten des Rechtsstreits zu tragen.

Tatbestand.

Die Klägerin hat die Scheidung ihrer Ehe aus Verschulden des Beklagten beantragt und behauptet, sie habe mit dem Beklagten vor dem Standesbeamten zu München I am 26. März 1907 die Ehe geschlossen, beide Ehegatten seien Deutsche, der Ehemann habe seinen Wohnsitz im Gerichtsbezirk, Beklagter habe mit einer dem Namen nach unbekannt gebliebenen Frauensperson zu Anfang März 1911 in Wien die Ehe gebrochen.

Beklagterseits wurde das Klagevorbringen als richtig zugegeben und um Urteil nach Lage der Sache gebeten.

Nach übereinstimmenden Angaben leben die Streitteile seit Anfang Februar 1911 getrennt; die letzte eheliche Beiwohnung

VI. Urkunde zur Scheidung der Ehe von Ludwig und Marion Thoma, S. 2

3.

hat kurz zuvor stattgefunden.
Auf den Beweisbeschluß vom 5. Mai 1911 und die Verhandlung vom 9. Juni 1911 wird Bezug genommen.
Besonderer, auf gegenwärtigen Rechtsstreit gerichtete Prozeßvollmacht der Klägerin, Auszug aus dem standesamtlichen Heiratsregister und Handlungsfähigkeitsausweis für den Beklagten wurden vorgelegt.

Gründe:

Die Zuständigkeit des Gerichts ist durch den Wohnsitz des Beklagten im Gerichtsbezirke begründet. Der Abschluß der Ehe der Streitteile und die Handlungsfähigkeit des Beklagten sind durch die vorgelegten öffentlichen Urkunden erwiesen. Da der Beklagte Deutscher ist, sind für die Klage die Bestimmungen des bürgerlichen Gesetzbuches maßgebend.
Nach den beeidigten Angaben des Zeugen Paul Büssen hat das Gericht keinen Zweifel, daß die übrigens von beklagter Seite

IV. Urkunde zur Scheidung der Ehe von Ludwig und Marion Thoma, S. 3

4.

auf zugestandener Klagebehauptung richtig ist. Eine nähere Feststellung der Person, mit welcher der Ehebruch begangen wurde, war nicht möglich.

Von Umständen zum Zweck der Aufrechterhaltung der Ehe zu berücksichtigende Tatsachen, insbesondere Verzeihung oder Fristablauf, sind nicht ersichtlich geworden.

Es war daher gemäß §§ 13, 606, 624, 91 C.P.O., Art 17 E.G. z. B.G.B., §§ 7, 1565, 1574 B.G.B. zu erkennen, wie geschehen.

gez. Lindner. Greiß. Brunner.

Kgl. Staatsanwalt 30. AUG. 1911 München

Verkündet am 30. Juni 1911.

Der Gerichtsschreiber:

gez. Ferch.

Ausgefertigt am 5. Juli 1911.

Der Gerichtsschreiber:

gez. Zierer, K. Sekretär.

Für den Gleichlaut der Ausfertigung mit der Urschrift:

München, den 7. Juli 1911.

Gerichtsschreiberei des K. Landgerichtes München I:

Zierer, K. Sekretär.

Im Heiratshauptregister Nr. 232/1907 vorgemerkt ... München, den 11. September 1911 Standesamt München I

IV. Urkunde zur Scheidung der Ehe von Ludwig und Marion Thoma, S. 4

B.

Zu Nr. 1626.

München, am 4. Mai 1933.

Durch das am 13. April 1933 rechtskräftig gewordene Urteil des Landgerichtes München I ist die Ehe zwischen Sigmund Johann Rottenkolber und Maria Trinidad Rottenkolber, geborene de la Rosa, geschiedene Thoma geschieden worden.

Der Standesbeamte:
[illegible]

Zu Nr. 1626.
München, am 13. Juni 1933.
Die nebenbezeichnete Maria Trinidad Rottenkolber hat am 8. Juni 1933 durch Erklärung gegenüber dem Amtsgericht München ihren vormaligen Familiennamen „Thoma" wieder angenommen.
Der Standesbeamte:
[illegible]

Der Ehemann Sigmund Rottenkolber ist am 19. März 1940 verstorben. (Standesamt München III Nr. 1135/1940)
München, den 23. Febr. 1941.
Der Standesbeamte:
In Vertretung
[illegible]

Nr. 1626.

(Aufgebotsverzeichnis Nr. 1425)

München am dritten November tausend neunhundert dreißigundeins.

Vor dem unterzeichneten Standesbeamten erschienen heute zum Zwecke der Eheschließung:

1. der Kaufmann Sigmund Johann Rottenkolber, geschieden, der Persönlichkeit nach auf Grund der Aufgebotsverhandlungen bekannt, geboren am dreizehnten September des Jahres tausend acht hundert achtzigundsieben zu München, Geburtsregister Nr. 6781 des Standesamts I in München, wohnhaft in München, Agnesstraße 4;
2. die Maria Trinidad Thoma, geborene de la Rosa, geschieden, ohne Beruf, der Persönlichkeit nach wie oben bekannt, geboren am fünfundzwanzigsten Mai des Jahres tausend acht hundert achtzig zu Güinga in der Provinz Manila auf der Insel Luzon, ~~Geburtsregister Nr. des Standesamts~~ in Geburts- und Taufmatrikel der katholischen Pfarrei in Güinga, wohnhaft in München, Maximilianstraße 5.

V. Urkunde zur Eheschließung und Vermerk zur Scheidung von Marion Thoma und Sigmund Johann Rottenkolber, S. 1

Als Zeugen waren zugezogen und erschienen:

3. der Kunstgewerbler Josef Eiban,

der Persönlichkeit nach auf Grund seines Reisepasses anerkannt,

45 Jahre alt, wohnhaft in München, Herzog-Wilhelm-Straße 33;

4. der Schriftsteller Doktor der Rechte und der Staatswissenschaften Walter Ziersch,

der Persönlichkeit nach auf Grund seiner Bürgerrechtsurkunde anerkannt,

56 Jahre alt, wohnhaft in München, Mainzer Straße 6.

Der Standesbeamte richtete an die Verlobten einzeln und nacheinander die Frage:

ob sie die Ehe miteinander eingehen wollen.

Die Verlobten bejahten diese Frage und der Standesbeamte sprach hierauf aus:

daß sie kraft des Bürgerlichen Gesetzbuchs nunmehr rechtmäßig verbundene Eheleute seien.

Vorstehend fünf Druckworte gestrichen.

Vorgelesen, genehmigt und unterschrieben:

Sigmund Rottenkolber

Marion Rottenkolber geb. de la Rosa

Eiban Josef

Dr. Walther Ziersch.

Der Standesbeamte.

[illegible]

V. Urkunde zur Eheschließung und Vermerk zur Scheidung von Marion Thoma und Sigmund Johann Rottenkolber, S. 2

Gabriele und Erik Giersberg

Hermann Sinsheimer in München

Zur Korrektur der Autobiografie von 1953

Der jüdische Intellektuelle Hermann Sinsheimer lebte von 1916 bis 1929 in München und war in mehreren leitenden Positionen im Münchener Kulturgeschehen beschäftigt: Theaterintendant, Theaterkritiker, Romanautor und Herausgeber des *Simplicissimus*. Das sind die ersten Stufen einer bedeutenden Karriere, die im Dritten Reich ihr jähes Ende fand.

Bisherige Veröffentlichungen zu Sinsheimers Leben stützten sich weitgehend auf seine Autobiografie *Gelebt im Paradies*. Sie erschien 1953 in einer von Gerhard Pallmann (1906–1957) überarbeiteten Form als Buch im Münchener Richard Pflaum Verlag.[1]

Sinsheimers Manuskripte und Notizbücher waren im Anschluss an die Veröffentlichung von seiner Witwe Christobel Sinsheimer der Monacensia zur Aufbewahrung überlassen worden. Eine von der Literaturwissenschaftlerin Nadine Englhart durchgeführter Vergleich des Manuskripts mit der Buchausgabe zeigte gravierende Abweichungen zwischen Sinsheimers Manuskript und Pallmanns Veröffentlichung und führte zu einer Neupublikation in diesem Jahr innerhalb der dreibändigen Sinsheimer-Werkausgabe im Verlag für Berlin-Brandenburg, Berlin.[2] Pallmanns teilweise radikale Abänderungen sind heute nur vor dem Hintergrund seiner nationalsozialistischen Vergangenheit erklärbar. Pallmann war im Dritten Reich stellvertretender Leiter der Reichsstudentenführung *Altherrenbund* gewesen und Herausgeber von 20 Wehrmachtsliederbüchern, darunter sechs Bände der Reihe *Der Führer hat gerufen*.[3] Wesentliche Ein-

---

1 Hermann Sinsheimer: *Gelebt im Paradies. Erinnerungen und Begegnungen.* München 1953.

2 Hermann Sinsheimer: *Gelebt im Paradies, Gestalten und Geschichten.* Hg. von Nadine Englhart. Berlin 2013.

3 Hermann und Christobel Sinsheimer: *Briefe aus England in die Pfalz.* Bearbeitet von Hans-Helmut Görtz, Gabriele Giersberg und Erik Giersberg, Neustadt/W. 2012, S.674.

griffe des Herausgebers Pallmann, die die Münchener Zeit betreffen, sind in diesem Beitrag korrigiert.

Kindheit und Jugend in Freinsheim

Hermann Sinsheimer wurde am 6. März 1883 als fünftes und jüngstes Kind aus der ersten Ehe Sigmund Sinsheimers in Freinsheim (Pfalz) geboren. Als seine Mutter Fanny, geb. Fränkel, am 8. Februar 1885 starb, war er nicht einmal zwei Jahre alt. Hermann Sinsheimer entstammte einer sowohl finanziell als auch beruflich erfolgreichen Familie. Sein Vater war Kaufmann und zudem rechtskundig, was in der kleinen Stadt allgemein Anerkennung fand. Sein Bruder Ludwig war Jurist, Rechtsanwalt und Herausgeber eines noch bis 1945 verwendeten Kommentars zum Deutschen Weinrecht. Darüber hinaus verfasste er Gedichte in Dialektform. Sein Bruder Karl galt als anerkannter Experte für Forstwirtschaft

In der Geschichte *An den Wassern von Babylon* beschreibt Hermann Sinsheimer seine Jugendzeit, geprägt von tiefer Liebe zu seiner Heimat, aber nicht frei von frühen antisemitischen Ausgrenzungserlebnissen. Sein Sprachwitz, seine Eloquenz und seine starken Bilder lassen an vielen Stellen seinen Traum von Geborgenheit nachempfinden.[4]

Militärdienst und Studiumbeginn in München

Im Juli 1902 legte er an der Königlichen Studienanstalt zu Neustadt an der Haardt das Abitur ab. Am 1. Oktober 1902 wurde er zum einjährigen Militärdienst beim 2./Inf. Leib. Reg. in München eingezogen. Gleichzeitig schrieb er sich an der Ludwig-Maximilian-Universität in München zum Studium ein[5]. Das Verzeichnis der belegten Vorlesungen dokumentiert die Eintragung für »Rechtsenzyklopädie«, »Römisches

4 Hermann Sinsheimer: *An den Wassern von Babylon*. München 1920.

5 Sinsheimer hat seine Jugendzeit später in zahlreichen Aufsätzen beschrieben. So stellte er das Kapitel »Das Mädchen ohne Kopf« an den Anfang seines Manuskriptes *Gelebt im Paradies*. Pallmann strich es komplett. Deborah Vietor-Engländer vermutet in ihrem Kommentar, dass es nicht in sein Konzept einer unpolitischen Autobiografie passte, da hier die politischen Umwälzungen in Freinsheim der 1890er Jahre gut nachvollziehbar waren.

Privatrecht«, »Faust«, »Weltgeschichte im Zeitalter der Gründung des Deutschen Reiches« sowie »Im Zeitalter Napoleon I«.[6]

Zunächst hatte er eine Laufbahn als Reserveoffizier angestrebt und sie war ihm auch in Aussicht gestellt, später aber aufgrund seiner israelitischen Religionszugehörigkeit versagt worden.[7] So beendete Herrmann Sinsheimer seinen aktiven Militärdienst am 1. Oktober als Gefreiter. In der Zwischenzeit belegte er im zweiten Semester »Römische Rechtsgeschichte«[8] und bestand mit Erfolg die juristische Zwischenprüfung. Danach verließ er München und setzte sein Jurastudium in Wien, Berlin und Würzburg fort. Dort legte er am 13. Juli 1906 sein 1. Staatsexamen ab. 1910 ließ er sich als Rechtsanwalt in Ludwigshafen nieder.

Trotz intensiver Nachforschungen ist es bis heute nicht gelungen herauszufinden, wann, wo und zu welchem Thema Sinsheimer promoviert wurde. Dass er aber einen Nachweis führte, ist seiner Militärakte zu entnehmen, denn hier wird er im August 1914 als »Dr. jur.« bezeichnet.[9]

Juristische Laufbahn und Theaterkritiker

Nach dem Staatsexamen schlug er zwar die übliche juristische Laufbahn ein mit Referendariat, 2. Staatsexamen und Zulassung zum Rechtsanwalt, aber bereits ab November 1905 schrieb er für die *Schaubühne* seine erste Theaterkritik, ab April 1906 arbeitete er in gleicher Weise für

---

6 Archiv der Ludwig-Maximilians-Universität, Stud-BB-174, -184.

7 Entsprachen diese Beschreibungen seiner Militärzeit dem Manuskript von Sinsheimer, so wurde in der Ausgabe von 1953 seine Bewertung des Antisemitismus in der Zeit um 1900 weggelassen. Im Originaltext sieht Sinsheimer im Antisemitismus der Jahrhunderwende den Anfang eines Prozesses, der schließlich im Massenmord endete. Insbesondere wurde der letzte Satz: »Was ist dann Heimat anderes als eine Lüge? Wo es dir gut geht, da ist dein Vaterland; wo es dir schlecht geht oder nicht so gut, wie es dir gehen sollte, da hänge deinen Mantel nicht nach dem vaterländischen Wind, sondern deine Fahne in höhere Windströme« in der Ausgabe von 1953 weggelassen. (Hier zit. nach *Gelebt im Paradies*, Ausgabe von 2013, S. 71) Diese »Heimatbetrachtungen« stellt Sinsheimer übrigens auch sehr häufig in seinen Briefen an die Freinsheimerin Frida Reibold-Schaffner an.

8 Archiv der Ludwig-Maximilians-Universität, Stud-BB-174, -184.

9 Bayerisches Hauptstaatsarchiv München, Kriegsarchiv, Kriegsstammrollen, 1914–1918. Nr.6860, Bd. 1.

die *Neue Badische Landeszeitung*, und ab 1911 auch für die *Frankfurter Zeitung*. Im Kapitel »Gerichte und Ämter« seiner Autobiografie setzt er sich sehr ausführlich mit der Juristerei auseinander und beschreibt seine innere Distanz zur Rechtspflege.

Die enge Verbindung zum Theater führte auch zu beruflichen Überlegungen. So bewarb er sich in einem Schreiben vom 6. Mai 1913 an Hermann Bahr – allerdings erfolglos – um die Nachfolge von Eugen Robert, dem Gründer und ersten Direktor der Münchner Kammerspiele, der 1913 vom Aufsichtsrat der Kammerspiele seines Amtes enthoben worden war.[10] Dafür schien er in Berlin mehr Glück zu haben. Er sollte zum 1. September 1914 stellvertretender Direktor unter Emil Lessing an der *Neuen Freien Volksbühne Berlin* werden. Der Ausbruch des Ersten Weltkrieges machte diese Pläne zunichte.

Sinsheimer wurde am 3. August 1914 zum Gericht der Landwehrinspektion in Landau in der Pfalz kommandiert. Nach zwei Jahren, am 16. Juni 1916, entließ man ihn aus gesundheitlichen Gründen aus dem aktiven Dienst.[11] »Ich wurde krank, mein Körper desertierte [...] Ich war das Opfer einer heftigen Kriegspsychose geworden.« Schuld an dieser Erkrankung waren nach seinen Schilderungen die Langeweile und die Theaterferne,[12] die beide für ihn unerträglich gewesen sein müssen. Später beschreibt er in *Gelebt im Paradies* diese Zeit als verlorene Jahre. »In diesem Zustand verließ ich im Sommer 1916 Landau [...], um nach München überzusiedeln. Denn ich sollte dort ein Theater leiten.«[13]

Sinsheimer wird Leiter der Münchener Kammerspiele

Petzet schreibt in seinem Buch über die Geschichte der Münchener Kammerspiele: »1916 ging Erich Ziegel nach Hamburg, da war Sinsheimer zur Stelle.«[14] Hermann Sinsheimer übernahm im Herbst 1916 die Stelle des künstlerischen Leiters der Kammerspiele. Seine erste

[10] Brief von Hermann Sinsheimer an Hermann Bahr vom 6. Mai 1913, Österreichisches Theatermuseum Wien, Nachlass Hermann Bahr.

[11] Bayerisches Hauptstaatsarchiv München, Kriegsarchiv, Kriegsstammrollen, 1914–1918. Nr.6860, Bd. 1.

[12] Sinsheimer, *Gelebt im Paradies*. Ausgabe von 1953, S. 128ff.

[13] Ebd.

[14] Wolfgang Petzet, *Theater. Die Münchener Kammerspiele 1911–1972*. München 1973, S. 13.

Aufführung der *Antigone* fand stürmischen Applaus. Großen Erfolg brachte ihm auch die Aufführung des von den meisten deutschen Theatern abgelehnten Dramas *Madame Legros* von Heinrich Mann. Wenn auch das dritte Drama *Wie es euch gefällt* unter seiner Amtsführung mit großem Applaus bedacht wurde, so galt der Beifall der Münchner doch vor allem dem Regisseur Otto Falckenberg, der auf dem Weg war, Sinsheimer als Nachfolger zu beerben.[15]

Das Stück seines Freundes Schmid-Noerr *Siehe der Mensch* (Ecce homo) fiel beim Publikum endgültig durch. Sinsheimer gab auf. Petzet merkt hierzu an: »Sinsheimer hatte sich wieder in der Beurteilung der mimischen Substanz vergriffen«.[16]

Sinsheimer wechselte zum Münchner Schauspielhaus und inszenierte dort im September 1918 das Drama *Die Bürger von Calais*. Damit beendete er sein Münchner Theaterengagement.

Sinsheimer als Romanautor und Theaterwissenschaftler

Ein erster Erfolg als Schriftsteller stellte sich noch im Ersten Weltkrieg ein. 1917 erhielt Sinsheimers Buch *Die drei Kinder* den »Preis des Frauenbundes zur Ehrung deutscher Dichter«. Die nachfolgenden Romane waren kommerziell allerdings wenig erfolgreich. Mit gesunder Selbstkritik schätzte Sinsheimer seine eigenen Fähigkeiten als Romancier eher als gering ein. Seine Begabung konnte er sehr viel besser in Theaterkritiken oder theaterwissenschaftlichen Beiträgen entfalten, wie in den 1918 in München erschienen Essays *Alte und neue Bühne* und *Das neue Pathos auf der Bühne*.

»Der Wagenlenker«

Darüber hinaus versuchte Sinsheimer nach Kriegsende, sich auch politisch zu engagieren. Mit der finanziellen Unterstützung seiner Freunde Anna und Max Langheinrich[17] entschlossen man sich mit *Der Wagenlenker* ein Presseorgan für den »Reichsbund Geistiger Arbeiter«

[15] Ebd., S. 116f.
[16] Ebd., S.117.
[17] Sinsheimer, *Gelebt im Paradies*. Ausgabe von 1953, S. 171.

zur Verfügung zu stellen. Dieser republikanisch-humanistische Bund hatte sich mit dem Kriegsende als Gegengewicht zur kommunistisch geprägten Räterepublik in München gebildet. Sinsheimer war für die Schriftleitung der in der Friedrichstrasse 36 ansässigen Zeitschrift verantwortlich. Erstmalig erschien sie am 5. April 1919. Sinsheimer verfasste den Leitartikel »Unser Weg, unser Ziel.« Hierin erläutert er den humanistisch-liberalen Standpunkt des Reichsbundes. Abgelehnt wird der »Klassenkampf« der Arbeiter und eine Revolution mit Waffengewalt. Gerade die »Geistigen Arbeiter« seien für den Aufbau eines funktionierenden Volkstums wichtig. *Der Wagenlenker* soll dazu dienen, »die Verlierer des Ersten Weltkrieges, die politisch interessierte Jugend zu Wort kommen zu lassen.«[18]

In der Folgezeit verfasste Sinsheimer 30 Artikel, in denen er sich u. a. kritisch mit den Führern der Räterepublik auseinandersetzte, später den »Versailler Frieden« als für alle schädlich und das Exil des Kaisers als Verrat bezeichnete. Auch die Weimarer Verfassung wurde von ihm kritisiert, da sie sich nicht an die weltpolitischen Veränderungen angepasst hätte.

Im Dezember 1919 musste das Erscheinen des *Wagenlenkers* eingestellt werden. Grund hierfür war, dass der Reichsbund keine funktionierende Führung mehr hatte. Sinsheimer entschloss sich, »das Organ selber aufzulösen«.[19]

Im Manuskript vom *Gelebt im Paradies* hat er die Ereignisse der Münchener Räterepublik reflektiert. Er hebt die Bedeutung von Kurt Eisner hervor, er war der Auffassung, dass ohne die Ermordung von Eisner keine Räterepublik entstanden wäre und das es dann auch nicht zur »blutrünstigen Weißen Herrschaft« gekommen wäre. Diese Passagen sind in der Ausgabe von 1953 gestrichen![20]

Sinsheimer versuchte sich nach dem Ersten Weltkrieg auch als Stummfilmregisseur und als Verlagsleiter im Gustav Langen Verlag. Im Oktober 1920 bekam er das Angebot, Theaterkritiker der *Münchener Neuen Nachrichten* zu werden.

---

[18] Hermann Sinsheimer: *Unser Weg, unser Ziel.* In: *Der Wagenlenker. Organ des Reichsbundes Geistiger Arbeiter.* München, Ausgabe vom 5. April 1919, S. 3.

[19] Hermann Sinsheimer: *Epilog.* In: *Der Wagenlenker*, a.a.O., 2. Jhrg. Nr. 6, Ende 1919, S. 90–93.

[20] Sinsheimer: *Gelebt im Paradies.* Ausgabe von 2013, S.183.

Theaterkritiker bei den Münchener Neuen Nachrichten

Sinsheimer schätzte später an seiner neuen Tätigkeit seine Unabhängigkeit, und dass er »volle Bewegungs- und Meinungsfreiheit genoss«.[21] Seine erste Kritik wurde am 18. Oktober 1920 zu Euringers *Midas*-Uraufführung veröffentlicht. Es sollten vier Jahre äußerst produktiven Schaffens folgen. Kritiken zu allen bedeutenden Münchener Theateraufführungen dieser Jahre waren ebenso dabei wie Nachrufe auf bedeutende Theaterpersönlichkeiten, wie z.B. am 8. April 1921 auf Ernst von Possart. Drei Artikel hatten besondere Bedeutung. Mit der Kritik am 30. September 1922 zu Bertolt Brechts *Trommeln in der Nacht* verhalf er dem jungen Autor zum Durchbruch. Am 15. November 1922 schrieb er einen großen Essay *Die Sehnsucht nach dem nationalen Dichter. Zum 60. Geburtstag Gerhart Hauptmanns.* Und mit einem Artikel vom 8. Oktober 1923 über Karl Valentin und Lisl Karlstadt machte er auf das damals noch unbekannte Paar aufmerksam.

Am 9. November 1923 kam es zu einem abrupten Ende dieser Ära. Der bayrische Staat hatte Ostjuden, die zum Teil im Ersten Weltkrieg im deutschen Heer gedient hatten, des Landes unberechtigter Weise verwiesen. Sinsheimer verlangte von seinem Arbeitgeber, gegen diese Ausweisung zu protestieren. Als der Entscheidungsträger Paul Nikolaus Cossmann sich weigerte, gab Sinsheimer die Zusammenarbeit auf. »Mysterienspiel im Odeon« war am 23. November 1923 sein letzter Artikel. In seinen Memoiren schreibt Sinsheimer, dass er eigentlich froh gewesen sei, dass die Arbeit endete. Zynisch betrachtete er das »Münchener Weltblatt«, dessen »Horizont und Einfluss an trüben Tagen bis Regensburg reichte und an hellen geradezu bis Nürnberg«. (Pallmann hat diese wie auch andere Passagen, die sich mit der unrühmlichen Anbiederung an den Nationalsozialismus beschäftigten, in seiner Ausgabe gestrichen.)[22]

Sinsheimer und seine Münchener Kollegen

Sinsheimer hatte in seiner Münchner Zeit zu zahlreichen Literaten und Künstlern enge Beziehungen. Er hat ihnen auch in *Gelebt im Paradies*

---

[21] Sinsheimer: *Gelebt im Paradies*. Ausgabe von 1953, S. 213.

[22] Sinsheimer: *Gelebt im Paradies*. Ausgabe von 2013, S. 230–238.

im Kapitel »Münchener Porträts«[23] und an anderen Stellen einen breiten Raum gegeben. Darunter waren Emil Meßthaler, Max Halbe, Carl Rößler, Roda Roda, Gustav Meyrink, Frank Wedekind, das Ehepaar Langheinrich und Georg Stolberg. Viele von ihnen gehörten zu einem Stammtisch in der »Schwabinger Brennnessel«.[24] Ein dreißigseitiger Privatdruck *Alexandrion oder der windige Ehemann* spiegelt die Atmosphäre dieser Künstlerkneipe. *Alexandrion* war eine satirische Festschrift aus Anlass des 50. Geburtstages von Roda Roda am 13. April 1922 in einer Auflage von 50 Exemplaren. Beteiligt daran waren neben Sinsheimer, Gustav Meyrink, Gustav Charle, Max Halbe, Max und Anna Langheinrich, Walter Ziersch, der Wirt der Brennnessel Anton Loibl, Roda Rodas 12jährige Tochter Dana und Dusan Petrowich.[25]

In *Gelebt im Paradies* wird auch Sinsheimers Freundschaft zu dem Schwabinger Kunstmäzen Ludwig Prager ausführlich erwähnt.[26] Nach dessen Tod hat sich Sinsheimer auch um die Ausbildung des Patensohnes von Ludwig Prager, Fritz Prager, gekümmert. Dieser dankte es ihm mit einer lebenslangen Freundschaft. Sein Haus in der Felix-Dahn-Str. 10 war für Sinsheimer bei seinen beiden Besuchen in Deutschland 1949 und 1950 eine wichtige Anlaufstation. in zahlreichen Briefen an Frida Schaffner[27] berichtet Sinsheimer von dieser Freundschaft.

Bei der Betrachtung von Sinsheimers Münchner Jahren darf ein Schriftsteller nicht vergessen werden, auch wenn sich in *Gelebt im Paradies* nur der Grund für das Ende einer langjährigen Freundschaft erwähnt wird: Heinrich Mann.

In einem Brief an Frida Schaffner vom 27. November 1947 schreibt Sinsheimer, dass er zusammen mit seiner Lebensgefährtin Anny Balder über zwölf Jahre hinweg bei Heinrich Mann an Heiligabend zu Gast gewesen sei.[28] Anny Balder, die mit Manns erster Frau Marie Kanova auch nach seiner Scheidung von ihr verbunden blieb,[29] war auch die Patentante von Manns Tochter Leonie. 1921 schrieb Sinsheimer ein

---

[23] Sinsheimer: *Gelebt im Paradies*. Ausgabe von 1953, S. 141–209, zahlreiche Veränderungen gegenüber dem Manuskript. Vgl. Sinsheimer: *Gelebt im Paradies*. Ausgabe von 2013, S. 172–220 u. 238–268.

[24] Sinsheimer: *Gelebt im Paradies*. Ausgabe von 1953, S. 172.

[25] Barbara Hartlage-Laufenberg: *Hermann Sinsheimer – Lebensfroher Pfälzer, Jurist und vielseitiger Literat*. Jüdische Miniaturen. Bd. 120; Berlin 2012, S. 33.

[26] Sinsheimer: *Gelebt im Paradies*. Ausgabe von 1953, S. 250–256.

[27] Hermann u. Christobel Sinsheimer, a.a.O., S. 727.

[28] Ebd., S. 323.

[29] Barbara Hartlage-Laufenberg, a.a.O., S.42.

kleines Buch über *Heinrich Manns Werke*. Die Freundschaft ging kurz nach Heinrich Manns Emigration durch sein Buch *Der Hass* in die Brüche. Sinsheimer hat dies als sehr schmerzhaft empfunden, wie er in seiner Autobiografie schreibt. Pallmann hat diese Passage unbearbeitet übernommen. Bei Sinsheimers Betrachtungen zu anderen Persönlichkeiten hingegen finden sich bei Pallmann die gröbsten Veränderungen. Sinsheimer hatte z.B. Erich Mühsam ein umfangreiches Porträt[30] gewidmet. In der Ausgabe von 1953 wurde es komplett gestrichen. Mühsam wird in Pallmanns Bearbeitung nur in einem kurzen Abschnitt erwähnt und immerhin als »alter Freund« bezeichnet.[31]

Die Ausführungen zu Gustav Waldau waren ebenfalls verfälscht wiedergegeben. In einem Brief an Frida Schaffner vom 14. Mai 1947 hatte Sinsheimer sich über Waldaus Sympathien für die Nazis so sehr empört, dass er ihr schrieb, Waldau sei für ihn zum zweiten Mal gestorben, da er gerade Kunde von seinem vermeintlichen Tod erhalten hatte.[32] Pallmann strich Passagen in *Gelebt im Paradies,* die Waldau in schlechtem Licht darstellten,[33] schließlich schrieb Waldau das Geleitwort zur Erstausgabe von Sinsheimers Autobiografie.[34]

Die Jahre beim Simplicissimus

»Dass ich der Leiter des Simplicissimus wurde, den ich seit meiner Gymnasiastenzeit allwöchentlich verschlungen hatte, aber im Krieg und danach kaum noch zu lesen pflegte, hat eher das Schicksal oder der Zufall mir auferlegt, als das es meinem Willen entsprochen hätte«,[35] schrieb Sinsheimer in seinen Erinnerungen. Die Art, wie der *Simplicissimus* während des Krieges seinen Patriotismus zum Chauvinismus steigerte und »vorbehaltlos alle auf deutscher Seite in Umlauf gesetzten Kriegslügen in Wort und Bild unterstützte«, habe in zum Gespött der Welt gemacht und auch in Deutschland viele Anhänger entfremdet.[36] Pallmann hat die als Zitat widergegebene Passage gestrichen.

[30] Sinsheimer: *Gelebt im Paradies*. Ausgabe von 2013, S.106–111; 186–188.
[31] Sinsheimer: *Gelebt im Paradies*. Ausgabe von 1953, S. 269.
[32] Hermann u. Christobel Sinsheimer, a.a.O., S. 282.
[33] Sinsheimer: *Gelebt im Paradies*. Ausgabe von 2013g, S.253.
[34] Sinsheimer: *Gelebt im Paradies*. Ausgabe von 1953, S. 5–6.
[35] a.a.O., S. 231.
[36] Sinsheimer: *Gelebt im Paradies*. Ausgabe von 2013, S. 285.

Karl Arnold als einer der Teilhaber des *Simplicissimus* war im Juli 1924 mit der Bitte an Sinsheimer herangetreten, die vakante Stelle des Chefredakteurs zu übernehmen. Zu diesem Zeitpunkt befand sich der *Simplicissimus*, der in »seiner Blütezeit nicht nur das amüsanteste, sondern auch das nützlichste Blatt Deutschlands, wenn nicht Europas war«,[37] aus vielen Gründen in Schieflage. Seit der Hinwendung zum Hurra-Patriotismus zu Kriegsbeginn hatte das Blatt seine satirische Kraft weitgehend eingebüßt. Dies änderte sich auch nicht entscheidend nach 1918. Die Auflage ging zurück, damit verbunden blieben die notwendigen Inserenten aus.

Sinsheimer schrieb in *Gelebt im Paradies*: »ich fühlte mich wie ein Commis voyageur, der eine Ware von vorgestern neu in Mode bringen wollte.«[38] Dank Sinsheimers Bemühungen kam es zu einem allerdings nicht sehr lang anhaltenden Aufschwung. Er konnte seine Kontakte zu vielen Künstlern und Literaten dazu nutzen, »all diese unterschiedlich begabten Menschen [...] zu einem einzigartigen Ensemble« zusammenzuführen.[39] Sicher hat Sinsheimers Vorliebe für Geselligkeit bei Pfälzer Weinen, die man Mittwochabends bei »Mutter Schmitt« am Oberanger fand, mit dazu beigetragen.[40].

Die Beschreibung dieser Lokalität ist einem humorvollen München-Führer entnommen, den Sinsheimer mit seinem Redaktionskollegen Peter Scher 1928 in der Piper-Serie *Was nicht im Baedeker steht* veröffentlichte, einem Stadtführer, der nach vielen Jahren seines Erscheinens, noch immer frisch, höchst amüsant und lebendig wirkt.

Die positive Entwicklung beim *Simplicissimus* konnte aber langfristig nicht darüber hinweg täuschen, dass durchgreifende Maßnahmen notwendig waren. Sinsheimers Plan, das Blatt durch eine Übersiedlung nach Berlin mit jüngeren Kräften zu erneuern, scheiterte am entschiedenen Widerstand der älteren Societäre.[41] Im Oktober 1929 kam es zum endgültigen Bruch, und Sinsheimer trat als Chefredakteur zurück.

»Nie vor- oder nachher habe ich so viel und so schwer gearbeitet wie in diesen fünfeinhalb Jahren, und nie weniger Dank dafür geerntet.«[42]

---

37 Sinsheimer: *Gelebt im Paradies*. Ausgabe von 1953, S. 224.
38 Ebd., S. 234.
39 Ebd., S. 245.
40 Hermann Sinsheimer, Peter Scher: *München. Was nicht im Baedeker steht.* München 1928, S. 48.
41 Sinsheimer: *Gelebt im Paradies*. Ausgabe von 1953, S. 234.
42 Ebd., S. 233.

»Ich habe den *Simplicissimus* dann auch als überzeugter Gegner des Soziätssystems verlassen, es setzt mehr Tugenden und mehr Einsicht voraus, als egozentrische Künstler zu haben pflegen.«[43] Dieser Satz ist in der Pallmann-Ausgabe genauso wie Sinsheimers Darstellung des unrühmlichen Endes des *Simplicissimus* gestrichen. Nach Sinsheimers Darstellung wurde Th. Th. Heine 1933 von seinen Kollegen bei den Nazis so massiv denunziert, dass ihm nur noch die Flucht blieb. Der »Simpl« existierte dann zwar »von Hitlers Gnaden« weiter. Auch Sinsheimers Schlusssatz ist in Pallmanns Bearbeitung nicht zu finden: »Nie ist ein einst so ruhmvolles Unternehmen so ruhmlos gestorben.«[44]

Mit großen Hoffnungen zieht Sinsheimer nach Berlin mit der Erwartung, hier die Erfüllung all seiner beruflichen Träume zu finden. Hier heiratet er im März 1930 Anny Balder, die schon seit den letzten Kriegsjahren seine Lebensgefährtin war. Er bekommt eine Stellung beim *Berliner Tageblatt*. Er ist im Brennpunkt des Berliner Kulturlebens. Alles scheint sich fügen zu können.

Aber Ende 1933 bekommt Sinsheimer Berufsverbot. Den Jahren der Anerkennung erfolgt ein von außen diktierter Absturz. Sinsheimer flüchtet 1938 nach England, wo er am 29. August 1950 stirbt. Durch Krankheit schwer gezeichnet besucht er 1949 und 1950 noch zweimal München. Seine Heimatstadt Freinsheim will er jedoch nicht wiedersehen.[45]

---

[43] Sinsheimer: *Gelebt im Paradies*. Neue Fassung, S. 288.

[44] ebd.

[45] Brief von Hermann Sinsheimer an Frida Schaffner vom 13.7.1950; in: Hermann und Christobel Sinsheimer, a.a.O., S. 479.

Christine Haug

»Fluch dem Buch! Sei's von Ricarda, Rudolph oder Friedrich Huch!«

Der Münchner Buchhändler und »Kulturgastronom« Georg Carl Steinicke (1877–1939)

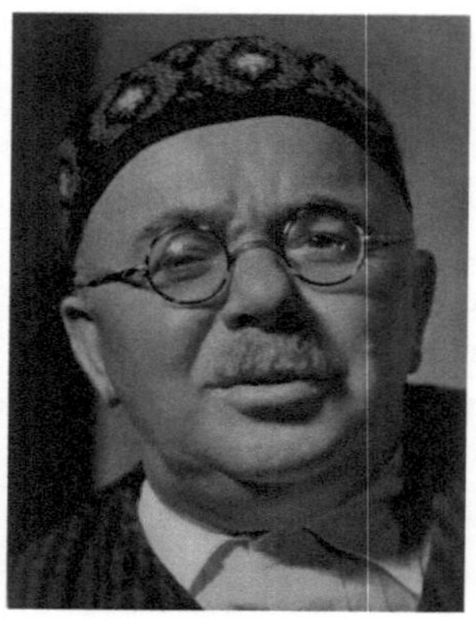
Georg Steinicke. Fotopostkarte

Georg Carl Steinicke, seine Buchhandlungen, seine Leihbücherei und das Graphische Kabinett, insbesondere aber sein Vortragssaal und sein späteres Klubheim in der Adalbertstraße 15 waren in den Jahren der Weimarer Republik eine feste literarische Bezugsgröße. Steinicke schuf eine wirkmächtige Kontaktbörse für Schriftsteller, Künstler und Gelehrte, von hier aus entfaltete sich ein literarisch-kulturelles Beziehungsgeflecht, ein personelles Netzwerk, das noch Verlässlichkeit hatte, als viele der im »Steinicke-Saal« verkehrenden Schriftsteller und Künstler sich bereits auf der Flucht vor dem Zugriff der nationalsozialistischen Machthaber befanden. Die ehemaligen Gäste des »Steinicke-Saals« unterstützten sich im Exil, knüpften wichtige Kontakte und halfen sich finanziell aus. Der regelmäßige Verkehr im Steinicke-Saal bürgte für politische Integrität und galt als wichtige Referenz im Kulturbetrieb der Weimarer Republik, mehr noch im nationalsozialistischen Terrorregime.

In der süddeutschen Kulturmetropole München hatte sich seit der Jahrhundertwende eine Buch- und Verlagskultur herausgebildet, die einen ganz eigenen Typus von Verlegern und Buchhändlern hervorbrachte, u.a. literarische Klein- und Kleinstverleger sowie Buchhändler, die ihren Aktionsradius weit über die eigenen Unternehmen hinaus erweiterten und aktiv an der Entfaltung und Förderung eines regen Literatur- und Kulturbetriebs an ihrem Wirkungsort teilhatten. Wichtige Impulse gingen hierbei von der Schwabinger Boheme aus, die mit ihren vielfältigen literarischen Treffpunkten, ihren Kreisbildungen und personellen Netzwerken das literarisch-kulturelle Leben in kaum zu unterschätzendem Maße belebten und gestalteten.[1]

Flanierten in den Jahren vor dem Ersten Weltkrieg ausländische Touristen durch Münchens Innenstadt, stach ihnen sofort die starke Präsenz von internationaler zeitgenössischer Literatur in den Schaufenstern der verschiedenen Buchhandlungen ins Auge – so ein Stimmungsbericht im *Börsenblatt für den Deutschen Buchhandel* über die Situation des Buchhandels in deutschen Städten aus dem Jahr 1911.[2] Für den Münchner Sortimentsbuchhandel war die Sommer- und Reisezeit ohnehin eine der umsatzstärksten Zeiten (insbesondere amerikanische Touristen präferierten München als Stadt des Kunsthandels) und die Reisenden ließen sich von einem neuen Typus von Ladengeschäft beeindrucken, das sich sukzessive seit der Jahrhundertwende in Schwabing herausgebildet hatte. Diesen neuen Typus von Sortimentsgeschäft verkörperten vor allem die Buchhändler Heinrich Jaffe (1862–1922) und Horst Stobbe (1884–1974) mit ihrem modernen Literaturangebot. Das neue Laden- und Verkaufskonzept im Sortimentsbuchhandel zeichnete sich durch die kluge Verflechtung von Sortimentsgeschäft mit Lese- und Ausstellungsräumlichkeiten, einem ausgewählt-anspruchsvollen künstlerisch-literarischen Programm und einer Neugestaltung der Verkaufsräumlichkeiten aus.

Bis weit in das 19. Jahrhundert hatte im klassischen Sortimentsbuchhandel die Ladentheke dominiert, d.h. das Buchangebot befand sich Buchrücken an Buchrücken in den Regalen, die Beleuchtung des Ladeninneren war meist so schlecht, dass der Kunde ohnehin nicht eigenständig in den Bücherregalen stöbern konnte. Bücherkunden waren deshalb angehalten, ihre Literaturwünsche direkt beim Buchhändler zu erfragen. Der neue Typus von Buchhandlung, der unter der Bezeichnung »Bücherstube« seit der Jahrhundertwende eine erste Konjunktur hatte und deren Erfindung der Münchner Buchhändler, Antiquar und

1 Reinard Wittmann: *Hundert Jahre Buchkultur in München.* München 1993; verdienstvoll die in der Buchwissenschaft München entstandene Diplomarbeit *»Leute die sonst brav gewesen, verführte er zum Bücherlesen.« – Der Schwabinger Buchhändler Georg C. Steinicke (1877–1939) als neuer Sortimentertypus im Kontext der Münchner Moderne* (unveröffentlichtes Manuskript 2012) von Lena Stegmann, die die in Münchner Archiven und Bibliotheken zerstreute Quellen zu Georg Steinicke akribisch zusammentrug.

2 *Münchner Briefe. I.* In: *Börsenblatt für den Deutschen Buchhandel*, 1911, S. 6972–6973.

Bibliophile Horst Stobbe für sich reklamierte[3], beschritt neue Wege. Jaffe, Stobbe und Littauer entwickelten sich zu literarisch-künstlerischen Kristallisationspunkten, zu intellektuellen Leseorten. Hier wurde über neue literarische Trends, über Zeitungen und Zeitschriften sowie Buchnovitäten debattiert. Auf Tischen lagen aktuelle Zeitungen, Kunst- und Bibliophilen-Zeitschriften aus, die in eigens eingerichteten Leseecken gelesen und diskutiert wurden, gelegentlich wurde sogar Kaffee ausgeschenkt. Diesen Bücherstuben angeschlossen waren gelegentlich kleine Kunsthandlungen oder Antiquariate, selten Leihbüchereien, die als Instrument der Kundenbindung bei dieser Form von Kultursortiment obsolet waren. Kundenbindung fand über die in regelmäßigen Abständen ausgerichteten Vortragsveranstaltungen, Kunst- und Buchausstellungen oder Dichterlesungen statt. Gründungsintention der Bücherstuben – so Stobbe über sein eigenes Geschäft – war die Schaffung eines besonderen Ambientes, wo »sich Bücherfreunde in kultivierter Umgebung bequem sitzend über Novitäten informieren« konnten. Straßenlärm und geschäftiges Alltagstreiben wurden vom Ladengeschäft ferngehalten.[4] Mit der Bücher- und Lesestube entstand um 1900 im verbreitenden Buchhandel ein Pendant zum Kulturverleger, der »Kultursortimenter«, der seinen Auftrag – dem Kultur- und Individualverleger vergleichbar – nicht allein in der Bereitstellung und im Verkauf von Büchern erkannte, sondern vielmehr in seiner geselligkeitsstiftenden und kulturvermittelnden Funktion. Bücher- und Lesestuben wurden in den Stadtvierteln eingerichtet, in denen die Zielgruppe regelmäßig verkehrte, also in der unmittelbaren Nähe zu Literaturcafés und Künstlerlokalen, wo die Intellektuellen der Stadt, Schriftsteller, Künstler, Schauspieler, Musiker, Buchhändler und Verleger aus- und eingingen.

Zwischen Reichsgründung und Erstem Weltkrieg hatte München einen regelrechten Gründungsboom an Kunst- und Literaturverlagen, an Buch- und Kunsthandlungen sowie an Lithographischen Anstalten zu verzeichnen. Bereits 1870 wies das städtische Adressbuch von Mün-

---

3 Herleitung des Begriffs »Bücherstube« aus dem Druckgewerbe, wo man den Raum, in welchem die noch feuchten Druckbögen zum Trocknen aufgehängt wurden, als Bücherstube bezeichnete. Vgl. Rudolph Adolph: *Schatzgräbereien. Bücher, Briefe und Begegnungen.* Nürnberg,1959, S. 185, und Horst Stobbe: *Die Entstehung der ersten Bücherstube.* In: *Das Antiquariat. Halbmonatsschrift für alle Fachgebiete des Buch- und Kunstantiquariats.* Jahrgang VIII, Nr. 19/20, 1952, S. 374.

4 Horst Stobbe über sein Etablissement in *Der Zwiebelfisch*, 1912, hier zit. n. Wittmann: *Hundert Jahre Buchkultur*, S. 93.

chen 48 Buchhandlungen, Kunst- und Musikalienhandlungen aus, eine Zahl, die sich bis 1902 auf 130 Buchhandlungen und 145 Verlage erhöhte.[5] Die verschärfte Konkurrenzsituation erforderte aber auch unternehmerische Kreativität und Mut zu innovativen Geschäftsmodellen. Neben den großen Sortimentsbuchhandlungen, Bücher- und Lesestuben entstanden vermehrt Nischengeschäfte, die sich hauptsächlich als soziale Kommunikationspunkte verstanden. Zu ihnen gehörte bspw. Hans Goltz, der in seinem kleinen Geschäft Literaten, Bibliophilen und Künstlern einen »geistigen Raum« schuf. Goltz engagierte sich hauptsächlich in der Kunstszene und organisierte zwischen 1912 und 1927 in seinem »Goltz-Eck« und einer weiteren Niederlassung am Odeonsplatz über 150 Kunstausstellungen. 1914 gründete er zudem einen kleinen Kunstverlag, aus dem die Reihe *Künstler-Goltz-Bände* in exquisiter Ausstattung und kleiner Auflage hervorging.[6]

Die Bücherstube aber verstand sich – anders als die herkömmlichen Sortiments- und Fachbuchhandlungen – als Institution im Dienst der Literatur-, Kunst- und Kulturvermittlung, als kultivierte Zirkel, die aber zu feiern verstanden, wie allein die legendären Maskenbälle und Faschingsfeste zeigten. Die literarischen Zirkel und Gesellschaften, Cafés und Kneipen förderten die Herausbildung personeller Netzwerke im Literaten- und Künstlerviertel Schwabing und die Entfaltung von kreativen Milieus, die gerade bei jungen Autoren und Verlagsgründern ein hohes Maß an Experimentierfreudigkeit auslösten. Das Buch- und Verlagsgewerbe in Schwabing entwickelte sich zu einem Biotop, in dem vielfältige Geschäftsmodelle und Finanzierungsvarianten erprobt wurden, die Idealismus und Ökonomie zu verbinden suchten.[7] So war der Buchmarkt in München bereits vor dem Ersten Weltkrieg eng besetzt und Neugründer mussten sich durchsetzungsfähige unternehmerische Konzepte überlegen, wollten sie im Markt existieren. Der Berliner Buchhändler Georg Carl Steinicke (1877–1939) übernahm zunächst ein Papiergeschäft in der Lindwurmstraße und etablierte sich im Universitätsviertel als medizinischer Fachbuchhändler. Sicherlich eine unternehmerisch sinnvolle

5 Vgl. Walter Flemmer: *Verlage in Bayern. Geschichte und Geschichten.* Pullach bei München 1974, 126–130.

6 Vgl. Wittmann: *Hundert Jahre Buchkultur in München,* S. 93–95.

7 Vgl. Christiane Haug: *Der E.W. Bonsels-Verlag (1904–1927) – ein literarischer Kleinverlag in Schwabing um 1900.* In: *Waldemar Bonsels. Karrierestrategien eines Erfolgsschriftstellers.* Hg. von Sven Hanuschek, Wiesbaden 2012 (Buchwissenschaftliche Beiträge. 82), S. 27–42.

Entscheidung, doch Steinicke fühlte sich zur modernen Literatur hingezogen. So gründete er zunächst eine literarische Buchhandlung mit Leihbücherei in der Leopoldstraße. Nach dem Krieg entschied sich Steinicke vor dem Hintergrund der Inflation, die den Buchhandel in ganz Deutschland in eine tiefe Krise stürzte, sein Buchhandelsgeschäft ganz aufzugeben und sich als (modern ausgedrückt) Eventmanager im literarisch-kulturellen Bereich, als »Kulturgastronom« zu betätigen. Steinicke verstand sich selbst als »Kulturwirt« und schuf sich ein neues Tätigkeitsfeld, das sich auf die Konzeption, Organisation und Durchführung von literarisch-kulturellen Veranstaltungen fokussierte.

Der Sortimentsbuchhändler und »Kulturgastronom« Georg Carl Steinicke (1877–1939)

Georg Carl Steinicke (1877–1939) hatte den Buchhandel in Berlin erlernt und mehrere Jahre in Dresden und Wien Berufserfahrung gesammelt, bevor er sich zunächst in Ingolstadt, schließlich 1904 in München niederließ. 1916 beantragte Steinicke, inzwischen verheiratet und Vater von drei Töchtern, die bayerische Staatsbürgerschaft, die ihm zügig erteilt wurde. Sein erstes Ladengeschäft eröffnete Steinicke in der Lindwurmstraße 5a, hier übernahm er einen kleinen Papierladen, den er zu einer medizinischen Fachbuchhandlung umgestaltete. Mitten im Mediziner-Viertel Münchens orientierte er sich mit seinem Sortimentsangebot an dieser kaufstarken Zielgruppe. 1907 eröffnete Steinicke in der Leopoldstraße 23 eine weitere Niederlassung, die sich dezidiert als literarische Buchhandlung verstand. Dem Ladengeschäft gliederte er eine kleine Leihbücherei und ein Antiquariat an. Mit dieser Niederlassung suchte er bewusst die Nähe zum literarischen Treffpunkt »Café Leopold«, wohl wissend, dass er hier mit Erfolg Kunden akquirieren konnte. Hans Brandenburg war die kleine Buchhandlung mit Leihbücherei auch sogleich ins Auge gefallen: »In der Nachbarschaft an der Leopoldstraße befand sich der kleine Laden eines jüngeren Buchhändlers, Georg C. Steinicke, eines viven Berliners, der schon in den Anfangszeiten des Verlags Bonsels ein Auge auf mich wie auf uns alle geworfen hatte«.[8] Die kleine Leihbücherei fand schnell Anklang in den finanziell ohnehin

[8] Hans Brandenburg: *München leuchtete. Jugenderinnerungen.* München 1953, S. 280.

wenig kaufkräftigen Literatenkreisen und stellte eine geschickte Form von Kundenwerbung dar. Es folgte die Einrichtung eines Graphischen Kabinetts in einer ehemaligen Lagerhalle für Spirituosen, in deren kleiner Lichthof die ersten Vortragsveranstaltungen und kleine Auktionen stattfanden.[9] Ein Jahr später, 1908, eröffnete Steinicke gemeinsam mit Fritz Lehmkuhl (1877–1925) die Verlagsbuchhandlung »Steinicke und Lehmkuhl« in der Kurfürstenstraße 29/1. Die Verlagsproduktion blieb indes überschaubar, im ersten Jahr erschienen lediglich drei Werke.[10] 1909 scheint Steinicke als Verleger der Zeitschrift *Der April. Halbmonatsschrift für angewandte Kultur* auf, zu deren Mitarbeiter u.a. Hans Brandenburg, Karl Ettlinger, Roda Roda und Frank Wedekind gehörten. Mit der Halbmonatsschrift führte Steinicke die wissenschaftliche Beilage der *Münchner Neuesten Nachrichten* weiter. Nicht ohne Selbstbewusstsein kündigten die Mitarbeiter ihr neues Zeitschriftprojekt an:

> »Das allgemein längst gefühlte dringende Bedürfnis nach einer Halbmonatsschrift dieser Art konnte nicht länger unbefriedigt bleiben. Bei solcher Sachlage durfte die Wahrscheinlichkeit, dass das Erscheinen unsres ›April‹ den meisten übrigen Zeitschriften Deutschlands den Untergang bedeuten werden, uns von der Ausführung unsres rein kulturell gemeinten Unternehmens leider nicht zurückhalten.«[11]

Mit der Herausgabe dieser Halbmonatsschrift profilierte sich Steinicke als typischer Zeitschriften-Verleger, wie sie in Schwabing zahlreich vertreten waren. Um die Zeitschrift sammelten sich junge Autoren, sie wurde zum Kristallisationspunkt eines literarischen Kreises, gewöhnlich in programmatischer Abgrenzung zu bereits bestehenden Kreisen, deren literarisch-kulturellen Zielsetzungen variierten. Mit der Schwerpunktverlagerung auf die zeitgenössische Literatur und seinem verstärkten Engagement im Literaturbetrieb Münchens entschied sich Stei-

[9] Georg Steinicke: *Wie ich der Schwabinger Buchhändler wurde.* In: *Münchner Mitteilungen für künstlerische und geistige Interessen.* Jahrgang, 2, 1928, S. 605–607.

[10] Heinrich Wolffs *Erzählungen einer kleinen Schere*, die von Hans Sauermann herausgegebene Sammlung *Deutsche Stilisten. Handzeichnungen altdeutscher Meister* und eine Goethe-Trilogie, von der aber nur der erste Band erschien. Vgl. *Lehmkuhl. 100 Jahre Leben mit Büchern. 1903–2003. Eine Chronik in Bildern, Texten und Stimmen.* Hg. von Dirk Heißerer, München 2003; und Karl Ude: *Schwabing von innen. Kulturelle Essays.* Mit einem Vorwort von Christian Ude, München 2002.

[11] *Der April. Halbmonatsschrift für angewandte Kultur.* Berlin-München, 1. April 1909, Jahrgang 1, Nr. 1.

nicke 1910 für den Verkauf seiner medizinischen Fachbuchhandlung in der Lindwurmstraße.[12] Noch kurz vor Ausbruch des Ersten Weltkriegs, verstärkt nach dessen Ende, suchte Steinicke neue Herausforderungen, einerseits um ein wirtschaftlich einträgliches Geschäftsmodell am Standort München zu etablieren, das sich von den inzwischen sehr zahlreichen Literaturverlagen und Sortimentsbuchhandlungen abhob, andererseits den neuen Bedürfnissen der Münchner Literaturszene nach Kriegsende gerecht zu werden. 1912 gründete Steinicke in der Adalbertstraße 15 eine weitere Buchhandlung, die sich dadurch von den bereits bestehenden Unternehmen unterschied, dass es im Hinterhof einen Veranstaltungssaal gab, der für weit über einhundert Gäste Platz bot und nach mehreren Umbauten sogar über eine passable Theaterbühne verfügte. In der Verbindung von Literaturbuchhandlung, Leihbibliothek (in den Nachkriegsjahren das einträglichste Geschäft) und Veranstaltungssaal schien Steinicke sein unternehmerisches Idealkonzept gefunden zu haben. Er übertrug 1915 die Buchhandlung in der Leopoldstraße seinem Teilhaber Fritz Lehmkuhl und widmete sich fortan allein dem Aus- und Umbau seiner neuen Räumlichkeiten, die sich wegen des Kriegsbeginns zunächst verzögerten.[13] Doch bereits zum Jahresende waren die Renovierungsarbeiten abgeschlossen.

»Ausstellungs- und Vortragssaal für intime literarische und künstlerische Veranstaltungen« – Eröffnung des Steinicke-Saals als literarisch-kulturelles Zentrum

Ende des Jahres 1914 eröffnete Georg Steinicke seine literarische Einrichtung unter der Bezeichnung »Ausstellungs- und Vortragssaal für intime literarische und künstlerische Veranstaltungen«. Den Eröffnungsvortrag hielt im Dezember 1914 die Münchner Schriftstellerin Lena Christ (1881–1920), deren Vater, ein Gastwirt, die Räume in der Adalbertstraße vormals gehörten.[14] Zu den ersten Gästen seines neuen

[12] Im selben Jahr erwarb er eine Buchhandlung in Augsburg, die aber nicht den erhofften Erfolg brachte. Das Verlagsgeschäft stellte er 1921 endgültig ein.

[13] Georg Steinicke: *Erinnerungen eines München-Schwabinger Buchhändlers*. In: *Festausschuß des Börsenvereins der Deutschen Buchhändler zu Leipzig, Kantate-Stimmen 1929*. S. 86–90.

[14] *Der Steinicke-Saal 1914–1934. Ein kleines Haus aus großer Zeit*. München 1934, S. 2.

Lokals gehörten Fronturlauber. In den Kriegsjahren standen musikalische Darbietungen im Mittelpunkt. Steinicke engagierte namhafte Musiker für Kammermusikabende.[15] Es folgten Vorträge über zeitgenössische Kunst und Lesungen von Erich Mühsam und Thomas Mann, Frank Wedekind, Johannes R. Becher und Joachim Ringelnatz. Auch Karl Valentin und Liesl Karlstadt traten im Steinicke-Saal auf.

Nach dem Ende des Ersten Weltkriegs war das gesamte Buchhandels- und Verlagsgewerbe vor dem Hintergrund der wirtschaftlichen Kriegsfolgen und der Inflation in eine massive Krise geraten und Steinicke entschied sich, sich von seinem Buchhandelsgeschäft endgültig zu trennen. Er kündigte einen großen Bücherverkauf an, selbst das Inventar seiner Buchhandlung stand zum Verkauf. Den Abschied von seiner Buchhandlung inszenierte Steinicke werbewirksam als Kabarettaufführung, von dem Hans Brandenburg in seinen Erinnerungen *Im Feuer unserer Liebe. Erlebtes Schicksal einer Stadt* (1956) zu berichten wusste:

> »Der Eröffnungsabend wurde noch einmal ein großer Abend, ja vielleicht der größte bisher, denn alles, was Rang und Namen besaß und sich oft an dieser Stätte erst verdient hatte, war erschienen. Als der Vorhang hochging, sah man den Hausherrn auf der Bühne vor hohen Regalen voll unverkäuflicher Bücher im Bett liegen. Er wälzte sich in Alpträumen vom drohenden Bankrott. Und diesmal war es ein Sprechchor, der hohlstimmig ausrief: ›Fluch dem Buch!‹, und es reimte sich darauf: ›Sei's von Ricarda, Rudolf oder Friedrich Huch!‹ Aber es waren gute rettende Geister, denn sie drehten die Regale um, die sich nun auf der anderen Seite statt mit den fürchterlichen Büchern mit Wein- und Likörflaschen gefüllt zeigten«.[16]

Nach dem Krieg hatte die literarisch-kulturelle Vielfalt in Schwabing gelitten, zahlreiche Schriftsteller und Künstler waren im Krieg gefallen, insgesamt prägte ein Generationswechsel die Münchner Kulturszene, die sich vor dem Hintergrund einer verstärkt massenmedialen Alltagskultur auffällig modernitätskritisch positionierte und eine Abwanderungsbewegung von Schriftstellern und Wissenschaftlern nach Berlin initiierte, ein Prozess, der in München die »Kunststadtdebatte« auslöste.[17] Steinicke suchte für die Diskussion über den »Untergang

---

[15] Ebd., S. 3.

[16] Hans Brandenburg: *Im Feuer unserer Liebe. Erlebtes Schicksal einer Stadt.* München 1956, S. 178.

[17] Vgl. hierzu Waldemar Fromm: *Katsimardos, Andreas, Goldene Zwanziger Jahre:* In: *Historisches Lexikon Bayerns.* URL: *http://www.historisches-lexikon-bayerns.de/artikel/artikel_44722* (18.08.2013)

der Kunststadt München«, unter diesem Motto wurde sie in der literarischen Öffentlichkeit geführt, einen öffentlichen Raum zu bieten. Der Steinicke-Saal avancierte zum Gründungsort zahlreicher literarischer Vereine und Gesellschaften, die dieser geistigen Lethargie entgegenwirken wollten.[18] Neben anderen entstand die literarische Vereinigung »Die Argonauten«, 1924 gegründet von Ernst Penzoldt (1892–1955), Ludwig Friedrich Barthel (1898–1962) und Josef Magnus Wehner (1891–1973), deren »Hervortreten mit literarischen Abenddarbietungen [...] augenblicklich der Herzschlag Münchens [sei]«, so die Kommentatoren in der Zeitschrift *Der Zwiebelfisch.*[19] *Der Zwiebelfisch* griff – nicht ohne Ironie – diesen Trend auf und flankierte diesen Kulturaktionismus mit einer *Rundfrage über München* an bedeutende Vertreter der literarisch-kulturellen Lebens, mit dem Ziel, Vorschläge zu sammeln, »die geeignet sind, zur geistigen, künstlerischen und allgemein-kulturellen Hebung München beizutragen«.[20]

Steinickes ambitioniertes kulturpolitisches Ziel war es, die Schwabinger Literatur- und Kulturszene zu reaktivieren, indem er auf ein dichtes Programm an öffentlichen Abendveranstaltungen setzte, Diskussionsabende ausrichtete, bspw. einen Nietzsche-Hölderlin-Abend im Jahr 1921 anbot. Anfang der Zwanzigerjahre entwickelte sich der Steinicke-Saal zu einem stark frequentierten Treffpunkt auch von studentischen Jugendgruppen und etablierte sich darüber hinaus als eine gut besuchte Schaubühne. Steinicke bot der Volks- und Arbeiterbühne unter der Leitung von Eugen Felber seinen Saal als Aufführungsstätte an, die von der Stadt keine Spielstätte zur Verfügung gestellt bekommen hatte. Felber eröffnete die Spielzeit 1921 mit Hugo von Hofmannsthals *Der Tod und der Tor*, es folgte eine Aufführung von Georg Büchners *Leonce und Lena.* Felbers Nachfolger Friedrich Mellinger feierte mit Christian Dietrich Grabbes *Don Juan und Faust* große Erfolge im Steinicke-Saal. Für junge Nachwuchstalente bot Steinicke Schauspielunterricht mit der Schauspielerin Magda Lena Achmann (1883–1940) an, die ein Engagement am Münchner Residenztheater hatte und eine

---

18 Nach eigener Aussage sah Steinicke sein literarisch-kulturelles Institut in den Zwischenkriegsjahren als »frei und unabhängig, nicht links und nicht rechts schielend, [die] allem Wertvollen sich zur Verfügung stellte und Opfer brachte.« Steinicke, *Wie ich der Schwabinger Buchhändler wurde*, S. 606.

19 *Der Zwiebelfisch. Zeitschrift über Bücher, Kunst und Kultur.* XX. Jahrgang, 1926/1927, Heft 1, S. 7.

20 Ebd., S. 7–8.

private Schauspielschule leitete.[21] Auf diese Weise gelang es dem agilen Steinicke, ein abwechslungsreiches Kulturprogramm anzubieten, das in der Münchner Bevölkerung große Resonanz erlebte. Und nicht zuletzt fanden verschiedene Organisationen der Jugendbewegung im Steinicke-Saal einen Sammelpunkt und Übungsräume, u. a. für rhythmische Gymnastik und Entspannungsgymnastik, die durch Rudolf Bode (1881–1970) eine besondere Nachfrage erlebte.[22] Rudolf Bode hatte im Oktober 1911 die Bode-Schule für rhythmische Gymnastik gegründet, sein Konzept fand enorme Resonanz. Bode expandierte mit seinen Schulen in deutschen Städten, und der gegründete Bode-Bund gewann in ganz Deutschland Mitglieder. Bode trat bereits 1932 in die NSDAP ein und übernahm im Nationalsozialismus zunächst die Leitung der Fachschaft »Gymnastik und Tanz« im Reichsverband deutscher Turn-, Sport- und Gymnastiklehrer, 1933 wurde er Fachgruppenleiter im Kampfbund für deutsche Kultur.[23]

Steinicke war es offensichtlich gelungen, dem Bedürfnis der Münchner Bevölkerung nach (populär)wissenschaftlichen Vortragsabenden mit starkem Unterhaltungsanteil, flankiert von zwangloser Geselligkeit nachzukommen. Es galt eben nicht mehr allein die literarisch-künstlerische Elite an das Lokal zu binden, sondern das Kulturleben breiten Bevölkerungsschichten zu öffnen und eine attraktive Alternative zu einem immer facettenreicheren Unterhaltungs- und Freizeitangebot zu schaffen, das in der Weimarer Republik von Kinobesuchen, Sportveranstaltungen bis zu Tanzabenden reichte. Eine Palette an Unterhaltungsangeboten, die von vielen Künstlern – bspw. von Karl Valentin – als »Amerikanisierung« und unerwünschte Konkurrenz heftig attackiert wurde.[24] Diesen Kulturpessimismus, ein substanzieller Bestandteil des Kunststadt-Diskurses, teilten viele Intellektuelle. Stei-

---

[21] Magda Lena Achmann war verheiratet mit Josef Achmann, der gemeinsam mit Georg Britting die expressionistische Zeitschrift *Die Sichel* (1919–1921) herausgab. 1935 erhielt Josef Achmann Ausstellungsverbot.

[22] *Der Steinicke-Saal 1914–1934*, S. 4–6.

[23] Bernd Wedemeyer-Kolwe: *»Der neue Mensch«. Körperkultur im Kaiserreich und in der Weimarer Republik*. Würzburg 2004, S. 48.

[24] Karl Valentin reagierte auf die Rundfrage der *Zwiebelfisch*-Herausgeber mit einem kulturpessimistischen Ausfall: »München nochmals zu einer Kunststadt zu machen, ist eine Kunst, die niemand kann. München wird ›amerikanisiert‹. […] Im Theater wird bis zum Ekel Expressionismus gespielt. Modern amerikanische Radaumusik lockt zu perversen Tänzen – die deutschen Nationaltänze dienen nur mehr dem Spottgelächter«. In: *Der Zwiebelfisch. Zeitschrift über Bücher, Kunst und Kultur*. XX. Jahrgang, 1926/1927, Heft 1, S. 47.

nicke beließ es jedoch nicht bei der Kritik, sondern suchte tatkräftig an einer Wiederbelebung Münchens als Kunststadt mitzuwirken. Otto Falckenberg, der 1886 noch von Münchens »ungeheurem Reichtum der Gestalten, der Richtungen, der Ideen« geschwärmt hatte, die auf norddeutsche Schriftsteller, Publizisten und Verleger wie ein Magnet wirkten[25], glaubte zwar auch noch 1926 an ein Wiederaufblühen der Bühnenkunst, an das Münchner Theaterpublikum, das »nicht auf Bluff und Startum versessen [sei] wie in Berlin«[26], doch viele seiner Zeitgenossen fürchteten – so auch Michael Georg Conrad – eine unaufhaltsame »Verblödung in Jazzmusik und geilem Tanze.«[27] Mit diesem kulturkritische Trend bewegte sich die Münchner Kulturelite durchaus im Mainstream der deutschen Intellektuellen in den Zwischenkriegsjahren. Die neuen Medien, Rundfunk und Film, hatten die Produktionsverhältnisse, das Berufsbild des Schriftstellers vollkommen verändert. Ihr finanzielles Auskommen konnten nur diejenigen Autoren sichern, die Presse, Theater, Rundfunk und Film in ihren Produktionsprozess einbezogen. Verleger und Buchhändler wiederum beklagten eine fortschreitende »Amerikanisierung« des Literaturbetriebs – im Fokus der Kritik stand das Bestseller-Phänomen – und Lesemüdigkeit.[28]

Ende des Jahres 1926 gehörte Steinicke zu den Mitinitiatoren zur Gründung der »Münchner Gesellschaft 1926«, die sich auf ihre Fahnen schrieb, München als Kunststadt wieder konkurrenzfähig zu machen, ja an die Spitze Deutschland zurückführen zu wollen, »denn München wird nur dann in Deutschland und in der Welt an der Spitze bleiben oder wieder an die Spitze kommen, wenn es nicht nur eine sinnenfrohe, sondern auch eine geistige, geistfreundliche, geistwillige, nicht nur eine künstlerische, sondern auch eine literarische Stadt ist«.[29]

Georg Steinicke als Mitbegründer der »Münchner Gesellschaft 1926«

---

[25] Hier zit. n. Flemmer: *Verlage in Bayern. Geschichte und Geschichten.* S. 131.

[26] *Der Zwiebelfisch. Zeitschrift über Bücher, Kunst und Kultur.* XX. Jahrgang, 1926/1927, Heft 1, S. 15.

[27] Ebd..

[28] Vgl. Anton Kaes: *Schreiben und Lesen in der Weimarer Republik.* In: *Literatur der Weimarer Republik 1918–1933.* Hg. von Bernhard Weyergraf, München 1995 (Hansers Sozialgeschichte der deutschen Literatur vom 16. Jahrhundert bis zur Gegenwart. Bd. 8), S. 38–64.

[29] *Der Zwiebelfisch. Zeitschrift über Bücher, Kunst und Kultur.* XX. Jahrgang, 1926/1927, Heft 1, S. 4.

Die Gründungsveranstaltung der »Münchner Gesellschaft 1926« fand im November 1926 im Steinicke-Saal statt. Thomas Mann hielt am 2. November 1926 die *Rede zur Eröffnung der Münchner Gesellschaft 1926*, die in der Kulturzeitschrift *Der Zwiebelfisch. Zeitschrift über Bücher, Kunst und Kultur* abgedruckt wurde und eine ganze Reihe von öffentlichen Reaktionen auslöste.[30] Thomas Mann erinnerte an die unbeschwerte Vorkriegszeit in München und beschwor die »Atmosphäre der Menschlichkeit, des duldsamen Individualismus, der Maskenfreiheit sozusagen, eine Atmosphäre von heiterer Sinnlichkeit, von Künstlertum«.[31]

> »Sie [die Münchner Gesellschaft 1926, C.H.] will eine Bewegung zusammenfassen und organisieren, von der breite Massen sich ergriffen zeigen, weshalb sie gut tut, sich auf die breiteste soziale Grundlage zu stellen. Der Sinn dieser Bewegung ist Blutentgiftung, Erhebung, Befreiung, Genesung am Geiste und zum Geist. Von dieser Bewegung getragen, die ihr Ursprung ist, möge die Münchner Gesellschaft 1926 leben, blühen und gedeihen«.[32]

Steinickes Aktivitäten erweiterten sich in der zweiten Hälfte der Zwanzigerjahre auf kulturpolitische und volksbildnerische Herausforderungen, insbesondere mit der neuerlichen Verschärfung des Sittlichkeitskampfes und einer Neuauflage des »Schmutz- und Schundgesetzes«. Bereits gegen die Durchsetzung der »Lex Heinze« 1900 hatte sich in München massiver Protest artikuliert. Der Schwabinger Verleger Georg Hirth (1841–1916) und der Schriftsteller Max Halbe (1865–1944) hatten als Reaktion auf das Zensurgesetz seinerzeit den »Goethebund zum Schutz freier Kunst und Wissenschaft« gegründet.[33] 1926, als die Regierung das »Gesetz zur Bewahrung der Jugend vor Schmutz und Schundschriften« erlassen hatte, formierte sich wiederum in der Schwabinger Literaturszene Widerstand, der diesmal in Veranstaltungen im Steinicke-Saal seinen Ausdruck fand. Am 12. Juli 1926, das Gesetz hatte im Reichstag bereits die 2. Lesung durchlaufen, organisierten Oskar Maria Graf und Michael Georg Conrad eine Protest- und Aufklärungsveranstaltung im Steinicke-Saal. Ne-

---

30 Ebd., S. 1–6.

31 Ebd., S. 3.

32 Ebd., S. 6.

33 Vgl. Roger Engelmann: *Öffentlichkeit und Zensur. Literatur und Theater als Provokation*. In: Friedrich Prinz, Marita Krauss (Hgg.): *München – Musenstadt mit Hinterhöfen. Die Prinzregentenzeit 1886 bis 1912*. München 1988, S. 267–276.

ben einem Juristen sprach Oskar Maria Graf für den Jungmünchner Kulturbund.[34] Ein kluger Schachzug in diesem Kontext war sicherlich die Zusammenarbeit mit dem Münchner Reformpädagogen und Stadtschulrat Georg Kerschensteiner (1854–1932). Kerschensteiner gehörte zu den liberalen Vertretern im Schul- und Erziehungswesen, in seinen zahlreichen Reformschriften vertrat er allerdings ein konservatives Erziehungsmodell, das Jugendliche zu guten Staatsbürgern heranbilden, sie durch eine berufspraktisch orientierte Schulausbildung vor sittlicher Verwahrlosung schützen wollte. Kerschensteiner engagierte sich für eine grundlegende Reform des Volksschulwesens (u.a. durch Einführung eines achten Pflichtschuljahres), 1900 gründete er mit der Arbeitsschule die Vorläufer der heutigen Berufsschule. Nach dem Ersten Weltkrieg tendierte Kerschensteiner zu einer stark nationalistischen Position.[35] Steinicke unterstützte Kerschensteiner nicht nur bei der Gründung des Südbayerischen Volksbildungsverbandes, sondern betreute auch die literarischen Veranstaltungen des Volksbildungsverbands.[36]

Steinickes Initiative für die Gründung der »Münchner Gesellschaft 1926« auf der einen Seite und seine Affinität zu politisch-kulturellen Kreisen, die dem nationalen, antimodernen Flügel in München zuzuordnen waren, offenbart, dass der Kulturveranstalter trotz erklärter Überparteilichkeit hinsichtlich seines Literatur- und Kulturprogramms im Steinicke-Saal doch eher dem konservativen Lager zuzuordnen war, ohne mit der völkisch-nationalistischen Bewegung und den späteren nationalsozialistischen Machthabern zu sympathisierten.

Die Öffnung der Kulturabende für die interessierte Bevölkerung spiegelte sich auch im gastronomischen Angebot wider, das Steinicke seinen Gästen seit 1927 machen konnte. 1927 hatte Steinicke eine Konzession zum »Ausschank von Flaschenbier, Wein, Limonaden und Mineralwasser am Erfrischungsbüffet im Vortragssaal« beantragt, die ihm in diesem begrenzten Umfang auch gewährt wurde. Eine kaum geringere, wenn nicht gar entscheidende Rolle neben dem facettenreichen Kulturangebot, spielte aber die von Steinicke maßgeblich in-

[34] *Oskar Maria Graf in seinen Briefen*. Hg. von Gerhard Bauer und Helmut F. Pfanner, München 1984, S. 43–44.

[35] Vgl. Susanne May, Elisabeth Tworek, Willibald Karl (Hgg.): *München machte Schule. Georg Kerschensteiner. Symposium zum 150. Geburtstag des Münchner Reformpädagogen. Dokumentation der Münchner Volkshochschule*. München 2005.

[36] Brandenburg: *München leuchtete*. S. 281.

itiierte Fest- und Feierkultur im Schwabing der Weimarer Republik. Seine Atelier-, Künstler- und Faschingsfeste waren legendär und sind bis heute unmittelbar mit dem Steinicke-Saal verbunden.

»Feste feiern ohne Krampf und Ziererei« – Die legendären Atelier- und Künstlerfeste im Steinicke-Saal zwischen den Weltkriegen

Gauklertage, Atelier-, Künstler- und Faschingsfeste sowie Maskenbälle waren elementarer Bestandteil der Schwabinger Geselligkeitskultur in den Zwischenkriegsjahren. Nach einer neuerlichen Renovierung des Veranstaltungssaals warb Steinicke für seine unbeschwerten Feste und Feiern jeglicher Couleur. Steinicke verwies ausdrücklich auf die politische Neutralität seiner Festabende. Eine besondere Berühmtheit erlangten die »Nachtwandler-Feste«, eine Rückkehr zu kleinen intimen Künstler- und Atelierfesten, die die Schwabinger Faschingstradition wieder aufleben ließ. Zu den regelmäßigen Teilnehmern dieser Feste zählten Max Halbe, Ricarda Huch und viele andere Schriftsteller, die sich – wie bspw. Lion und Marta Feuchtwanger bereits im Exil – meist wehmütig an die unbeschwerten Feste im Steinicke-Saal erinnerten. Den Begriff der »Nachtwandler« hatte Steinicke gemeinsam mit Klabund kreiert; die Nachtwandlerfeste sollten Sammelpunkt und Symbol der »Schwabinger Lebensenergie« sein: »Wir kümmerten uns den Teufel um Politik und tanzten mit schönen Frauen und Mädchen und nicht zu knapp«.[37] Ein anonymer Anruf eines besorgten Münchner Bürgers bei einem bayerischen Landtagsabgeordneten, der die »Nachtwandler« als »Nacktwandler« denunzierte, löste 1921 einen medial wirksamen Polizeieinsatz aus.[38] So verwundert es nicht, dass Steinickes »Nachtwandler-Feste« ihre literarische Verarbeitung in diversen »München-Romane« fanden, u.a. in Lion Feuchtwangers Roman *Erfolg*, der dieser Veranstaltung ein eigenes Kapitel widmete. Im 23. Kapitel »Die Nachtwandler« konstatierte der Protagonist, dass man nur in München Feste dieser Art feiern könne, nämlich »Feste feiern ohne Krampf und Ziererei«, Feste mit Stimmung und Gaudi.[39] Geschätzt wurde von den

---

[37] Steinicke: *Erinnerungen eines München-Schwabinger Buchhändlers*. S. 89.
[38] Ebd.
[39] Lion Feuchtwanger: *Erfolg. Roman*. Berlin ^{5}1998, S. 273.

Gästen die »anspruchslos derbe« Stimmung, die bayerische Gaudi, die Steinicke augenscheinlich herbeiführen konnte. Für die Feste wurden Kostümierungsparolen herausgegeben, gleichwohl war alles erlaubt und zwanglos.[40] Die Faschingsfeiern bei Steinicke waren Kontaktbörsen, hier lernten sich Künstler und Schriftsteller, Galeristen und Verleger kennen, die Gäste ließen sich auf amouröse Abenteuer und Liebschaften ein; Lion Feuchtwanger lernte, amourösen Abenteuern ohnehin nicht abgeneigt, die Ausdruckstänzerin Eva Boy kennen[41], eine Beziehung, die für Feuchtwanger über mehrere Jahre hinweg eine wichtige Rolle spielte.[42] Der regelmäßige Verkehr im Steinicke-Saal war eine respektable Referenz und schuf Vertrauen, festigte Beziehungen. Bei »Schoppen und Wein« bot Steinicke einen Mittelpunkt der geistigen Welt. Gegenüber Hans Brandenburg beschrieb er sein Sozialmodell: »Wer Sie kennenlernen oder treffen möchte, kommt hierher. [...] Er erfährt von uns, wenn Sie verreist und wann Sie zurück sind«.[43]

Auf den Künstler- und Atelierfesten wurden Freundschaften begründet, die auch in den Jahren des Nationalsozialismus trugen, so bspw. zwischen Lion Feuchtwanger und Arnold Zweig.[44] Der Steinicke-Saal schuf weitreichende Beziehungsgeflechte, und diejenigen Autoren und Künstler, die nach der Machtergreifung der Nationalsozialisten in der USA politisches Asyl fanden, berichteten davon, dass ein amerikanischer Konsul, der Feuchtwangers Romane offenbar schätzte, auf seiner Ranch ein »gigantisches Steinicke-Fest« ausgerichtet hatte.[45] Die rege Fest- und Feierkultur wurde im Laufe der Jahre ergänzt von informellen Auktionen – versteigert wurden Gegenstände, die von den Gästen mitgebracht wurden – mit hohem Unterhaltungswert.

---

40 Ebd.

41 Hinter dem Künstlername Eva Boy verbarg sich Eva Helene Mathilde Wilhelmina Hommel, uneheliche Tochter des Malers Conrad Hommel, der später zum Parteigänger der Nationalsozialisten und engem Freund Goebbels avancierte. Vgl. Manfred Flügge: *Die vier Leben der Marta Feuchtwanger.* Berlin [3]2010, S. 149.

42 Flügge, *Die vier Leben der Marta Feuchtwanger.* S. 149.

43 Brandenburg: *Im Feuer unserer Liebe.* S. 178.

44 Vgl. Wilhelm von Sternburg: *Lion Feuchtwanger. Ein deutsches Schriftstellerleben.* Berlin 1999, S. 250–251.

45 Flügge: *Die vier Leben der Marta Feuchtwanger.* S. 316.

Politische Positionierung Georg Steinickes vor und nach dernationalsozialistischen Machtergreifung

Nach dem Ende des Ersten Weltkriegs, vor dem Hintergrund der wirtschaftlichen Folgen, der politisch virulenten Phase der Räterepublik und der erheblichen Zahl an im Krieg gefallenen Schwabinger Schriftstellern und Künstlern, lag das literarisch-kulturelle Leben brach; die noch vor dem Krieg existente antibürgerliche Schwabinger Boheme bestand in dieser Form nicht mehr und die politischen Bewegungen differenzierten sich zunehmend aus. Die modernitätskritischen, konservativen Kreise schlossen sich verstärkt der völkisch-nationalen Bewegung an. Die Vielfalt an Veranstaltungsformaten zeichneten Georg Steinicke als Kultur- und Eventmanager im modernen Sinne aus, er selbst bezeichnete sich dagegen als »Kulturwirt«: literarisch-künstlerisch ambitioniert, experimentierfreudig und risikobereit, ideenreich, unternehmerisch kreativ und spontan. Mit seinem Steinicke-Saal schuf er eine freie intellektuelle »Denkzone«, er vermietete den Raum ohne eigene literarisch-kulturelle Präferenzen oder politischen Interessen, positionierte sich aber unmissverständlich einerseits gegen die radikale Linke, andererseits gegen die völkisch-nationalsozialistischen Gruppierungen und marodierende SA-Truppen in den 1930er Jahren. In seinen *Erinnerungen* griff Steinicke diese gelegentlichen politischen Exzesse auf:

> »Der Steinicke-Saal wurde Allgemeingut der kämpfenden Parteien. Oft gaben in giftgasigen Geistesschlachten Rot und Weiß ihre Zukunftsparolen aus. Vernunft ward Unsinn, Wohltat Plage. Das erfuhr selbst der kühlklare Max Weber, der damals den Münchner Lehrstuhl für Nationalökonomie inne hatte, als er eine Versammlung vorzeitig abbrechen musste, weil Sturmtruppen des Kommunisten Levin ihn attackierten. Ich selbst musste einmal eine Versammlung eines Ultraradikalinskis, der unter dem Namen ›Ziegelbrenner‹ seine gehässige Heilsbotschaft propagierte, dadurch abdrosseln, dass ich sämtliche Lichter im Hause ablöschte und die Kampfhähne sich im Dunkeln anbrüllen ließ«.[46]

Neben Kunst- und Musikabenden, Dichterlesungen und Theateraufführungen legte Steinicke dennoch Wert auf eine Auseinandersetzung mit der politischen Situation in den Nachkriegsjahren, initi-

[46] Steinicke: *Erinnerungen eines München-Schwabinger Buchhändlers*. S. 87–88.

ierte politische Diskussionsabende und lud Nationalökonomen zu Vorträgen ein. Flankiert wurde dieses politisch-wirtschaftliche Vortragsprogramm von Technik-Vorträgen, eine besondere Resonanz erfuhr der holländische Flugzeugingenieur Anton Herman Gerard Fokker.[47]

1932 richtete Georg Steinicke ein Klubhaus ein und war an der Gründung der »Sieben Schwabinger« beteiligt. Den Vorsitz hatte Philipp Heuß, zu den Mitgliedern gehörten neben Georg Steinicke René Binder, Willy Cronauer, Max Eichheim, Adolf Reich, Arnold Weiß-Rüthel und Hanns Zimmermann. Mittwochs, samstags und sonntags kamen die »Sieben Schwabinger« zusammen, diskutierten, spielten oder führten Theaterstücke auf. Seit Mitte der Dreißigerjahre verkehrten verstärkt Universitätsprofessoren im Steinicke-Saal, hielten in unkonventionellem Rahmen ihre Vorlesungen und Veranstaltungen. Der junge Privatdozent, Literaturwissenschaftler und Begründer der Disziplin Theaterwissenschaft Artur Kutscher (1878-1960), der seit 1915 eine außerordentliche Professur in München innehatte, verkehrte hier ebenso wie der E.T.A. Hoffmann-Forscher und Bibliophile Carl Georg von Maassen (1880-1940), die sich zum gemeinsamen Kegelspiel zusammenfanden.[48] 1933 wurde der »Tukan-Kreis« unter der Leitung des Münchners Kleinverlegers Rudolf Schmitt-Sulzthal begründet. Vorangegangen war die Gründung des Tukan-Verlags 1930, der Verleger betätigte sich als Veranstalter von Lesungen, die im Steinicke-Saal stattfanden. Ende der Dreißigerjahre verstärkte Steinicke sein Ausstellungsangebot. Neben Kunst- und Literaturausstellungen initiierte Steinicke eine Umfrage in der Münchner Bürgerschaft und fragte nach deren Lieblingsbüchern. Neben einer Bücherausstellung entstand ein umfänglicher Ausstellungskatalog *Das Publikum empfiehlt als die besten 1000 Bücher seit 1850*.[49] Der partielle Rückzug in den nicht-öffentlichen Raum, wie er sich in der Einrichtung des Klubheims spiegelte, war möglicherweise der bevorstehenden Machtübernahme der Nationalsozialisten geschuldet.

Die Ära des »Steinicke-Saals« endete mit Beginn des Zweiten Weltkriegs. Georg C. Steinicke stürzte in seinem Keller gelegentlich

[47] *Der Steinicke-Saal 1914–1934*. S. 4.
[48] Brandenburg: *München leuchtete*. S. 140–142.
[49] *Das Publikum empfiehlt als die besten 1000 Bücher seit 1850*. München: G. C. Steinicke 1928, 29 S.

einer Verdunklungsübung und starb an seinen Verletzungen. Veranstaltungssaal und Klubheim wurden 1941 geschlossen, als sich seine Witwe nicht mehr in der Lage sah, das Unternehmen fortzuführen.[50]

[50] Der Müller & Steinicke Verlag war zum Zeitpunkt seiner Gründung ein rein medizinischer Fachverlag, der bis heute fortbesteht. In den 1970er Jahre spezialisierte sich der Verlag auf Werke der Alternativmedizin und gehörte zu den ersten Fachverlagen Deutschlands, die Homöopathie und Traditionelle Chinesische Medizin zu ihren Programmschwerpunkten machten.

Martin Lau

Hanns von Gumppenberg (1866 – 1928)

Bohemien, Schriftsteller, Okkultist und Mitglied bei den Elf Scharfrichtern

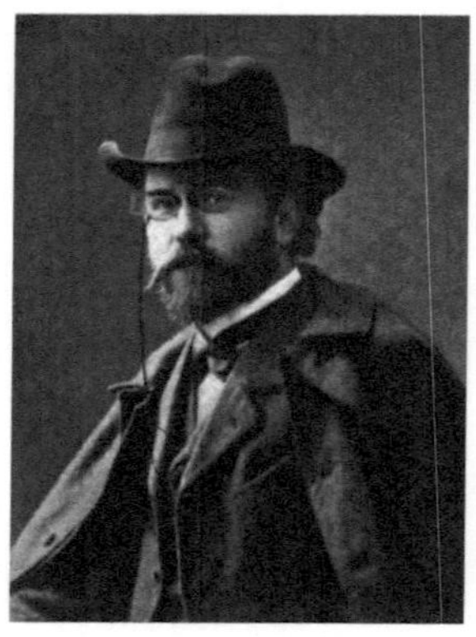

Hanns von Gumppenberg

Hanns von Gumppenberg ist heute nur noch Kennern der Literatur der Jahrhundertwende ein Begriff. Ihn einem heutigen Publikum vorzustellen und dabei auf knappe und eindeutige Weise zu charakterisieren ist nicht einfach, denn er war ein äußerst vielseitiger, ja sogar ein teilweise widersprüchlicher Mensch und hat schon seinen Zeitgenossen einige Rätsel aufgegeben. Als Einführung soll er deshalb mit einer Passage aus seinem einzigen Roman gleich selbst zu Wort kommen. Der Roman heißt *Der fünfte Prophet*, ist als *psychologischer Roman* untertitelt und trägt erkennbar autobiographische Züge.[1]

In der Vorbemerkung bemüht sich Hanns von Gumppenberg, die Wirklichkeitsnähe des Textes zu relativieren:

> »[...] der Held ist keine Photographie, und soll nichts weniger bedeuten, als das nacheifernswerthe Ideal eines modernen Deutschen: freilich aber auch etwas mehr als ein warnendes Exempel. Denn er ist das folgerichtige Produkt aus den modernen Kulturverhältnissen und dem innersten deutschen Nationalcharakter, mit welchem wir unser bestes Theil verleugnen würden.«[2]

Schon auf der ersten Seite wird Heinrich Steinbach, die Hauptfigur des Romans eingeführt, in der man deutlich die Züge des Autors erkennen kann:

---

[1] Hanns von Gumppenberg: *Der fünfte Prophet. Psychologischer Roman*. Berlin 1895.

[2] Ebd. S. VI.

»Eine hochgewachsene jugendliche Männergestalt kämpfte sich gegen den Wind quer über die Straße. Das ehrliche, von einem starken blonden Vollbart umrahmte Gesicht war blaß und zeigte eine merkwürdige Mischung von sinnender Weichheit und grübelnder Denkschärfe: frühgealtert in Schwermuth und Verbitterung, schien es einem reiferen Manne mindestens Ende der Dreißiger anzugehören, während Einzelheiten dem Kenner doch deutlich den jungen Mann von sechsundzwanzig Jahren verriethen. Unter dem tief in die mächtige Stirn gedrückten verwetterten Künstlerschlapphut quollen natürliche Locken in Ueberfülle hervor, ungepflegt und wohl schon seit einem halben Jahre unbeschnitten bis auf die verknüllte Pelerine des schwarzen Havelocks herniederhängend. Bei alledem hatte Gang und Haltung des jungen Mannes, die Art, wie er den Knotenstock abwechselnd schwang und auf's Pflaster niederstieß, etwas selbstgefällig Pathetisches, wie man es bei in sich abgeschlossenen, im innersten Gemüth alleinstehenden Naturen ohne eigentliche Eitelkeit anzutreffen pflegt.«[3]

Bis auf die letzte Einschätzung – Hanns von Gumppenberg war sicher kein uneitler Mensch – nimmt der Autor gleich zu Beginn seines *psychologischen Romans* eine neutrale Außenperspektive ein. Der sehr auf Anerkennung bedachte Gumppenberg versucht hier scheinbar, seine zwiespältige Aufnahme durch die Zeitgenossen als voreilig und ungerecht zu relativieren. So wird die anfängliche Fehleinschätzung der Figur Heinrich Steinbach als durch seine äußere Erscheinung motiviert entlarvt und auf den folgenden Seiten aufgehoben: Der bewusst rein oberflächlich charakterisierte Protagonist steuert das Treffen eines idealistischen Dichtervereins an.

Auf dem Weg ins Dichterheim trifft Heinrich Steinbach zufällig auf den Freund Franz Kuttner, einen adretten Schauspieler mit dem er sogleich ein hitziges Gespräch beginnt:

»– Herrschender Geschmack! Die Stümper, ja, die brauchen ihn. Wer aber selbst etwas kann, der macht ihn eben selber, den herrschenden Geschmack!

– Gewiß, Heinz! Aber nicht gleich, heutzutage. Früher vielleicht. Heutzutage aber muss einer zäh' sein und aushalten, bis er durch ist durch die träge Masse, bis die Leute wissen, wen sie vor sich haben. Wenn Du in zehn Jahren durch bist, kannst du von Glück sagen – das wäre noch eine Ausnahme. Darauf aber kannst Du Gift nehmen, dass Du in zehn Jahren noch nicht weiter bist wie jetzt, wenn Du so eigensinnig bleibst und immer nur Dich selbst geben willst –

3 Ebd. S. 7f.

– Mich selbst? Eiferte der junge Dichter. Gebe ich denn mich selbst? Geh' ich nicht immer auf's Allgemeingültige? Vermeid' ich nicht ängstlich alle kleinlich persönlichen Anschauungen? Bin ich nicht immer darauf ausgegangen, die große Welt zu schildern, ihre unerbittlichen, ewigen Gesetze –

– Das ist's eben, lachte Franz Kuttner der Schauspieler. Gegen Deine unerbittlichen, ewigen Gesetze werden die Philister in alle Ewigkeit unerbittlich sein. Die wollen sie gar nicht sehen, beileibe nicht! Sie wollen weiter nichts, als ein recht kleines, aber nettes, und, notabene! Ein bischen verblümt-frivoles Stückchen Oberfläche. Wenn Du Dich doch endlich einmal entschließen könntest, vorläufig so etwas minder ›Großes‹ und ›Ewiges‹ zu schreiben, etwas für die Leute, für den Augenblick, das Dich bekannt und beliebt macht, und das sie Dir aufführen – nur vorläufig, meine ich! Wiederholte er nachdrücklich, da der Freund die Stirne runzelte. Wenn du dann einmal bekannt und beliebt bist: dann kannst Du sie ja ganz allmählich hinüberführen –

– Das ist für eine Krämerseele! Unterbrach ihn Steinbach in hellem Ingrimm: Selbst wenn ich das wollte, könnt' ich's nicht. Ich tauge zu keiner Maskerade! Wo ich nicht aufrichtig sein kann, da hab' ich auch keine Kraft – nicht die geringste!

– Nun, dann wirst Du vorläufig wohl auf die Bühne verzichten müssen.

Steinbach sah eine Weile stumm vor ich hin: er arbeitete augenscheinlich daran, ruhig zu werden. – Es ist gar nicht so schlimm, sagte er endlich gemessen. Ich und Alle, die in ähnlicher Lage sind, brauchen weiter nichts, als eine neue Weltanschauung.«[4]

Die Figur Heinrich Steinbach hat, wie sie hier eingeführt wird, tatsächlich viel mit dem Autor gemeinsam: Die Kompromisslosigkeit, die Unbeirrbarkeit im Umgang mit der öffentlichen Meinung, die Selbstüberschätzung des Autors als einem, der als einziger den richtigen Weg kennt, ja der das Gefühl hat, die Menschheit, oder zumindest die Kunstwelt bekehren und eines Besseren belehren zu müssen. Schon seit seiner Jugend war Hanns von Gumppenberg überzeugt, die Kunst retten zu müssen.

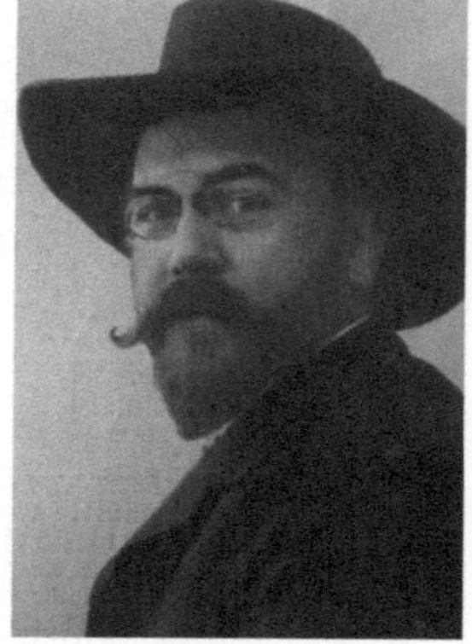

Hanns von Gumppenberg

Der offensichtliche Gegensatz zwischen der Selbsteinschätzung des Autors und der öffentlichen Wahrnehmung der Zeitgenossen wirft die Frage auf, was Hanns von Gump-

4 Ebd. S. 12ff.

penberg aus heutiger Sicht interessant macht. Sich selbst überschätzende Schriftsteller gab es um die Jahrhundertwendezeit in Schwabing schließlich genug.

Die Antwort ist einfach: Gumppenberg liefert ein ideales Beispiel, um die Widersprüchlichkeit dieser Zeit besser zu verstehen. Gerade seine Widersprüche, seine Zerrissenheit machen ihn interessant und typisch für seine Zeit – und für München.

Das München des ausgehenden 19. Jahrhunderts war eine Stadt im Umbruch. Die Einwohnerzahl explodierte regelrecht und stieg im Jahr 1885 auf 262.000 Einwohner. Um 1900 hatte die Bevölkerung Münchens schon fast eine halbe Million erreicht. Die im Jahr 1886 beginnende Regentschaft des Prinzregenten Luitpold führte zur letzten Blüte Münchens, die erst 1912 enden sollte.

Hanns von Gumppenberg wurde 1866 in Landshut als Sohn eines adeligen, aber verarmten Postbeamten geboren. 1869 zog die Familie nach München. Es folgten häufige Umzüge innerhalb der Stadt. Auch wenn sich die Wohnverhältnisse mit jedem Umzug besserten, lebte die Familie – Großmutter, Eltern und zwei Kinder – in engen, bescheidenen Stadtwohnungen. Die Spannung zwischen karger Lebenssituation und Adelsstolz wirkte sich auf das Selbstverständnis des heranwachsenden Dichters aus. »Mein Vater war bei aller Wertschätzung des Bürgerlichen, ja des urwüchsig Bäuerischen mit einem Teil seines Wesens Aristokrat geblieben.«[5] Mit seinen adeligen Wurzeln – er besuchte oft die noch besser gestellte Verwandtschaft auf deren Schlössern –, mit dem Vater, der sich als bayerischer Mundartdichter versuchte, sich also durchaus der Bürger- und Bauernwelt zuwendet, sich aber dennoch nicht ganz vom Adel lossagt, hatte Hanns von Gumppenberg Berührung mit verschiedenen gesellschaftlichen Schichten. Doch keiner gehörte er vollständig an. Als er die Aufnahmeprüfung zum königlichen Pagencorps bestand, war die ganze Familie stolz. Obwohl er sich dort als Außenseiter fühlte, hielt er bis zum Abitur an der Eliteschule im Maximilaneum durch.

Dennoch ist es kaum verwunderlich, dass es Gumppenberg, der sich schon früh dichterisch berufen gefühlt hatte, nur kurz an der Universität hielt, wo er sogleich ein Studium begonnen hatte. Schon bald zog es ihn zum künstlerischen Leben nach Schwabing. Dieser alternative

5 Hanns von Gumppenberg: *Lebenserinnerungen. Aus dem Nachlass des Dichters*. Zürich 1929, S. 50.

Weg passte zum radikalen Anspruch des jungen Gumppenberg und bot gleichzeitig einen Möglichkeit, aus der schwierigen Situation des verarmten Adeligen auszubrechen.

Das München der Jahrhundertwendezeit war bekanntlich ein künstlerisch und geistig energiegeladener Ort. Es ist nicht übertrieben zu behaupten, dass München eine Zeit lang neben Paris, Berlin und Wien eines der künstlerischen Zentren in Europa war. Es war die Zeit der großen künstlerischen Umbrüche in der Kunst, die Zeit der Avantgarde – und der Beginn der Moderne in der Kunst. Auf engem Raum verkehrten Schriftsteller wie Thomas Mann, Rainer Maria Rilke, Stefan George und Frank Wedekind – um nur einige zu nennen. Neben den Schriftstellern, die ihre Kunst revolutionieren wollten, gab es aber auch noch die Alten, Autoren wie etwa Paul Heyse oder Hermann Lingg, die ihren Platz verteidigten, und im Kampf gegen die Münchner Moderne schließlich den Kürzeren zogen. In diesem Spannungsfeld sah sich Gumppenberg als Vermittler zwischen Altem und Neuem: Er sah zwar ein, dass die Zeit für eine umfassende Revolutionierung der Kunst gekommen war, wollte aber auch dem Ungeist der Moderne das Feld nicht ohne Weiteres überlassen. So begegnete er den Bestrebungen der Moderne zugleich mit Neugierde und Skepsis.

Die Gesellschaft für modernes Leben

Im ausklingenden 19. Jahrhundert waren es die Naturalisten um Michael Georg Conrad, die am stärksten gegen die epigonalen Dichterfürsten opponierten. In diesem Kreis machte Hanns von Gumppenberg seine ersten schriftstellerischen Erfahrungen.

Am ersten öffentlichen Abend der *Gesellschaft für modernes Leben* hielt Hanns von Gumppenberg den Vortrag »Deutsche Lyrik von gestern«[6]. Er parodierte verschiedene angesehene Dichter – unter ihnen Heinrich Heine und Theodor Storm – indem er ihren Stil gekonnt nachahmte und übertrieb. Michael Georg Conrad äußert sich im Vorwort zur Veröffentlichung des Vortrags:

> »Ein gebildetes Publikum ist immer zugleich auch ein parodiereifes und parodiefrohes Publikum. Daher auch der große Erfolg, den Hanns von Gump-

[6] Am 29. Januar 1891 im Rokokosaal der Gaststätte *Isarlust* auf der Praterinsel in München.

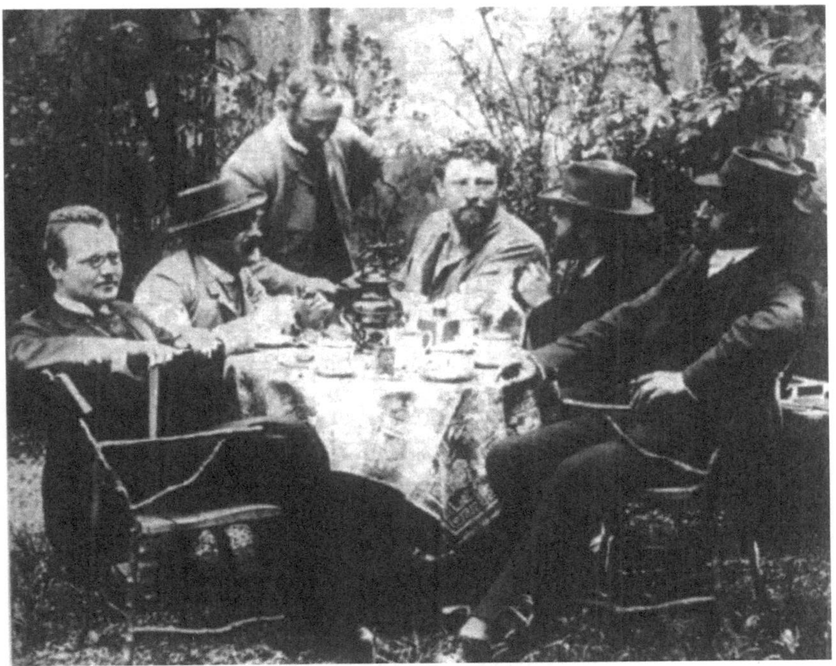

Die Gesellschaft für modernes Leben: Bierbaum, Schaumberg, Panizza, Conrad, Gumppenberg, Schaumberger ca. 1893 *in Max Halbes Garten*

penberg mit seinen Parodien »Deutsche Lyrik von Gestern« am ersten öffentlichen Vortragsabend unserer »Gesellschaft für modernes Leben« in der Isarlust erzielte.«[7]

Gumppenbergs erfolgreiche Zeit als Mitglied der *Gesellschaft für modernes Leben* und als Mitherausgeber ihrer Zeitschrift *Die Gesellschaft* währte jedoch nicht lange.

Der Vortrag eines Gedichts von Karl Henckell trug ihm schließlich sogar eine zweimonatige Festungshaft wegen Majestätsbeleidigung ein. An seine Zeit als »Ehrenhäftling«[8] erinnert er sich später jedoch eher wie an ein originelles Abenteuer.[9]

---

7 Michael Georg Conrad: *Vorwort*. In: Hanns von Gumppenberg: *Deutsche Lyrik von Gestern*. Vortrag, gehalten am ersten öffentlichen Abend der Gesellschaft für modernes Leben. München 1891 (= Münchener Flugschriften III, hg. v. Michael Georg Conrad), S. 3.

8 Hanns von Gumppenberg: *Lebenserinnerungen*. S. 191.

9 Ebd. S. 186ff.

Lyrikparodien waren eine besondere Stärke Gumppenbergs. Noch Jahre später veröffentlichte er sein *Teutsches Dichterroß*[10]. Dieses Buch wurde mit Abstand seine erfolgreichste Veröffentlichung und erfuhr zahlreiche Neuauflagen.

So kämpferisch die Naturalisten auftraten, so schnell wandten sich die Münchner Modernen bald jedoch selbst gegen ihre schriftstellerischen Ideale, sahen im Naturalismus nichts als bloßen »Wirklichkeitsabklatsch«[11], wie sie es nannten, und zerstreuten sich in verschiedene Richtungen. Gumppenberg war vielleicht nie ein wirklich überzeugter Freund des Naturalismus gewesen. Doch schlug er sich nun umso leidenschaftlicher ins gegnerische Lager.

Okkultismus

Heinrich Steinbach, die Hauptfigur aus Gumppenbergs Roman, hat mehr mit dem Autor gemeinsam, als die zu Beginn zitierte Passage erahnen lässt: Wenn man die Geschichte mit Gumppenbergs Lebenserinnerungen vergleicht, merkt man, dass der Verlauf der Geschehnisse annähernd identisch ist.

Der Romantitel *Der fünfte Prophet* erinnert nicht zufällig an Gumppenbergs religiöse Schrift *Das Dritte Testament*, in der er sich, leichtgläubig wie sein Protagonist Steinbach, von scheinbar okkulten Phänomenen überzeugen lässt:

> »Ein Kind unserer Zeit, war ich – wenngleich niemals ohne metaphysisches Bedürfnis – als freier Kopf Materialist und Skeptiker wie irgendeiner. Da überzeugte mich im Dezember vergangenen Jahres Fräulein D., eine medial veranlagte langjährige Freundin meiner Schwester, praktisch (in mit ihr ganz allein veranstalteten Sitzungen) von der vollständigsten Wahrheit der einfacheren spiritistischen Phänomene: von der Existenz übersinnlicher Intelligenzen. Ich wehrte mich aus Leibeskräften, mit allen Mitteln der äußeren Skepsis, um weder mir selbst noch anderen als der Betrogene lächerlich erscheinen zu müssen: es half aber nichts. Vor der Gewalt der Tatsachen musste ich mich, gerade weil ich sehr scharf beobachtete, beugen.«[12]

---

[10] Hanns von Gumppenberg: *Das teutsche Dichterroß, in allen Gangarten vorgeritten*. München 1901.

[11] Hanns von Gumppenberg: *Lebenserinnerungen*. S. 280.

[12] Hanns von Gumppenberg: *Das dritte Testament. Eine Offenbarung Gottes*. München 1891, S. 3.

Diese Art der Argumentation ist wiederum typisch für die Zeit, in der auch die seriösen Naturwissenschaften ihre größten Triumphe feierten. In dieser materialistisch empfundenen Welt empfanden die Menschen eine große Sehnsucht nach Spiritualität, nach Gesetzen unter der materiellen Oberfläche der Dinge. Dieser Drang zur Metaphysik wurde – nur scheinbar paradox – oft pseudowissenschaftlich untermauert.

Gumppenberg versicherte sich also – auf äußerst naive Art und Weise – der Wahrhaftigkeit seiner Erlebnisse, ließ alle Skepsis zunächst beiseite, und wandte sich seinem persönlichen Schutzgeist namens *Geben* zu, einer orientalischen Jungfrau, wie sich beim Tischrücken herausstellte. Der in Liebesdingen wenig erfahrene junge Mann verliebte sich sofort in die imaginierte Schönheit, was seine Leichtgläubigkeit dem Okkulten gegenüber noch verschärfte:

> »Sobald ich mich von der Wahrhaftigkeit der spiritistischen Phänomene überzeugt hatte, war mein erster Gedanke und Antrieb, mir womöglich wieder eine klare Weltanschauung auf den Trümmern meines Materialismus zu verschaffen: denn ein Zwielichtleben in dieser Hinsicht wäre mir unerträglich gewesen. Ich wandte mich an *Geben*, und begann zu fragen. [...] Aber nie erhielt ich von Geben Aufschluss in einer anderen Weise, als dass sie meine Fragen beantwortete. Die Antworten erfolgten stets in – manchmal altertümlicher – deutscher Sprache, welche nicht der Orthographie, sondern dem Laute nach buchstabiert wurde. Jetzt erst, nachdem ich hinreichend über die Natur der Schutzgeister aufgeklärt war, erfuhr ich auch, dass mehr als das Pflichtbewußtsein der Geniusschaft sie zu solchem Verkehre mit mir geführt: dass es freiwollende Liebe war. Endlich, unmittelbar vor meinen letzten abschließenden Fragen, als die Weltordnung schon in überwältigender Logik und Großartigkeit vor mir lag, sagte mir Geben auf meine Frage, ob ich all das nicht meinen Mitmenschen mitteilen dürfe und solle: dass ich dazu bestimmt sei, unsere Erdenmenschheit eine neue Stufe der Erkenntnis emporzuführen. Gott selbst berufe mich dazu, wie er Moses, Christus und Buddha berufen habe. Und als ich meine physischen und moralischen Muskeln reckte, im Gefühl, eine solche Aufgabe ertragen und durchführen zu können, und frug, ob ich meine Veröffentlichung *Das dritte Testament Gottes* nennen dürfe, bestätigte mir Geben, es sei der rechte Name.
>
> Was dieses dritte Testament in seinen zwei Teilen enthält, ist eine streng gewissenhafte Zusammenstellung dessen, was ich von Geben erfuhr. Sie hat mir nichts diktiert: in Frage oder unmittelbarer Schlussfolgerung musste ich selbst um die Erkenntnis ringen – selbsttätig musste ich, der Erdenmensch, *erwerben*, was sie mir zu *schenken* hatte. Nur manch-

mal half sie andeutend nach: und endlich bestätigte sie die Wahrheit des Ganzen.

Noch regte sich, so überwältigend dies alles für mich sein musste, in mir ein letzter Zweifel: ob ich wirklich von Gott selbst berufen sei, diese Eröffnungen mitzuteilen.«[13]

Wie ferngesteuert durch die Geister hat Hanns von Gumppenberg dieses Buch tatsächlich veröffentlich – gegen den Rat seiner Eltern, die ihn noch vor der öffentlichen Schande bewahren wollten.

Als Vergleich dient hier eine weitere Passage aus Gumppenbergs Roman, die sich jedoch ohne weiteres auch mit der tatsächlichen Geistesverfassung des Autors zur Zeit seiner okkultistischen Verblendung in Verbindung bringen lässt:

»Sein Widerstand war gebrochen. Jetzt fühlte er, dass es keine unwürdige oder schädliche Aeußerlichkeit bedeuten konnte: dass es sein Recht, dass es seine Pflicht war, sich selbst mit dem Werke Gottes zu identifiziren! Und nun kam zum ersten Mal über ihn mit wilder elementarer Lust die trotzig zwingende Kraft der Persönlichkeit, weltenzertrümmernd, weltenbauend, so entfesselt, so schrankenlos, dass er beinahe vor sich selber erschrak [...]«[14]

Hier wird deutlich, wie ernst der Untertitel »psychologischer Roman« offensichtlich gemeint war. Gumppenberg versucht sich selbst zu verstehen, sich zu rechtfertigen – vor sich selbst und vor seinen Freunden. Der Romanheld endet dann auch tatsächlich tragisch: Nach der gescheiterten Bekehrung der Welt stürzt er sich von einer Isarbrücke in den Tod. Hier schlug der Autor trotz mehrerer späterer Rückfälle zum Okkultismus glücklicherweise einen anderen Weg ein: Im weiteren Verlauf des Romans nimmt der Autor Abstand von seinen Verirrungen und warnt vor den Gefahren der Leichtgläubigkeit. Nach der gescheiterten prophetischen Eskapade, will er sich schnell reinwaschen und bei seinen Freunden rehabilitieren.

Obwohl das Exzentrische im Schwabing dieser Zeit in Mode war, ja fast schon zum guten Ton gehörte, hatte er es wohl etwas zu weit getrieben. Manche Freunde, wie Oskar Panizza, die ihn ernst nahmen, distanzierten sich von seiner Schrift.

Die meisten jedoch, wie etwa Frank Wedekind vermuteten hinter der Aktion eine gekonnte Parodie und trieben wiederum selbst ihren

---

[13] Ebd. S. 3ff.

[14] Hanns von Gumppenberg: *Der fünfte Prophet*. S. 298.

Spaß mit Gumppenberg: Sie schrieben Parodien auf seine Veröffentlichung. So veröffentlichte Wedekind kurz darauf in Anspielung auf Gumppenbergs Schrift die Persiflage *Das neue Vater Unser. Eine Offenbarung Gottes.*[15]

Die Elf Scharfrichter

Als mittlerweile alleinerziehender Vater – seine erste Frau Lotte war bei der Entbindung der Tochter gestorben – geläutert vom Naturalismus wie vom Okkultismus, kam es für Gumppenberg gerade recht, dass nun eine neue Idee in der Luft lag bzw. aus Frankreich importiert wurde: Das künstlerisch oder politisch ambitionierte Kabarett versprach einen humorvollen Ausweg aus der Krise der Künste.

Die Geburtsstunde des Kabaretts lag noch nicht lange zurück: Am 18. November 1881 hatte im Pariser Montmartre das *Chat Noir* eröffnet.

Über den Export dieser Erfindung nach Deutschland war schon einige Zeit diskutiert worden. Otto Julius Bierbaum, ein Freund Gumppenbergs, hatte schon 1897 mit seinem Roman *Stilpe* die Gründung eines deutschen Kabaretts maßgeblich angeregt. Die gleichnamige Hauptfigur gibt das Programm vor:

> »Die Renaissance aller Künste und des ganzen Lebens kommt vom Tingeltangel her! [...] Zu uns, ins Tingeltangel, werden alle kommen, die Theater und Museen ebenso fliehen wie die Kirche. Und bei uns werden sie [...] das finden, was ihnen allen fehlt: den heiteren Geist, das Leben zu verklären, die Kunst des Tanzes in Worten, Tönen, Farben, Linien, Bewegungen. Die nackte Lust am Schönen, der Humor, der die Welt am Ohr nimmt, die Phantasie, die mit den Sternen jongliert und auf des Weltgeistes Schnurrbartenden Seil tanzt! [...] Wir werden eine neue Kultur herbeitanzen! Wir werden den Übermenschen auf dem Brettl gebären! Wir werden diese alberne Welt umschmeißen!«[16]

Das Rennen um das erste deutsche Kabarett machte Ernst Freiherr von Wolzogen, der am 18. Januar 1901 in Berlin sein *Überbrettl* gründete. Kurz darauf folgten Max Reinhardt mit dem *Schall und Rauch* – und

---

15 Frank Wedekind: *Das neue Vater Unser. Eine Offenbarung Gottes. Seiner Zeit mitgeteilt von Hugo Frh. von Trenck.* (Als Manuskript gedruckt), München 1892.

16 Otto Julius Bierbaum: *Stilpe. Ein Roman aus der Froschperspektive.* Berlin [7]1909, S. 357ff.

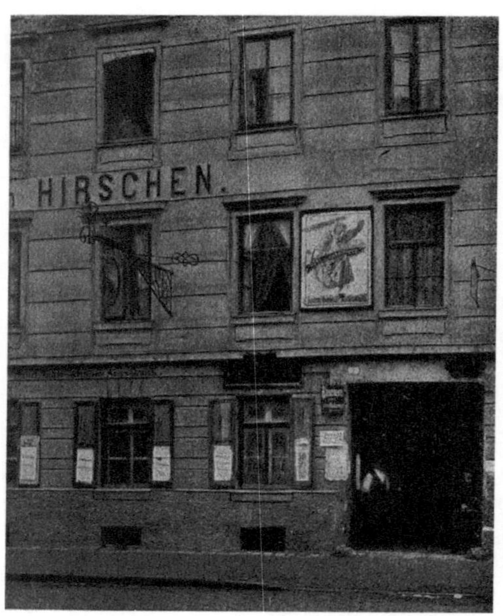

Gasthof zum Goldenen Hirschen, Türkenstr. 28

in München, am 13. April 1901 die *Elf Scharfrichter* unter der Federführung von Otto Falckenberg und dem gebürtigen Pariser Marc Henry. Bald stieß Frank Wedekind hinzu, und – wie zu erwarten – Hanns von Gumppenberg. Die Zahl der anfänglich elf Gründungsmitglieder ließ sich nicht lange halten, und so wurden die neu hinzugekommenen kurzerhand zu Henkersknechten ernannt.

Als Spielort diente ihnen eine eigens errichtete Bühne im Rückgebäude des heute nicht mehr existierenden Gasthofs *Zum goldenen Hirschen* in der Türkenstraße. Der längliche Raum fasste kaum mehr als 100 Besucher. Aber auch diese Zahl musste bald aus feuerpolizeilichen Gründen reduziert werden. Die geringe Größe, das Improvisierte, Intime kam dem Unternehmen aber durchaus entgegen, entsprach der Raum doch viel eher einem Brettl als Wolzogens Projekt in Berlin, das in einem richtigen Theater mit richtigen Schauspielern stattfand. Bei den Scharfrichtern gehörte die enge Fühlung zum Publikum von Anfang an zum Programm. An den Wänden hing Kunst, Plakate namhafter Jugendstilkünstler, französische Plakate. In einer Ecke stand das Wahrzeichen der Elf Scharfrichter: ein sogenannter Schandpfahl, auf dem ein Totenkopf mit Perücke lag, in dem ein Henkerbeil steckte. An diesem Schandpfahl wurden Äußerungen der politischen Gegner ausgestellt.

Die Bühne der Scharfrichter war klein, nur wenig erhöht und kaum vom Zuschauerraum abgetrennt. Gerade dieser experimentelle Charakter kam aber nicht nur dem Anspruch der Avantgarde, Kunst und Lebenspraxis einander wieder anzunähern,[17] entgegen: Als Gegen-

[17] Vgl. Peter Bürger: *Theorie der Avantgarde*. Frankfurt a. M. ²1974, S. 72f.

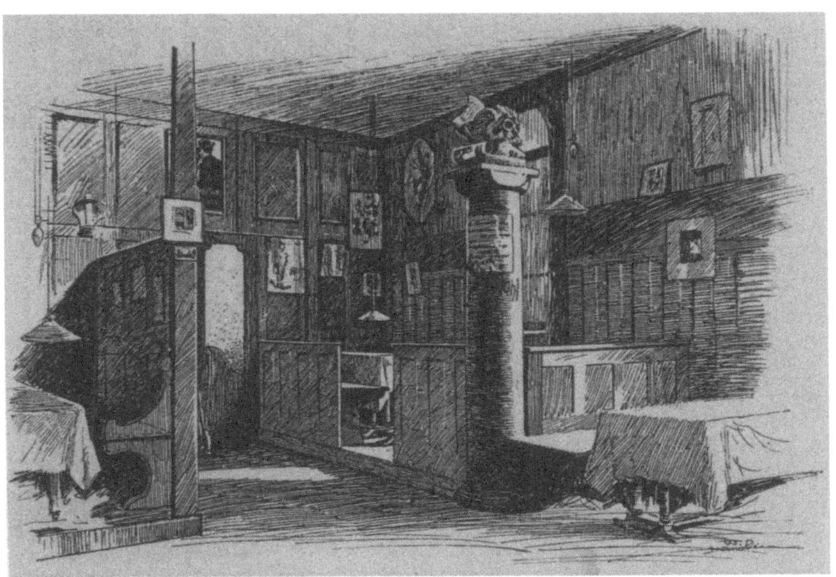

»Die gemüthliche Ecke mit dem Schandpfahl«

modell zur Institution des Theaters war das Kabarett, im intimen Rahmen und entschärft durch das Vorzeichen der humorvollen Unterhaltung ideal geeignet, als Experimentierbühne für durchaus ernst gemeinte künstlerisch innovative Versuche zu dienen. So kam hier etwa Frank Wedekinds *Erdgeist* zur Aufführung. Aber auch einige für die Elf Scharfrichter geschriebene Kurzdramen Hanns von Gumppenbergs haben erkennbar einen Anspruch, der über den der bloßen Unterhaltung hinausgeht. Zugleich wurde im Kabarett die Abwendung vom Theater des Naturalismus besonders deutlich betont. Hier konnte kaum noch eine Theaterillusion existieren. Gerade aus dem Fehlen der *vierten Wand*, aus der engen Anbindung ans Publikum bezog das Kabarett seinen Reiz. Der dekorierte Zuschauerraum vermittelte das Gefühl, in gewisser Weise Teil der Vorstellung zu sein. Das Leben sollte zur Kunst werden und die Kunst wiederum wurde als alternative Lebensform vorgeführt.

Es lässt sich vermuten, dass scheinbar paradoxerweise die geringe Größe auch ein Geheimnis des Erfolgs der Elf Scharfrichter war. Die Boheme saß hier gemischt mit den Bürgern an runden Tischen, Standesunterschiede waren weniger sichtbar als im Theater. Man trank Bier während der Vorstellung und aß Leberknödelsuppe, wie Hans

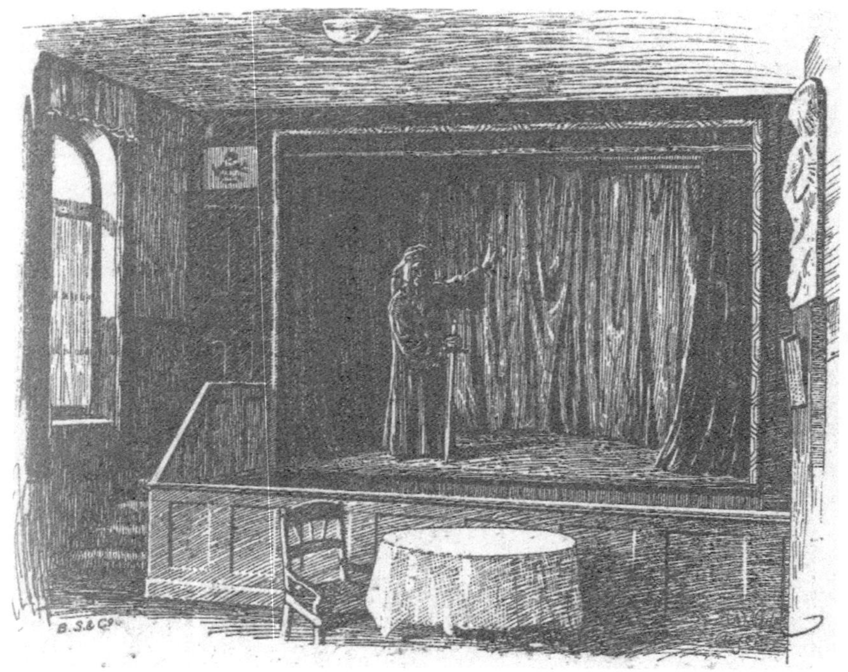

Die Bühne der Elf Scharfrichter, Ansichtskarte

Carossa berichtet.[18] Das Gefühl des Dazugehörens, der Teilnahme im Milieu der Boheme lockte viele Touristen und Bürger mit dem Versprechen an, aus ihrem Leben ausbrechen zu können und einen Abend lang Anteil am wilden Schwabinger Leben zu haben. Und tatsächlich kann man an den detaillierten Polizeiberichten jener Zeit erkennen, dass das Publikum sich zu einem großen Teil aus wohlhabenden Bürgern, Anwälten, Ärzten etc. zusammensetzte. Die *Elf Scharfrichter* waren bald in aller Munde und wurden so selbst bald zu einer kulturellen Institution Münchens. Die überregionale Berühmtheit des Kabaretts erkennt man auch daran, dass die *Elf Scharfrichter* ein beliebtes Motiv auf Postkarten waren.

Es fällt schwer, das Programm der Abende zusammenzufassen. Die Uneinheitlichkeit gehörte zum Konzept und ist schon in der amtlich eingetragenen Vereinssatzung erkennbar:

[18] Vgl. Hans Carossa: *Reise zu den elf Scharfrichtern.* Frankfurt a. M. 1953, S. 16.

Statuten des Vereins ›Die elf Scharfrichter.‹

§1. Name, Sitz und Zweck des Vereins.

Der Verein ›Die elf Scharfrichter‹ hat seinen Sitz in München und bezweckt, ähnlich wie das Kunstgewerbe die bildenden Künste dem praktischen Leben dienstbar gemacht hat, alle Kunstgattungen zugleich in den Dienst der leichten Unterhaltung zu stellen. Es gilt für diese Art theatralischer Unterhaltung einen eigenen, der Gegenwart organisch entwachsenden Stil zu schaffen, ähnlich dem der Pariser ›cabarets‹ und dennoch unabhängig in deutschem Boden wurzelnd. Diese Aufgabe gedenkt der Verein durch Gründung einer diesen Zwecken angepaßten *intimen* Bühne zu lösen, aus welcher u.a. das künstlerische Schattenspiel, die litterarische Parodie, die moderne Pantomime, das psychologische Couplet (chanson rosse), die Revue, die plastische Karricatur, der Farbentanz, der Volksgesang gepflegt werden soll.[19]

Auch wenn nicht alle der hier aufgezählten Künste Eingang ins Programm der *Elf Scharfrichter* fanden, war das Programm doch äußerst gemischt. Eine einheitliche Form des Kabaretts war noch nicht gefunden, so dass der Vergleich mit heutigem Kabarett oder gar Comedy nicht weit führt. Zu den am häufigsten aufgeführten Texten gehörten erstaunlicherweise sogar Volkslieder aus *Des Knaben Wunderhorn*. Der Gesamteindruck war frech und blutig. Nachdem die Elf zur Eröffnung des Abends mit dem eigens komponierten Scharfrichtermarsch auf die Bühne gezogen waren, übernahm der gebürtige Franzose Marc Henry die Führung durch den Abend.

Ein bedeutendes Mitspracherecht bei der Programmgestaltung beanspruchte jedoch bald der Münchener Zensurrat für sich. Vieles wurde schon vor der ersten Aufführung gestrichen und musste kurzfristig durch harmlosere Texte ersetzt werden. Zwar versuchten die *Elf Scharfrichter* raffiniert durch ein Mitgliedschaftssystem die künstlerische Freiheit im geschlossenen Rahmen zu wahren, doch erkannten die Gesetzeshüter bald, dass die Privatheit des Unternehmens nur vorgetäuscht und die Mitgliedschaft leicht etwa an der Garderobe zu erwerben war. Das Spiel mit der Zensur prägte die Geschichte des Kabarettunternehmens, und Otto Julius Bierbaum notierte im November 1902:

Soll ich auch jeder großen Stadt die ›Elf Scharfrichter‹ wünschen? Es kostet nichts, wenn ich es tue, aber es hilft auch nichts. Denn sie sind bloß in München möglich. In Berlin ist das Ueberbrettl als ein Witz entstanden und

[19] Aus: Pol/Dir. 2057, Hauptsstaatsarchiv München.

zugrunde gegangen, wie der Witz abgestanden war. Jeder Versuch, die ihm zugrundeliegende gute Idee eines lyrischen Theaters mit Varietécharakter ernsthaft auszuführen, musste dort fehlschlagen, weil der Begriff des höheren literarischen Ulkes allzu eng mit ihr verknüpft war. In München fand sie ihre Verwirklichung durch Künstler, die von vornherein den gröberen sowohl wie den feineren Ulk, das Zugmittel für die Massen und Uebersatten, ablehnten und aufs Eigentliche des Gedankens eines Künstlerbrettls gingen. So war ihrem Unternehmen Dauer und reeller Erfolg beschieden in dem Augenblick, wo zu den guten künstlerischen Qualitäten eine ordentliche geschäftliche Leitung hinzukam. Freilich erfreuen sie sich dabei eines Vorteils, den in Deutschland nur München bietet: einer gar nicht engherzigen, vielmehr recht freien und gescheiten Zensur. Was hier Frank Wedekind singen darf, wäre in keiner anderen deutschen Stadt möglich.[20]

Bierbaum hat mit dieser Einschätzung nur zum Teil recht. Grund für den Boom der Kabarettszene in Deutschland und für den Erfolg der Elf Scharfrichter im Besonderen war sicher nicht nur das französische Vorbild, sondern auch das Erstarken der Zensur. Die mächtige Gegnerschaft machte erst den Reiz einer Darstellung im halb Verborgenen an der Grenze oder jenseits der Legalität aus. Trotzdem hat die strenge Zensur auch den späteren Untergang der Elf Scharfrichter zu verantworten. 1900, ein Jahr vor der Gründung, war die sogenannte »Lex Heinze« verabschiedet worden. Das Gesetz verbot in einem sogenannten »Kunst- und Schaufensterparagraphen« pauschal alle Bilder und Texte, die, »ohne unzüchtig zu sein«[21], das Schamgefühl verletzen. Ein spezieller »Theaterparagraph« drohte jedem mit Gefängnis, »der öffentlich theatralische Vorstellungen, Singspiele, Gesangs- oder deklamatorische Vorträge, Schaustellungen von Personen oder ähnliche Aufführungen veranstaltet oder leitet, welche durch gröbliche Verletzung des Scham- und Sittlichkeitsgefühls Ärgernis zu erregen geeignet sind«[22].

In diesem Kontext ist der Begriff »Scharfrichter« zu sehen, der gleich zu Beginn eine aggressive Haltung sowohl gegen das saturierte

[20] Otto Julius Bierbaum: *Eine kleine Herbstreise im Automobil*. In: Ders.: *Die Yankeedoodle-Fahrt und andere Reisegeschichten. Neue Beiträge zur Kunst des Reisens*. München [7]1910, S. 449–482, hier: S. 456f.

[21] § 184a StGB, zit. nach: Michael Meyer: *Theaterzensur in München, 1900–1918. Geschichte und Entwicklung der polizeilichen Zensur und des Theaterzensurbeirates unter besonderer Berücksichtigung Frank Wedekinds*. München 1982, S. 16.

[22] § 184b StGB, zit. nach: Peter Mast: *Um Freiheit für Kunst und Wissenschaft: Der Streit im Deutschen Reich 1890–1901*. Rheinfelden [3]1994, S. 142.

Bürgertum, als auch gegen all jene verrät, die sich einer freien Entfaltung der Künste entgegenstellten. Hanns von Gumppenberg war, wie auch seine Kollegen, ein erklärter Gegner der Zensur:

»Was die Frage der Theaterzensur anlangt, so hat die Erfahrung gezeigt, dass sie zu gleichmässiger Gerechtigkeit nicht imstande ist, und dass ihre Verbote das gerade Gegenteil ihres Zwecks erreichen; schon aus diesen beiden Gründen halte ich sie für eine durchaus verfehlte Einrichtung. Ihre Abschaffung ist aber auch deshalb wünschenswert, weil sie eine unberechtigte geistige Bevormundung zurechnungsfähiger Erwachsener darstellt.«[23]

Zivilbeamte der Zensurbehörde saßen im Publikum und notierten den Ablauf des Abends genau. Diese Polizeiberichte die heute oft als einzige Dokumente genauen Aufschluss über Programm und Ablauf der Abende geben, sind meist sachlich, doch nicht unbedingt immer ohne Wohlwollen, wie zum Beispiel der Bericht zum 12. Mai 1901 beweist:

»Unsittliches, oder auch nur direkt Anstoß erregendes wurde weder dargestellt, noch gesungen, vorgetragen oder sonst zur Schau geboten. Die einzelnen Texte entbehren ja wohl in den meisten Fällen nicht eines sinnlichen Hintergrundes, doch glaube ich kaum, dass hierin – und zwar auch nicht von Nörglern – thatsächlich eine auffällige Verletzung der guten Sitten und des Anstandes erblickt werden kann.«[24]

Nachdem die *Elf Scharfrichter* ab 1902 von der Polizei für öffentlich erklärt worden waren, wurden sie einer strengen Vorzensur unterstellt. Jeder Text musste vorab dem Zensor vorgelegt werden, was zum Verbot vieler Stücke führte. Die Künstler reagierten mit Verbitterung wie auch mit Humor – wie etwa bei einem Faschingsfest am 19. Februar 1903, über das die Münchner Stadtchronik folgendes berichtet:

»›Durchs dunkelste Deutschland›, diesen Titel, den der ›Simplizissimus‹ aufgebracht hat, haben die ›Elf Scharfrichter‹ dem satirischen *Karnevalsfest* als Schlagwort gegeben, welches dieselben heute in den Saallokalitäten der Schwabingerbrauerei veranstalteten. [...] Gleich beim Eintritt in den Saal präsentierte sich den Besuchern ein Plakat mit der Aufschrift ›Hier ist überhaupt alles verboten› und auf Maueranschlägen stand zu lesen ›Maul halten! Der Magistrat‹. 2 Gendarmen kommandierten unablässig: ›Rechts gehen!‹«[25]

---

[23] Hanns von Gumppenberg: Stellungnahme zur Umfrage *Die Zukunft der deutschen Bühne.* In: *Die Zukunft der deutschen Bühne. Fünf Vorträge und eine Umfrage.* Hg. v. Schutzverband deutscher Schriftsteller, Berlin 1917, S. 94–95, hier: S. 95.

[24] Aus: Pol/Dir. 2057, Hauptsstaatsarchiv München.

[25] Eintrag der Münchener Stadtchronik zum 19.2.1903, Ch 1903 I 419f.

Bei allem Übermut im ironisch-karnevalesken Rahmen des Überbrettls kann kein Zweifel aufkommen am reformatorischen Anspruch der Mitwirkenden. Gleichzeitig war es aber anscheinend gerade die komische Gegenwelt des Kabaretts, die es erlaubte, der Welt lachend einen Spiegel vorzuhalten. Der Humor zähmte jeden noch so scharfen Angriff, jede noch so frivole Anspielung und rückte sie in ein heiteres Licht. Dieser Effekt erlaubte den *Scharfrichter*-Künstlern zwar ein relativ freizügiges Ausleben ihrer künstlerischen Vorstellungen, schränkte ihre Wirkung jedoch möglicherweise auch ein. Was im komischen Experimentierfeld an Innovativem, Avantgardistischem gezeigt wurde, wurde belacht, aber unter künstlerischen Aspekten meist nur wenig ernst genommen.

Hanns von Gumppenberg schrieb für die *Elf Scharfrichter* etliche sogenannte »Überdramen«. In diesen Kurzdramen bediente er sich verschiedener Stoffe und Techniken aus naturalistischen oder symbolistischen Stücken und führte diese virtuos parodistisch ad absurdum. Was in satirischer Anlehnung an die einst von ihm bewunderten Meister wie Ibsen, Strindberg oder Maeterlinck entstand, besitzt jedoch eine erstaunliche Eigenständigkeit. Diese besondere Autonomie gegenüber den Vorlagen erreichen Gumppenbergs Parodien durch ihren Mangel an eindeutiger Referenzialität:[26] Durch die Überfülle an oft diffusen Anspielungen auf verschiedene Autoren.

Liest man also Gumppenbergs Überdramen, ohne auf intertextuelle Bezüge zu achten – was aus den genannten Gründen meist leicht fällt, so erscheinen sie wie ernsthafte avantgardistische Versuche – manchmal sogar wie vorweggenommenes absurdes Theater.

Zum Beispiel fällt die Nähe seines »Mystodrama« genannten Stücks *Der Veterinärarzt* etwa zu Samuel Beckett oder Eugene Ionesco sofort ins Auge. Hier ist es das parodistische Prinzip Gumppenbergs, das symbolistische Verfahren des suggestiven Andeutens und des Aussparens wesentlicher Informationen auf die Spitze zu treiben. Seine Intention, mit dem Veterinärarzt düstere Bedeutungsschwere und deren oft leere Symbolik zu karikieren, führt geradewegs zur absurden Groteske.

[26] Vgl. hierzu auch: Nikola Roßbach: *Theater über Theater, Parodie und Moderne 1870–1914*. Bielefeld 2006, S. 290ff.

Die Figuren sind nur vage umrissen und stehen in kaum nachvollziehbaren Beziehungen zueinander. Sie scheitern an Missverständnissen. Rätselhafte, aufgeregte Dialoge deuten auf dramatische Ereignisse und Spannungen hin, decken diese aber nicht auf, sondern verstärken nur die Ratlosigkeit. Auch die Namensgebung gibt wenig Aufschluss über ihre Konstellation. Lediglich Adele wird im Figurenverzeichnis als die Frau des Blumenhändlers Benedikt Rummel ausgewiesen, doch auch diese scheinbar präzise Kennzeichnung führt in die Irre und bietet keine weitere Orientierungshilfe. Die Konturlosigkeit der weiteren auftretenden Figuren – Adeles Töchter Tilli, Cilli und Lilli, der Pastor Zwielicht, die Kuchenliese, der schwarze Sepp, der Freund und ein Herr in Grau – werden schon anhand ihrer Namen oder nichtssagenden Bezeichnungen erkennbar. Alle warten auf einen Veterinärarzt, von dem man sich die Lösung aller Rätsel und Probleme verspricht. Als dieser ausbleibt, tritt als letzte Hoffnung »Der Freund« auf. Als dieser jedoch sein Unvermögen, etwas zu klären oder zu helfen, eingestehen muss, fungiert auch er als reflexiver Bezug auf die undurchsichtige Atmosphäre des Stücks: Seine Brille ist angelaufen. Nach mehrmaligen Versuchen, sie zu säubern, gibt auch er auf und konstatiert: »Nein: ich kann nichts erkennen! Ich sehe gar nichts.«[27] Am Ende des Stücks fallen hinter der Bühne drei Schüsse. Es wird berichtet, der Veterinärarzt sei tot. Anstatt nachzusehen, sinniert der Graue Herr: »Aber vielleicht unter dem Tische dort? Ob sich da nicht vielleicht noch ––– Nein – ich will doch lieber nicht nachsehen. Es ist besser, nur davon zu träumen.«[28]

Abkehr vom Kabarett

Dass das Publikum Gumppenbergs Überdramen jedoch kaum als avantgardistische Bestrebung wahrnahm, nicht als Versuch die Kunst zu erneuern, sondern als scherzhafte Abrechnung mit dem Alten, wird in der Selbstwahrnehmung des Autors reflektiert: Der beschriebene Konflikt der Wahrnehmungsmodi, der unvereinbare Gegensatz von leichter Unterhaltung und ernsthaftem Anspruch führte dazu, dass der

[27] Hanns von Gumppenberg [hier unter dem Pseudonym *Jodok*]: *Der Veterinärarzt. Mystodrama in einem Aufzug*. In: *Die Elf Scharfrichter. Münchner Künstlerbrettl*. Erster Band: *Dramatisches*. Berlin 1901,S. 107f.

[28] Ebd. S. 112.

Autor sich ganz vom Kabarett lossagte. In seiner Autobiografie erinnert er sich:

> »Am schmerzlichsten war mir dabei, dass ich diesen melancholischen Vergänglichkeitseindruck auch für die satirische Groteskdramatik gewann, der ich mich als Mitwirkender vor allem gewidmet hatte, und für deren allmähliche Steigerung ins künstlerisch Wertvolle ich im ersten Optimismus des Gelingens schon feste praktische Grundlagen gewonnen glaubte. Seit das geistig und seelisch Befreiende der phantastischen Satire mir klar geworden war, schien mir das Erstehen von Heimstätten für eine derartige Bühnenkunst geradezu ein Kulturbedürfnis.«[29]

Ironischerweise war es gerade der Erfolg der *Elf Scharfrichter*, der sein Misstrauen weckte:

> »So dankbar das Publikum und auch die Tageskritik alle diese bald derberen, bald feineren Ausgeburten meiner Spottlust begrüßte, für mich selber bedeuteten sie nur Gelegenheitsscherze, die ich künstlerisch wenig ernst nahm, wenn ich sie auch in mehr als einem Betracht nützlich empfand: vor allem als Mittel zur eigenen Aufheiterung, deren ich so sehr bedurfte.«[30]

Gumppenberg wollte als ernster Dramatiker wahrgenommen werden. Unablässig schrieb er Theaterliteratur des »grossen Stils«[31], historische Ideen- und Königsdramen, die er immer wieder und meist vergeblich den großen Theatern anbot. Trotz etlicher Misserfolge zweifelte er selten an seiner Berufung als Retter und seriöser Erneuerer der Dichtkunst.

Das Angebot, als Theaterkritiker bei den *Münchner Neuesten Nachrichten* zu arbeiten, nahm er gerne an. Seiner kompromisslosen Natur entsprechend distanzierte sich Gumppenberg bald von den meisten seiner Freunde. Er wollte auf keinen Fall in Verdacht geraten, in seinem kritischen Urteilen durch freundschaftliche Verpflichtungen kompromittiert zu werden. Er mied die Gesellschaft und einige Freundschaften gingen zu Bruch. Etwas mehr Kompromissbereitschaft hätte ihm wahrscheinlich genützt. So aber lag die Vermutung nahe, dass sich die Verbitterung über den eigenen Misserfolg als Dichter in sein Urteil mischte, wenn er die neuesten Veröffentlichungen seiner Zeitgenossen teilweise erbarmungslos hart kritisierte.

Trotz einiger Versuche, seinen Einfluss auf die Entwicklung der

---

[29] Hanns von Gumppenberg: *Lebenserinnerungen*. S. 292f.

[30] a.a.O., S. 289.

[31] a.a.O., S. 350.

Kunst zu mindern[32], hatte Gumppenberg als Kritiker erheblichen Einfluss auf die Entwicklung des Münchner Theater- und Kunstwesens. So sorgte etwa sein viel diskutierter Artikel »Aufraffung oder Niedergang«[33] für eine lang anhaltende öffentliche Debatte, die schließlich zum Rücktritt des Generalintendanten der Münchener Hofbühnen Ernst von Possart führte.[34]

Neben einigen zwischenzeitlichen Erfolgen – Max Halbe etwa sieht ihn in seiner Bedeutung als komischer Autor neben Wedekind[35] – erfuhr Gumppenberg nie wirkliche Anerkennung – zumindest nicht die, die er selbst für sich beanspruchte. Im Nachlass verrät ein detailliert ausgearbeiteter Plan zu einer vielbändigen Gesamtausgabe seiner Werke das bis zuletzt nicht nachlassende Streben des Autors nach Ruhm und Anerkennung.

Sein Leben war bis zuletzt durch schwere Schicksalsschläge gekennzeichnet. Hanns von Gumppenbergs widerspenstige und bedingungslose Natur erlaubte es ihm aber offenbar nur selten, das großartige Talent für Komik und Humor außerhalb der abgesteckten Felder der Parodie und des Kabaretts auszuleben. Es wäre ihm vielleicht einiges leichter gefallen, hätte er die eigenen Späße doch selbst etwas ernster genommen.

---

32 Vgl. etwa Hans Brandenburg: *Hanns von Gumppenberg muss entfernt werden*. München 1907.

33 Hanns von Gumppenberg: *Aufraffung oder Niedergang?* In: *Münchner Neueste Nachrichten*, 25.1.1904, 57. Jg., Nr. 39, S. 1.

34 Vgl. hierzu auch Helmut Hess: *Richard Stury. Erster Held und Liebhaber*. Leipzig 2006, 109ff.

35 Vgl. Max Halbe: *Jahrhundertwende. Erinnerungen an eine Epoche*. München 1976, S. 343ff.

Literatur

Bierbaum, Otto Julius, »Eine kleine Herbstreise im Automobil«, in: Ders., *Die Yankeedoodle-Fahrt und andere Reisegeschichten. Neue Beiträge zur Kunst des Reisens*, München [7]1910, S. 449–482.

Bierbaum, Otto Julius, *Stilpe, Ein Roman aus der Froschperspektive*, Berlin [7]1909.

Brandenburg, Hans, *Hanns von Gumppenberg muss entfernt werden*, München 1907.

Bürger, Peter, *Theorie der Avantgarde*, Frankfurt a. M. [2]1974.

Carossa, Hans, *Reise zu den elf Scharfrichtern*, Frankfurt a. M. 1953.

Conrad, Michael Georg, *Vorwort*, in: Hanns von Gumppenberg, *Deutsche Lyrik von Gestern*, Vortrag, gehalten am ersten öffentlichen Abend der Gesellschaft für modernes Leben, München 1891 (= Münchener Flugschriften III, hg. v. Michael Georg Conrad).

Gumppenberg, Hanns von, *Das dritte Testament, Eine Offenbarung Gottes*, München 1891.

Gumppenberg, Hanns von, *Der fünfte Prophet, Psychologischer Roman*, Berlin 1895.

Gumppenberg, Hanns von, *Das teutsche Dichterroß, in allen Gangarten vorgeritten*, München 1901.

Gumppenberg, Hanns von [hier unter dem Pseudonym *Jodok*], *Der Veterinärarzt, Mystodrama in einem Aufzug*, in: *Die Elf Scharfrichter, Münchner Künstlerbrettl*, Erster Band: Dramatisches, Berlin 1901.

Gumppenberg, Hanns von, »Aufraffung oder Niedergang?«, in: Münchner Neueste Nachrichten, 25. 1. 1904, 57. Jg., Nr. 39, S. 1.

Gumppenberg, Hanns von, Stellungnahme zur Umfrage »Die Zukunft der deutschen Bühne«, in: *Die Zukunft der deutschen Bühne. Fünf Vorträge und eine Umfrage*, hg. v. Schutzverband deutscher Schriftsteller, Berlin 1917, S. 94–95.

Gumppenberg, Hanns von, *Lebenserinnerungen*, aus dem Nachlass des Dichters, Zürich 1929.

Halbe, Max, *Jahrhundertwende. Erinnerungen an eine Epoche*, München 1976.

Hess, Helmut, *Richard Stury. Erster Held und Liebhaber*, Zwischen Bühnenpracht und Börsencrash, Leipzig 2006.

Mast, Peter, *Um Freiheit für Kunst und Wissenschaft: Der Streit im Deutschen Reich 1890–1901*, Rheinfelden [3]1994.

Meyer, Michael, *Theaterzensur in München, 1900–1918, Geschichte und Ent-*

wicklung der polizeilichen Zensur und des Theaterzensurbeirates unter besonderer Berücksichtigung Frank Wedekinds, München 1982.

Roßbach, Nikola, *Theater über Theater, Parodie und Moderne 1870–1914*, Bielefeld 2006.

Wedekind, Frank, *Das neue Vater Unser. Eine Offenbarung Gottes. Seiner Zeit mitgeteilt von Hugo Frh. von Trenck* (Als Manuskript gedruckt), München 1892.

Die Autorinnen und Autoren

Waldemar Fromm, Prof. Dr. phil., geb. 1961, apl. Prof. an der Ludwig-Maximilians-Universität München, Studium der Neueren Deutschen Literatur, Psychologie, Linguistik und Philosophie in Heidelberg und Marburg. 2004 Habilitation, seit 2006 Akademischer Oberrat an der Ludwig-Maximilians-Universität München. Veröffentlichungen zur Sprachpsychologie, zur Poetik und Ästhetik sowie zur Geschichte der literarischen Subjektivität in der Literatur der Aufklärung, der Romantik, des Vormärz, der Jahrhundertwende und der Gegenwart. Mitherausgeber der Franz von Pocci-Werkausgabe und der Charles Sealsfield-Werkausgabe im Allitera Verlag.

Bernhard Gajek, Prof. Dr. phil., geb. 1929, Studium der Germanistik, Philosophie und Phonetik in Freiburg i.Br., Hamburg und München, 1959 Promotion in München über Johann Georg Hamann, 1969 Habilitation über Clemens Brentano an der Universität Heidelberg, Lehrstuhlvertretungen in Frankfurt a.M. und Saarbrücken, 1971 bis 1994 o. Professor für Deutsche Philologie (Neuere deutsche Literatur) an der Universität Regensburg, Lehrtätigkeit an Universitäten in Dänemark, Frankreich, Italien, Korea, Japan, Polen, Südafrika, der Tschechoslowakei, Ungarn, USA. 1975–2002 Organisator des Internationalen Hamann-Kolloquiums und Herausgeber der Hamann- Acta. Mitbegründung (1976) und Leitung des Literaturarchivs Sulzbach-Rosenberg (bis 1994). Mitherausgeber der hist.-krit. Edition von Clemens Brentanos Lyrik und der Religiösen Schriften. Mitglied der Polnischen Akademie der Künste und Wissenschaften zu Krakau (seit 1999).

Gabriele Giersberg, geb. 1946 in Mannheim; Studium an der Pädagogischen Hochschule in Heidelberg; von 1969–2011 Lehrerin im Elementar- und Sekundarbereich, dabei langjähriger Einsatz in Brennpunktschulen in Ludwigshafen. Von 2005–2013 in der Leitung der Stadtbücherei Freinsheim. Schwerpunkte in der Kinder- und Jugendliteratur und in der Öffentlichkeitsarbeit für Hermann Sinsheimers Lebenswerk; Mitbearbeiterin einer 2012 erschienenen Edition von Briefen Hermann Sinsheimers.

Erik Giersberg, Dr. rer. pol., geb. 1956 in Magdeburg; Studium der Wirtschaftswissenschaften in Freiburg i. Br.; danach verschiedene Fach- und Führungsaufgaben für Finanzdienstleistungsunternehmen. Seit 2000 als Experte Betriebliche Altersversorgung für die Deutsche Vermögensberatung AG tätig. 2005–2013 Leiter des Hermann Sinsheimer-Archivs in Freinsheim; Mitbearbeiter einer 2012 erschienenen Edition von Briefen Hermann Sinsheimers.

Wolfram Göbel, Dr. phil, geb. 1944 in Worms, Studium der Germanistik, Publizistik und Buchwissenschaft in Mainz und München. Lehraufträge an den Universitäten München und Regensburg, Aufsätze und Rundfunksendungen zum literarischen Leben und Verlagswesen, Herausgeber von Büchern mit literarischem und verlagsgeschichtlichem Inhalt, Gesellschafter des Allitera Verlages in München. Vorsitzender der *Freunde der Monacensia e. V.*

Thomas Grasberger, Jahrgang 1964, studierte Politikwissenschaft, Philosophie und Geschichte. Der gebürtige Altöttinger schreibt Bücher und arbeitet als Autor für den Bayerischen Rundfunk und diverse Printmedien. Er lebt mit seiner Familie in München.

Christine Haug, Prof. Dr. phil., geb. 1962 in Ulm, studierte nach einer Buchhändlerlehre Germanistik und Geschichte an der Justus-Liebig-Universität Gießen und war nach der Promotion wissenschaftliche Mitarbeiterin an den Universitäten Gießen und Mainz. Seit 2006 ist sie Inhaberin der Professur für Buchwissenschaft an der Universität München und Leiterin des Studiengangs Buchwissenschaft. Seit 2003 ist sie Mitherausgeberin des Leipziger *Jahrbuchs zur Buchgeschichte* (Wiesbaden: Harrassowitz), Zweite Vorsitzende der Internationalen Buchwissenschaftlichen Gesellschaft (seit 2007), Mitglied im Vorstand des Wolfenbütteler Arbeitskreises für Bibliotheks-, Buch- und Mediengeschichte (seit 2009) und ordentliches Mitglied der Historischen Kommission des Börsenvereins des Deutschen Buchhandels.

Gerd Holzheimer, Dr. phil., geboren 1950 in München, studierte Germanistik, Geschichte, Politische Wissenschaften und Philosophie. Holzheimer war als Gymnasiallehrer und Lehrbeauftragter für neuere deutsche Literatur und bayerische Literaturgeschichte an der Universität München tätig. Gerd Holzheimer ist Verfasser von Romanen,

Erzählungen, Reportagen sowie satirisch-essayistischen Lexika, u.a. zu Themen der bayerischen Volkskunde. Er erhielt u.a. 1995 einen Anerkennungspreis der Bayerischen Volksstiftung, 1997 den Günther-Klinge-Preis der Gemeinde Gauting, sowie 2002 den Pasinger Kunst- und Kulturpreis. 2013 erhielt er den Ernst-Hoferichter-Preis der Landeshauptstadt München. Er ist Herausgeber der Zeitschrift *Literatur in Bayern*.

KRISTINA KARGL, Dr. phil., geb. 1954 in München, Studium der Neueren Deutschen Literatur, Mediävistik und Neuerer und Neuester Geschichte in München. Freie Journalistin, Autorin von Kabarett- und Theaterstücken. Veröffentlichungen und Vorträge zur Literatur in Bayern, z.B. über Regina Ullmann oder die Schwabinger Boheme. Promotion über das Thema »Die Bedeutung des Anderen Deutschlands für die Erinnerungskultur der Weißen Rose«.

HANNELORE KOLBE, Dr. phil., geb. 1949 in München. Studierte nach kaufmännischer Ausbildung und beruflicher Tätigkeit im Buchhandel und in einer Rückversicherung sowie freiberuflicher Tätigkeit im Lektorat Neuere Deutsche Literatur, Theaterwissenschaft und Philosophie an der Ludwig-Maximilinans-Universität München, Promotion 2009 über das Thema *Horst Lange. Leben und Werk* in der Reihe *Die unwürdigen Künste. Studien zur deutschen Literatur seit der frühen Moderne*, hg. von Sven Hanuschek.

MARTIN LAU, M.A., geb. 1979 in Münster, Studium der Theaterwissenschaft, Neueren Deutschen Literatur und Philosophie in München. 2003–2010 Mitarbeiter beim Bayerischen Fernsehen. Seit 2010 Lehrauftrag an der Ludwig-Maximilians-Universität München sowie Promotion über Hanns von Gumppenberg, gefördert durch ein Stipendium der Richard Stury Stiftung und durch ein Abschlussstipendium des Graduate Centers der Ludwig-Maximilians-Universität München.

FRANK SCHMITTER, geboren 1957 in Krefeld/NRW. Studium an der Fachhochschule für Bibliothekswesen Stuttgart, Berufstätigkeit als Bibliothekar, Dokumentar und Medien-Redakteur in München. Seit Oktober 2005 verantwortlich für das Literaturarchiv der Monacensia, Bibliothek und Literaturarchiv in München. Seit 1999 Publikationen von Lyrik und Prosa in Anthologien und Zeitschriften. 2006 Veröffentlichung des Romans *Späte Ruhestörung. Ein Krefeld-Krimi* im Piper-Verlag.

SYLVIA SCHÜTZ, M. A. und Dipl.-Soz.-päd. (FH), geb. 1963 in München, studierte Sozialpädagogik an der Fachhochschule München und Slavischen Philologie, Psycholinguistik und Deutsch als Fremdsprache an der Ludwig-Maximilians-Universität in München. Seit 2001 in der Monacensia für Presse- und Öffentlichkeitsarbeit zuständig und im Ausstellungs- und Veranstaltungsbereich tätig.

ELISABETH TWOREK, Dr. phil., geb. 1955 in Murnau, leitet seit 1994 die Monacensia, Literaturarchiv und Bibliothek der Stadt München. Sie ist Literaturwissenschaftlerin und freie Mitarbeiterin beim Bayerischen Rundfunk und hat zahlreiche Veröffentlichungen zur Literatur in Bayern vorgelegt, zuletzt die Lesebücher *Literarisches Bayern* (Allitera 2009), *Literarische Sommerfrische* (Allitera 2011), *Literarische Wetterlagen* (Allitera 2013), die Kalender *Literarisches Bayern* 2013 und 2014 sowie das Buch *München* (Hoffmann und Campe 2012).